韓國漢文要籍叢刊　上海古籍出版社

韓國古典翻譯院企劃
〔朝鮮〕徐敬德 著
〔韓〕河承賢 校注

花潭集校注

圖書在版編目(CIP)數據

花潭集校注/(朝鮮)徐敬德著;(韓)河承賢校注.
—上海:上海古籍出版社,2012.12
ISBN 978-7-5325-6642-6

Ⅰ.①花… Ⅱ.①徐…②河… Ⅲ.①徐敬德
(1489~1546)—哲學思想②古典詩歌—注釋—朝鮮—
李朝(1392~1910)③古典散文—注釋—朝鮮—李朝—
(1392~1910) Ⅳ.①B312②I312.07

中國版本圖書館 CIP 數據核字(2012)第 221380 號

花潭集校注

韓國古典翻譯院企劃

[朝鮮]徐敬德 著
[韓]河承賢 校注

上海世紀出版股份有限公司 出版
上海古籍出版社
(上海瑞金二路272號 郵政編碼200020)
(1)網址:www.guji.com.cn
(2)E-mail:gujil@guji.com.cn
(3)易文網網址:www.ewen.cc
上海世紀出版股份有限公司發行中心發行經銷
上海中華商務联合印刷有限公司印刷
開本710×1000 1/16 印張20.75 插頁6 字數275,000
2012年12月第1版 2012年12月第1次印刷
印數:1—1,500
ISBN 978-7-5325-6642-6
I·2613 定價:88.00元
如有質量問題,請與承印公司聯繫

韓國國立中央博物館藏姜世晃（1713－1791）所作《松都紀行帖·花潭》

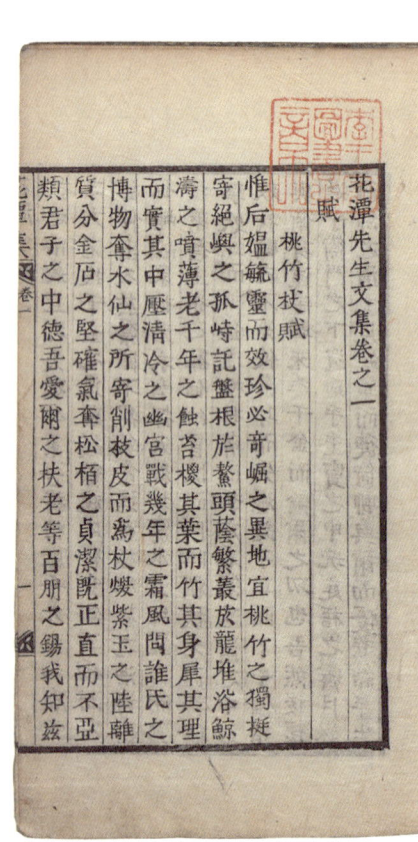

花潭先生文集卷之一

賦

桃竹杖賦

惟后韞毓靈而效珍必奇崛之異地宜桃竹之獨挺寄絕與之孤峙託盤根於鰲頭蔭繁叢於龍堆浴鯨濤之噴薄老千年之蝕苔欐其葉而竹其身犀其理而實其中壓清冷之幽宮戰幾年之霜風問誰氏之博物奪水仙之所寄削枝皮而爲杖燦紫玉之陸離寶分金石之堅確氣奪松栢之貞潔既正直而不亞類君子之中德吾愛爾之扶老等百朋之錫我知玆

出 版 説 明

韓國古典翻譯院(http://www.itkc.or.kr)是由韓國政府出資成立的專門機構,通過收集、整理、翻譯韓國古典文獻,來構築韓國學研究的基礎,并繼承和發揚韓國傳統文化。上海古籍出版社與韓國古典翻譯院爲共享中、韓文化交流成果,2010年雙方簽署了協議,建立了友好的合作關係,將在共同出版韓國古代典籍和互相派遣人員進行學術交流方面展開合作。

在上述合作協議的基礎上,爲開啓中、韓學術交流的溝通之門,韓國古典翻譯院的兩位研究員先後於2011年和2012年進入上海古籍出版社,研習古代漢文典籍的整理。在此期間,雙方共同策劃出版一系列韓國古代典籍,陸續由韓國古典翻譯院研究人員整理校注、上海古籍出版社編輯出版。

在即將出版的韓國古代典籍中,首部推出的是16世紀朝鮮時代儒學家花潭先生徐敬德(1489—1546)的文集《花潭集》,由韓國古典翻譯院研究員河承賢女士校注整理。該書出版後,除面向讀者發行外,還將贈送部分中國大陸各大學圖書館及相關研究機構,希望引起中國學術界對徐敬德生平及學問的興趣,并由此推動花潭哲學的研究,進而加深國人對韓國思想和文化的關注和了解,最終達到促進中、韓兩國之間文化交流的目的。

上海古籍出版社

2012年12月

前　　言

花潭先生之生平

　　花潭先生徐氏諱敬德（朝鮮成宗二十年至明宗元年，明弘治二年至嘉靖二十五年，1489—1546），朝鮮王朝前期著名的性理學者。字可久，自號復齋，又號花潭，謚號文康。生於朝鮮京畿開城府（又名松都、松京）禾井里。據《松都記異》載，先生累代寒門，家素貧窶。母韓氏，嘗夢入夫子廟，遂有娠，生先生。生而英秀，大異凡兒。稍長讀書，寓目成誦，博聞強記。讀《大學》而日以窮格為事，不好舉業而辭薦辟。後以母命赴舉，中生員試而歸處山林。又辭薦不就，終以學問為事業。開城府東門外十里許，石屏環抱，潭水縈迴，自靈通寺，衆壑分流，合為大川而瀉於潭。山多杜鵑花，紅映潭水，潭以此而得名曰"花潭"。先生卜築精舍於其傍，因以為號。今以《花潭集》及相關文獻所載內容，介紹花潭先生之生平。

　　花潭優遊松都，雅不喜仕。據載，先生三十一歲，時朝廷設薦舉科，被薦者一百二十人，以先生為首，辭不就。四十三歲，以母夫人命赴舉，中生員試而歸。五十六歲，以慕齋金安國及館中儒生薦，除厚陵參奉，不起。

　　花潭酷愛山水，嘗遍歷四方，覽盡東海山川以自廣。每於芳辰佳節，率門徒步出前溪，徜徉乎松林水石之間，遇山水佳處，輒起舞。先生平生惡崖異之行，與鄰人處，終日言笑，未見有異也。鄉鄰感化其德，有爭辯則不至官府而前來咨決。其為鄉黨敬重如此。

甘於貧賤,寄意山林,此等志趣屢見於花潭先生詩作。如《次留守沈相國彥慶韻》:"自喜清時作逸民,還嫌投刺謁邦君。無才醫國趨風土,有約棲山卧白雲。世上功名雖不做,道中糟粕尚能分。睡餘忽被垂佳句,為謝先生更右文。"先生家甚貧而不專事治産,或連日不炊,而處之晏如。聞山中鼓刀鳥鳴,有詩云:"有鳥凌晨勸鼓刀,鼓刀應有割烹庖。年來盤上無鹽久,莫向茅齋苦叫號。"(《聞鼓刀》)其艱難可知。迨其暮年,容貌高古,衣冠嚴偉,已為山間老翁,吟弄風月,自得其樂,有吾與點之氣象。

或問:"士生天地間不偶然,致君澤民,分内事也。古君子有以宇宙綱常為己任者,斯豈非得其道不敢獨善而然耶? 或有懷寶遯世隱居而不仕者,無乃不可乎?"先生曰:"士之出處非一。或其道可行,而時不可也,則抱道而無悶者有之;或民雖可以新,而其德未新,則揣分而自處者有之;或明君在上,可試所學,而自放山林,從吾所好者有之;或其德未盡新,而生民失所,不可坐視,不得已有為於世者亦有之。"某曰:"然則公必居一於此,願聞之。"莞爾,良久乃曰:"平生只讀聖賢書,不習時尚舉業,再不利於有司,年至知命,久隔城市。志已在此,無敢望,無敢望。"(事見《洪恥齋仁祐日錄》)觀其晦跡山林,若無意於世。但聞時政闕失,輒時發浩嘆,蓋未嘗忘世也。

先生自甲辰(1544)冬,即病卧柴門,沉綿於床褥。臨終前,令侍者舁出潭上,澡浴而還,食頃乃卒。時丙午(1546)七月七日昧爽,享年五十有八。松京士庶聞之,來吊哭者相續於道。臨易簀,一門生嘗請問曰:"先生今日意思何如?"先生曰:"死生之理,知之已久,意思安矣。"(事見《神道碑銘》)先生歿後三十年,朝鮮宣祖八年(1575),臺諫並乞贈以高秩,又乞贈謚。上命議大臣,贈右議政,謚曰"文康"。道德博聞曰"文",淵源流通曰"康",先生之謚得其實也。

花潭先生被稱為歷史上有名的"松都三絶"之一。"松都三絶"之稱,始於松都妓女黃真伊和花潭先生間之故事:真娘性倜儻,類男子,能琴善歌。平生思慕花潭為人,必携琴醲酒詣潭墅,盡歡而去。每言:"知足老禪,三十年面壁,亦為我所壞,唯花潭先生昵處累年,終不及亂,是真聖人。"故真娘白於花潭曰:"松都有三絶。"先生曰:"云何?"曰:"朴淵瀑布及先生暨小的也。"先生笑之云(事見李肯翊《燃藜室記述·中宗朝遺逸·徐敬德》)。花潭高行如是。其事迹散見於他人文集,由後人蒐集,彙為一編,是為《遺事》,附於《花潭集》之後。

花潭先生之學問

一、"為學而不先格物,讀書安用?"

花潭先生為學深得《大學》"格物致知"之旨。格物謂窮究事物之理。關於花潭先生之格物工夫,有幾則逸事。

先生自幼稟賦異於常人。兒時家貧,父母使於春後採蔬田間,每日必遲歸,蔬亦不盈筐。父母怪而問其故,對曰:"當採蔬時,有鳥飛飛,今日去地一寸,明日去地二寸,又明日去地三寸,漸次向上而飛。某觀此鳥所為,竊思其理而不能得。是以每致遲歸,蔬亦不盈筐也。"

花潭年近志學,始知讀書。十四歲時,松京有一講書者,先生從而受《尚書》。至"期三百",講書者不肯授曰:"此舉世鮮曉者。"先生怪之,退而精思十五日,通之。先生十八歲,讀《大學》至"致知在格物",慨然嘆曰:"為學而不先格物,讀書安用?"於是,乃盡書天地萬物之名,糊於壁上,日以窮格為事。究一物既通,然後又究一物。方其未窮也,臨食不辨其味,行路不知所趨。至如厠所,忘其便旋而起。常危坐一室,思索太苦,或累日不睡,有時闔眼則於夢中通其所未窮之理。如是三年,遂至成疾,雖欲不為思索,亦不得也。如是累年,於道理恍然心明。其學不事讀書,專用探索,既得之後,讀書以證之。但先生不以為其格物工夫為最上,常曰:"我不得師,故用功至深。後人依吾言,則用功不至如我之勞矣。"又曰:"吾少也不得賢師,枉費工夫。學者不可效某工夫。"據上可知,花潭之格物身體力行,精思力究,實非得已,亦非常人所及。

二、"氣外無理,理者氣之宰也。"

花潭先生著述今存世無多,這可能因不少著述已毀於戰亂,或可能緣於花潭本不喜著述。其《謝趙上舍玉惠筆》曰:"手封文寶遠相遺,應謂山翁用有時。載管既非林下事,記聞安屬散人知?"不過也不盡然。花潭寢疾既久,又曾曰:"聖賢之言,已經先儒注釋者,不必更為疊床之語。其未說破者,欲為之著書,今病亟如是,不可無傳。"今《原理氣》、《理氣說》、《太虛說》、《鬼神死生論》等四篇,均為專就先儒注釋"未說破者"所著。"程、張、朱說,極備死生鬼神之情狀。然亦未肯說破所以然之極致,皆引而不發,令學者自得。此後學之所以得其一而不得其二,傳其粗而不見十分之精。某欲採三先生之微旨,以為鶻突之論,亦足以破千古之疑。""嘗欲發揮《繫辭》微旨,程、朱皆極其力,然略說破,後學無蹊可尋,類皆見得粗處,不見底蘊。某欲加敷衍淺見,令後學沿流以探其源。"(《鬼神死生論》)所謂程、張、朱說"引而不發","見得粗處,不見底蘊",均為花潭以先儒未說破者,故為申說敷衍,欲"破千古之疑",造福後學。

今就其傳世篇章來看,花潭先生融合周、邵、張、程、朱等先儒的學說,一以宋儒為宗。在朝鮮歷史上,一般認為花潭先生形成了獨創的氣一元論,堪稱主氣論的先驅者。花潭講學,其論理多基於周敦頤、邵雍、張載之說,而對於朱子的學問亦多有依重。《朴頤正字詞》曰:"朱子紹述群聖,搜極源委,說不虛生,舉經踐履,明揭學的,以示來裔。是可以依歸,日星仰止。"由此可見其對朱子之學的依歸崇仰。

花潭的著述雖不太多,但由於是其晚年寢疾臥病時所作,故可視為花潭畢生覃思的精髓。

《原理氣》曰:

太虛湛然無形,號之曰"先天"。其大無外,其先無始,其來不可究。其湛然虛靜,氣之原也。彌漫無外之遠,逼塞充實,無有空闕,無一毫可容間也。然抯之則虛,執之則無。然而却實,不得謂之無也。……語其湛然之體曰"一氣",語其混然之周曰"太一"。

《理氣說》曰:

無外曰太虛,無始者曰氣,虛即氣也。虛本無窮,氣亦無窮。氣之源,其初一也。……氣外無理,理者氣之宰也。所謂宰,非自外來而宰之,指其氣之用事,能不失所以然之正者而謂之宰。理不先於氣,氣無始,理固無始。若曰理先於氣,則是氣有始也。

《太虛說》曰:

太虛,虛而不虛,虛則氣。虛無窮無外,氣亦無窮無外。既曰虛,安得謂之氣?曰虛靜,即氣之體;聚散,其用也。知虛之不為虛則不得謂之無。

《鬼神死生論》曰:

程曰:"死生人鬼,一而二,二而一。"此盡之矣。吾亦曰:"死生人鬼,只是氣之聚散而已。"有聚散而無有無,氣之本體然矣。氣之湛一清虛者,彌漫無外之虛。聚之大者為天地,聚之小者為萬物。聚散之勢,有微著久速耳。大小之聚散於太虛,以大小有殊。雖一草一木之微者,其氣終亦不散。

花潭先生對於"先天"、"一氣"、"太一"、"太虛"、理與氣、死生之辨等相關命題的解說,均不離邵、張、程、朱等先儒所確立的概念和範疇。花潭試圖在先儒"未説破處"作深入闡發，其核心則歸於"氣"之一元。

花潭對於老氏之虛無，佛氏之寂滅，均持排斥批評的態度，以為二者不識理氣之源。"老氏曰：'有生於無。'不知虛即氣也。""又曰：'虛能生氣。'非也。若曰'虛生氣'，則方其未生，是無有氣而虛為死也。既無有氣，又何自而生氣？無始也，無生也。既無始，何所終？既無生，何所滅？老氏言虛無，佛氏言寂滅，是不識理氣之源，又烏得知道？"（《太虛説》）又：："禪家云：'空生大覺中，如海一漚發。'有曰真空頑空者，非知天大無外，非知虛即氣者也。空生真頑之云，非知理氣之所以為理氣者也，安得謂之知性，又安得謂之知道？"（《原理氣》）

花潭先生另有解説邵雍《皇極經世書》所收聲音圖的《聲音解》，申衍《皇極經世書·觀物外篇》所載元會運世之數理哲學的《皇極經世數解》，解説伏羲六十四卦方位圖的《六十四卦方圓之圖解》和朱熹《易學啟蒙》中卦變圖的《卦變解》等。讀者可以通過這些篇章來考察花潭思想之淵源和特徵。

三、"深思遠詣，多有自得之妙，非文字言語之學也。"

花潭先生卒後，朝鮮的思想潮流以程、朱性理之學為正統。對於人物或者思想的評價，常常跟當時的學問潮流有很大關係。後世學者對花潭的評價並不完全一致，甚至存在較大的分歧。

退溪李滉作為朝鮮朱子學的代表人物，認為花潭所論多與聖賢有差異，其學非儒者正脈。與李滉齊名的大儒李珥，對花潭的評價頗能代表一時風氣。1546年明廟朝，命贈花潭戶曹佐郎。1575年5月，廷議請加贈。朴淳、許曄為其門人，故主論甚力。上謂侍臣曰："敬德所著書，予取而觀之，則多論氣數而不及於修身之事，無乃是數學耶？且其工夫多有可疑處。"朴淳曰："敬德常曰：'學者用工之方，已經四先生無所不言。只理氣之説有所未盡，故不得不明辨云。'"淳因言敬德窮理用功之狀。上曰："此工夫終是可疑。今人譽之則極其盛，毀之則極其惡，皆為失中。"李珥曰："此工夫，固非學者所當法。敬德之學，出於橫渠，其所著書，若謂之吻合聖賢之旨則臣不知也。但世之所謂學者，只依做聖賢之説以為言，中心多無所得，敬德則深思遠詣,多有自得之妙,非文字言語之學也。"上許贈以議政。許曄每尊敬德,以為可繼箕子之統。聞珥論敬德之學出於橫渠,責珥曰:"君言如此,僕所深憂。若曰:'花潭之學,兼邵、張、程、朱。'則可矣。君精專讀書十餘年後,可論花潭地位。"(事見栗谷李珥《栗谷全書·經筵日記》)

正如宣祖所言,時人對花潭先生的評價"譽之則極其盛,毀之則極其惡",皆為失中。花潭門人許曄以為花潭可上紹箕子,對於李珥論花潭之學出於橫渠的說法頗為不滿。雖然李珥與李滉理學觀點不盡一致,但對花潭之學的看法則庶幾近之。李珥並不認為花潭著述"吻合聖賢之旨",與李滉的"非儒者正脈"不謀而合。

李滉、李珥之於花潭之學,雖不如朴淳、許曄等花潭門人評價之高,但並非全然是貶低之詞。李滉極力稱頌了前輩花潭先生之為學與品行,其詩《書徐處士〈花潭集〉後》云:"嘆息花潭老,于今永我疏。抗身依聖哲,觀物樂鳶魚。不藉彈冠手,寧拋帶月鋤。當年如得見,勝讀十年書。"

李珥於《栗谷全書·答成浩原》曰:"其於理氣不相離之妙處,瞭然目見,非他人讀書依樣之比。故便為至樂,以為湛一清虛之氣無物不在,自以為得千聖不盡傳之妙,而殊不知向上更有理通氣局一節,繼善成性之理則無物不在,而湛一清虛之氣則多有不在者也。理無變而氣有變。元氣生生不息,往者過,來者續,而已往之氣已無所在,而花潭則以為一氣長存,往者不過,來者不續。此花潭所以有認氣為理之病也。雖然,偏全間,花潭是自得之見也。今之學者,開口便說'理無形而氣有形,理氣決非一物'。此非自言也,傳人之言也。何足以敵花潭之口而服花潭之心哉?"花潭雖有"認氣為理之病",但"於理氣不相離之妙處,瞭然目見",且其論尚屬"自得之見",相比其他讀書人"只依做聖賢之說以為言,中心多無所得",人云亦云,亦步亦趨,花潭可謂高明。

花潭先生之為學與品格為後人敬重,自無異議。李珥言其學"深思遠詣,多有自得之妙,非文字言語之學也",可為中的之論。花潭作為十六世紀韓國儒學史上的核心人物,他的主氣論的思想,對於後代性理之學的發展影響至深。考察前代之評價,而不羈於前人之評價,以現代的觀點來探究花潭哲學深層的内涵,此為今之後學所理應擔當之事矣。

《花潭集》的刊行及著錄

《花潭集》共有五種版本。初刊本由門人許曄、朴民獻等以家藏草稿為本,加以蒐集、編次,大約於明宗、宣祖年間以木板付雕刊行。該本每頁十行,每行二十字,二卷一册,無序、跋,以文、詩為別,分編為上、下卷。該本今首爾大學校奎章閣、高麗大學校晚松文庫等處均有收藏。

重刊本為1605年(宣祖三十八年乙巳,明萬曆三十三年)殷山刻本。每頁十行,每行二十二字,木板刊行,一卷一册。僅見載於李仁榮《清芬室目錄》。據載,1605年平安道殷山縣監洪霧遍求士友得花潭遺稿,遂重加刊行。該本有朴民獻所撰《神道碑銘》、洪霧重刊跋文及曹守誠書寫之刊記。

三刊本刊行者及刊行時間未詳。此本以木板刊行,每頁九行,每行十九字,一册,不分卷。該本以重刊本為據,別收賦文一篇。於重刊跋之後,另從諸文集選輯諸家記述以為附錄。附錄之後,又載有尹孝先繕寫之跋文。今藏於國立中央圖書館、高麗大學校中央圖書館及首爾大學校奎章閣等處。

四刊本即1770年金用謙刊本。此本每頁十行,每行二十字,三卷二册。據金用謙跋載,金用謙以舊本編次無倫,板本漫漶,遂改正編次,手抄一本,並據此抄本以木板刊行。此本編次為詩、文、附錄。附錄内增附後人論花潭之文、賜祭文、書院上樑文,並撰有花潭年譜和《門人錄》以為合編。另有元仁孫的書序及尹得觀、蔡緯夏所作的跋文附於該本首尾。今藏於延世大學校圖書館。

五刊本為1786年趙有善、馬之光等增補刊本。該本在四刊本的基礎上,重編附錄,於花谷書院以木活字刊行。每頁十行,每行二十字,本集二卷,附錄二卷,合為二册。卷首有元仁孫及尹塾所作之序文,目錄與正文均以文體類分。今藏於成均館大學校中央圖書館、韓國學中央研究院藏書閣等處。

五刊本所收內容如下:卷一收賦一、詩近百。卷二收疏二、書四、雜著十一、序一、銘二。卷三即[附錄一],收《年譜》、朴民獻《神道碑銘》和《遺事》。其中《遺事》是從《海東名臣錄》、《己卯名賢錄》和花潭門人及後輩文集中採錄的有關花潭先生事蹟的彙編。卷四即[附錄二],收有與花谷書院、崧陽書院相關的祭文、上樑文等雜文及諸前賢追懷花潭的詩文、介紹花潭門人的《門人錄》。書後則附歷代所作之跋文。

中國清朝乾隆年間,清人在編纂《四庫全書》時,將《花潭集》列入別集存目。徐浩修《燕行紀》卷三"起圓明園至燕京"七月三十戊申日記中,有漢禮部尚書紀昀言及花潭之事,曰:"貴國徐敬德《花潭集》,編入《四庫全書·別集類》,外國詩文集之編諸《四庫》,千載一人而已。"云云。其影響已遍及國外,由此可知。《四庫全書總目提要》(下稱《提要》)卷七八"別集類、存目五"著錄如下:

《花潭集》二卷(浙江巡撫採進本)

明嘉靖中朝鮮生員徐敬德撰。敬德貧居講學,年五十六,其國提學金安國以遺逸薦,授奉參,力辭不就,居於花潭,因以為號。是集雜文、雜詩共二卷。其文中《原理氣》一篇,末有附記,稱曰"先生";《鬼神死生論》一篇,末亦有附記,稱以上四篇,皆先生病亟時作;詩中《次申企齋韻》一首,附錄原作,稱企齋贈先生詩,蓋其門人所編也。敬德之學,一以宋儒為宗,而尤究心於《周子太極圖說》、《邵子皇極經世》,集中雜著,皆發揮二書之旨。其《送沈教授序》,全然邵子之學也。其《論喪制疏》、《答朴枝華書》,亦頗究心禮制,蓋東士之務正學者。詩則強為《擊壤集》派,又多雜其國方音。如所謂"窮秋盛節換,木落天地瘦",體近郊、島者不多見也。他如《無絃琴銘》:'不用其絃,用其絃絃,律外宮商,吾

9

得其天；非樂之以音，樂其音音；非聽之以耳，聽之以心。彼哉子期，曷耳吾琴。'稍得蘇、黄意者，亦偶一遇之。然朝鮮文士，大抵以吟詠聞於上國，其卓然傳濂、洛、關、閩之説以教其鄉者，自敬德始，亦可謂豪傑之士矣。故詩文雖不入格，特存其目，以表其人焉。

從《提要》可見，清人認爲花潭之學一以宋儒爲宗，花潭爲"東士之務正學者"，作爲朝鮮文士，其詩、其學遠播内外，首開風氣，"亦可謂豪傑之士矣"。

花潭先生於《鬼神死生論》披露其爲學的抱負："此論雖辭拙，然見到千聖不盡傳之地頭爾。勿令中失，可傳之後學，遍諸華夷遠邇，知東方有學者出焉。"花潭卒後，《花潭集》能爲《提要》所著録，應該説，其願望已初步實現。今天花潭哲學不僅在韓國已成爲學界研究的重要課題，而且，在中國也受到學界關注，可以説他死而無憾了。

關於本書的校勘和注釋

本書的校勘以《花潭集》五刊本爲底本，并以其他幾種刊本及相關文集所記之内容進行互校，凡各校本出現的有價值的異文均出校記。底本之内容或有明顯的錯誤，即據他本及相關文集所記之内容予以改正。底本中偶附校文，今以"原校"録之，一并歸入校語。

將《花潭集》所載作品與其他文集所載作品互校時，其他文集即以韓國古典翻譯院所刊行的《韓國文集叢刊》所收版本爲準。

花潭文集目次據底本正文及附録重加整理：原目次標題與正文之標題不同的，從正文改正。附録部分原無標題，今仿正文添加標題，并載目次。附録所載作品，原本不録著者姓名，今於目次予以明示。目次不出校勘記。

本書於人名、地名、書名、典故和其他疑難處，略加注釋，集中次韻之作均於注釋中移録相對應的原韻詩。

目　　録

前言 1

重刊花潭先生文集序 .... 元仁孫　1
花潭先生文集重刊序 .... 尹　塾　6

花潭先生文集卷之一 15
賦 17
　　桃竹杖賦 17
詩 21
　　謝金相國惠扇二首 21
　　天機 23
　　觀《易》吟 25
　　冬至吟 27
　　觀《易》偶得首尾吟以示學《易》輩諸賢 28
　　又一絶 29
　　笑戲 30
　　體述邵堯夫《首尾吟》聊表尚友千古之思 31
　　開窗 32
　　有物 32
　　偶吟 33
　　述懷 33
　　讀《參同契》戲贈葆眞庵趙景陽 34
　　山居 36

無題	37
閑懷	38
雨後看山	38
登高吟携彦順頤正及黄元孫登金神寺後峰作	39
遊山	40
大興洞	40
知足寺	41
詠苔	42
雪月吟	42
春日	42
謝張教授惠桃樹	43
種松	44
詠菊	44
聞鼓刀	45
溪聲	45
次韻答留守李相國	46
贈葆真庵	46
謝趙上舍惠筆	48
次申企齋韻	48
又奉贈一首	50
次企齋韻贈其子壻	51
次留守沈相國韻	52
次留守朴相國韻	53
以桃獻留守朴相國	54
奉贈留守李相國	54
贈金都事	55
次沈別提韻	56
次沈教授見贈韻	57
再次	61
次申秀才落花韻	62

次申秀才上巳日見贈	63
寄申秀才六言	64
有人讀《南華經》以詩示之	65
遊歸法寺前溪	65
謝留守李相國屏騎從訪花潭	66
沈教授携諸生訪花潭即席次其韻	66
謝府官諸公遊花潭見訪	67
同林正字朴參奉遊朴淵	68
沈教授遊滿月臺示一律追次	68
席上贈人	69
奉留守李相國飲以詩謝之	70
謝人	70
謝二生贈衣	71
送朝京使	72
送留守沈相國罷歸江陵	72
別朴瑟僴頤正	73
送金彥順	73
敬德宮次沈教授韻	74
次靈通寺板上韻	75
題洪君醫人堂	76
題虛白堂	77
過甕津校贈廣文	77
宿康翎村舍主人粗識字	78
途中	79
憩俗離山下	80
邊山	81
宿智異山般若峰	82
金剛山	83
聯句	83
挽人	84

送沈教授　　　　　　　　　　　　　　86
花潭先生文集卷之二　　　　　　　　　89
　疏　　　　　　　　　　　　　　　　　91
　　擬上中宗大王辭職疏　　　　　　　　91
　　擬上仁宗大王論國朝大喪喪制不古之失疏　93
　書　　　　　　　　　　　　　　　　110
　　答朴君實書　　　　　　　　　　　110
　　復朴頤正帖　　　　　　　　　　　114
　　復朴頤正朴君實帖　　　　　　　　115
　　復朴頤正帖　　　　　　　　　　　116
　雜著　　　　　　　　　　　　　　　117
　　原理氣　　　　　　　　　　　　　117
　　理氣説　　　　　　　　　　　　　122
　　太虚説　　　　　　　　　　　　　124
　　鬼神死生論　　　　　　　　　　　125
　　復其見天地之心説　　　　　　　　128
　　温泉辨　　　　　　　　　　　　　132
　　聲音解　　　　　　　　　　　　　134
　　跋前《聲音解》未盡處　　　　　　148
　　《皇極經世》數解　　　　　　　　149
　　六十四卦方圓之圖解　　　　　　　161
　　卦變解　　　　　　　　　　　　　169
　　朴頤正字詞　　　　　　　　　　　178
　　金士伸字詞　　　　　　　　　　　180
　序　　　　　　　　　　　　　　　　182
　　送沈教授序　　　　　　　　　　　182
　銘　　　　　　　　　　　　　　　　188
　　無絃琴銘　　　　　　　　　　　188
　　琴銘　　　　　　　　　　　　　　190

花潭先生文集卷之三 193
【附録一】 195
年譜 195
神道碑銘 朴民獻 214
遺事 224

花潭先生文集卷之四 249
【附録二】
花谷書院賜祭文 251
　　二 252
崧陽書院賜祭文略 254
花谷書院春秋享祝文 255
修文集時告文 尹孝先 255
花谷書院祠宇重建上樑文 金　堉 256
崧陽書院祠宇上樑文略 李景奭 261
從祀文廟議 李恒福 263
訪花潭徐處士 洪仁祐 266
次韻寄可久 趙　昱 266
寄贈可久 前　人 267
書徐處士《花潭集》後 李　滉 270
徐處士花潭舊居 李　滉 272
吟示諸君 金麟厚 274
遊花潭贈徐時遇 李　珥 274
過花潭有感 尹斗壽 275
送崔汝以出守松都 尹根壽 276
拜先生墓下有感 洪履祥 276
花潭 崔　岦 277
又 柳　根 278
又 辛應時 278
又 車天輅 279

又 ……………………………………………………… 李翊相 280
又 ……………………………………………………… 南龍翼 281
又 ……………………………………………………… 金光煜 282
又 ……………………………………………………… 洪處亮 282
　二 ……………………………………………………… 洪處亮 283
又 ……………………………………………………… 申 鉌 283
又 ……………………………………………………… 金昌協 284
又 ……………………………………………………… 金昌翕 286
又 ……………………………………………………… 俞 瑒 287
又 ……………………………………………………… 吳光運 288
又 ……………………………………………………… 吳遂采 289
又 ……………………………………………………… 李宜哲 289
又 ……………………………………………………… 尹得觀 290
又 ……………………………………………………… 元仁孫 291
又 ……………………………………………………… 洪名漢 291
　二 ……………………………………………………… 洪名漢 292
又 ……………………………………………………… 尹 塾 292
　二 ……………………………………………………… 尹 塾 293
　三 ……………………………………………………… 尹 塾 293
又 ……………………………………………………… 成德朝 294
門人錄 …………………………………………………………… 295

花潭先生文集跋 …………………………………… 尹孝先 303
花潭先生文集重刊跋 ……………………………… 洪 霦 306
花潭先生文集跋 …………………………………… 金用謙 307
花潭先生文集重刊跋 ……………………………… 尹得觀 309
花潭先生文集重刊跋 ……………………………… 蔡緯夏 312

重刊花潭先生文集序

　　戊子(1768),不佞守松京^[一],謁花潭徐先生書院^[二]。登逝斯亭^[三],想像先生考槃樂道^[四],亭亭物表之趣,灑然太息,有山高水長之思^[五]。其上蓋有先生塚云。松京自勝國時^[六],偉人鉅公亦非不多^[七],而若其清通英粹,玲瓏灑落,直悟天人之學,圃隱以後^[八],惟先生一人,炳靈於兹地而已。

　　嗚呼！當我宣靖兩陵之世^[九],真儒輩出,實中朝成弘之際^[一〇],亦天下文明之會也。成化壬寅(1482)^[一一],静菴生^[一二];弘治己酉(1489)^[一三],先生生;弘治辛亥(1491),晦齋生^[一四];弘治辛酉(1501),退溪生^[一五];其後四十餘年嘉靖丙申(1536),栗谷生^[一六]。自圃隱之殁,不過百數十年之内,五先生並膺聚奎之運^[一七],是豈偶然也哉！

　　然世之論静、晦、退、栗四先生,歸之以洛閩正源,而至於花潭則必以數學目之,此固紫陽《六先生贊》^[一八]並列邵子之意歟^[一九]？謚先生者曰:"道德博聞曰文,淵源流通曰康。"其必曰康者,抑有所符合於邵子歟？先生當己卯(1519)薦科而不赴^[二〇],已而以厚陵參奉召而不起^[二一]。卒後不多年而贈右議政,朝廷士林之論,一辭稱尊,可知也。

　　先生之學,專在格致。年纔髫齔^[二二],家貧,親使之往採野蔬,歸不盈筐。問其何為,答曰:"有鳥自地至天,窮其理而終日忘其採。"蓋其透徹妙悟,窮格到底,已自幼時,不待理氣、太虛等説而如此也〔二三〕。栗谷嘗以退溪之依樣勝於花潭之自得〔二四〕,有所軒輊〔二五〕,而此亦責賢者備也。既曰自得,則天機之根觸〔二六〕,人工之頓悟,孔門與點〔二七〕,鳳翔千仞之氣像〔二八〕,非先生而誰?

松京人士,將重刻先生遺集,來索序於不佞。不佞曰:"花潭山水,清麗特絶,先生之神情興會〔二九〕,無間存殁。鳶魚活潑〔三〇〕,水石動蕩,於斯求之,可得其妙。今此所刻,零星脱落,非先生之至者而第不可以違也。"略為小叙,以附其下。《詩》曰:"高山仰止,景行行止。"〔三一〕嗚呼遠哉!

崇禎紀元後三庚寅(1770)季夏,原城後人元仁孫謹序〔三二〕。

【注釋】

〔一〕不佞:謙辭,自稱,猶言不聰明,不才。《左傳·僖公十五年》:"寡人不佞,能合其衆而不能離也。" 松京:地名。指松都,高麗國首都。

〔二〕花潭徐先生書院:即花谷書院。據李肯翊《燃藜室記述·祀典典故·書院》,花谷書院萬曆己酉(1609)建,宣祖甲寅(1614)賜額。享祀徐敬德,以朴淳、許曄、閔純追配。

〔三〕逝斯亭:亭名。《燃藜室記述·地理典故·山川形勝·山臺巖》:"徐敬德隱居處潭巖,有逝斯亭。"

〔四〕考槃樂道:成德樂道。《詩經·衛風·考槃》:"考槃在澗,碩人之寬。"毛傳:"考,成;槃,樂。"

〔五〕山高水長:形容品格高潔,流傳久遠。

〔六〕勝國:被滅亡的國家。《周禮·地官·媒氏》:"凡男女之陰訟,聽之於勝國之社。"鄭玄注:"勝國,亡國也。"按,亡國謂已亡之國,為今國所勝,故稱"勝國"。後因以指前朝。這裏指高麗。

〔七〕鉅公:巨匠,大師。

〔八〕圃隱:鄭夢周(1337—1392)。字達可,號圃隱,迎日人。

謚號文忠。與趙浚、鄭道傳等交遊。少好學,至老不倦,1360年文科及第。麗末恭愍朝,官至典理判書,為東方理學之宗主。嘗仿《朱子家禮》,令士庶立廟奉祀,又内建五部學堂,外設鄉教,為興化立教之本。朝鮮太祖舉義之時,朝廷意向咸歸於太祖,惟獨先生以不事二君為心。太祖亦贊道其道德精忠曰:"圃隱萬古忠賢,節義君子。若殺圃隱,後世必無忠臣。"朝鮮時代陪祀于文廟。有文集《圃隱集》。

〔九〕宣靖:宣陵和靖陵之並稱。宣陵是朝鮮第九代王成宗之陵,靖陵是朝鮮第十一代王中宗之陵。這裏是指成宗在位期間(1469—1494)和中宗在位期間(1506—1544)。

〔一〇〕成弘:1465年至1505年。明代年號成化與弘治的並稱。

〔一一〕成化:明第八代皇帝憲宗時的年號。1464年至1487年在位。

〔一二〕静菴:趙光祖(1482—1519)。字孝直,號静菴,漢陽人,謚文正。1515年文科及第。歷任弘文館副提學、司憲府大司憲等職。己卯史禍,為政丞南袞所譖,卒綾城。其後至宣祖朝,始予伸冤,贈領相。有文集《静菴集》。

〔一三〕弘治:1488年至1505年。明第九代皇帝孝宗時的年號。

〔一四〕晦齋:李彦迪(1491—1553)。字復古,號晦齋,初名迪,驪州人,謚號文元。1514年文科及第。中廟命加彦字。庚寅(1530)以司諫罷歸田里,凡七年。及金安老敗死,復召,累遷至吏曹判書。仁廟初,特拜左贊成,及禍作,謫江界,卒于謫所。為人忠孝,學問精深。所著有《奉先雜儀》、《大學章句補遺》、《中庸九經衍義》等書。後命贈領議政。有文集《晦齋集》。

〔一五〕退溪:李滉(1501—1570)。字景浩,號退溪,真寶人,謚文純。我中廟朝1534年文科及第。天分甚高,學問精深,尊信考亭,深得蘊奥。累下徵召,進退以義。與諸子講道陶山,門人多有成就,為東方理學之宗。歷任大提學、判中樞府事等職,贈領議政。陪祀文廟及宣祖的廟廷。所著有《理學通録》、《朱子書節要》、《啓蒙傳疑》、《聖學十圖》。

有文集《退溪集》。

〔一六〕栗谷：李珥（1536—1584）。字叔獻，號栗谷，德水人，謚號文成。與成渾、宋翼弼等交遊。學語便知文字，年十三，中進士初試。十九歲遭母喪，入金剛山中。至翌年，翻悟禪學之誤，即下山，專心性理之學。築室于海州石潭，與學徒講説以為樂。1564年文科及第。歷任大提學、吏曹判書等職。仁祖贈領相，陪祀文廟。所著有《聖學輯要》、《擊蒙要訣》、《四書栗谷諺解》等。有文集《栗谷全書》。

〔一七〕並膺聚奎之運：奎，星宿名。二十八宿之一，為西方白虎七宿的第一宿，有星十六顆，因其形似胯而得名。古人因其形亦似文字故以之主文運和文章。當時宏儒輩出，故云。

〔一八〕紫陽：宋代理學家朱熹的別稱。朱熹之父朱松曾在紫陽山（在安徽省歙縣）讀書。朱熹後居福建崇安，題廳事曰"紫陽書室"，以示不忘。後人因以"紫陽"為朱熹的別稱。《六先生贊》：朱子所作之贊。六先生指宋代周敦頤、程顥、程頤、張載、邵雍、司馬光。其中盛贊邵康節窮陰陽調和之妙。

〔一九〕邵子：邵雍（1011—1077）。字堯夫，贈謚康節，洛陽人，隱居不仕。有《皇極經世》、《觀物篇》、《漁樵問對》、《擊壤集》等傳世。他的著述及其所反映的理學思想，在中國哲學史中佔有重要地位。花潭受其學術影響很大。

〔二○〕薦科：薦舉科，別稱賢良科。朝鮮中宗十四年（1519），依趙光祖建議，讓中外被薦舉經學德行高明人，考試以後選拔的科舉。《中宗實錄·十四年四月丙子》："上御勤政殿，策薦舉士，取掌令金湜等二十八人。"

〔二一〕厚陵：朝鮮第二代王定宗（1399—1400年在位）之陵。在京畿開豐郡興教面興教里。　參奉：朝鮮時代官職名，從九品。《國朝寶鑑》第二十卷《中宗朝三》："夏五月，以徐敬德為厚陵參奉。敬德松都人，結廬於花潭之上，聚徒講學。其學研窮自得，類横渠；襟懷沖曠，類康節。留守宋琠欲以其孝行啟聞旌褒，敬德詣府庭，懇辭得止。至是以薦授職,亦不就。"
〔二二〕髫齔:髫謂總髮,齔謂兒童換齒。借指幼年。《六臣注文選·潘岳〈楊仲武誄〉》:"子之邁閔,曾未齔髫。"劉良注:"齔,毀齒也;髫,總髮也。"
〔二三〕理氣太虛等説:花潭之代表論文有《原理氣》、《理氣説》、《太虛説》。
〔二四〕栗谷二句:李珥《栗谷全書·答成浩原》:"近觀静菴、退溪、花潭三先生之説,静菴最高,退溪次之,花潭又次之。就中,静菴、花潭多自得之味;退溪多依樣之味。……蓋退溪多依樣之味,故其言拘而謹;花潭多自得之味,故其言樂而放。謹故少失,放故多失。寧為退溪之依樣,不必效花潭之自得也。"
〔二五〕軒輊:車前高後低叫軒,前低後高叫輊。引申為高低、輕重、優劣。語出《詩經·小雅·六月》:"戎車既安,如輊如軒。"
〔二六〕根觸:根,觸動也。謂感觸。
〔二七〕孔門與點:謂孔子贊賞曾點的所見已大、胸次悠然、氣象從容。《論語·先進》:"'曰:莫春者,春服既成,冠者五六人,童子六七人,浴乎沂,風乎舞雩,詠而歸。'夫子喟然嘆曰:'吾與點也!'"
〔二八〕鳳翔千仞:比喻君子得用。賈誼《弔屈原賦》:"鳳皇翔于千仞兮,覽德輝而下之。"
〔二九〕興會:意趣,興致。
〔三〇〕鳶魚:鳶飛魚躍。謂萬物各得其所。《詩經·大雅·旱麓》:"鳶飛戾天,魚躍于淵。"《正義》:"其上則鳶飛至天而遊翔,其下則魚躍于淵而喜樂,是道被飛潛,萬物得所,化之明察故也。"
〔三一〕高山二句:語出《詩經·小雅·車舝》,贊歎仰慕高尚的德行。仰,仰望。止,語尾助詞,和"之"通用。
〔三二〕原城:地名,原州。　元仁孫(1721—1774):字子静,謚號文敏。原州人。

花潭先生文集重刊序

　　神與聖生知集大成,吾無能名焉。亞聖以下,博學思辨,真積力久,然後可以造極,而亦皆有先着力大立脚地。故《大學》主敬〔一〕,《中庸》主誠〔二〕,顔子主四勿〔三〕,孟子主性善〔四〕。其後,性理之學中絶。宋運文明,周、邵兩先生首出而南指〔五〕,《圖説》主太極〔六〕,《皇極》主大衍〔七〕,《程傳》主理〔八〕,《本義》主卜筮〔九〕,橫渠之《西銘》〔一〇〕,真氏之《近思》〔一一〕,皆有心得而理解,以詔後人。

　　惟我東方,自父師封鮮〔一二〕,八條贉教〔一三〕,九井開制〔一四〕,鰈域人文〔一五〕,宛有乘輅之遺風〔一六〕。第驪圖龜疇之法〔一七〕,不傳于後,寥寥三韓〔一八〕,儒教不興。鷄林之末〔一九〕,如文昌〔二〇〕、弘儒躋享文廟而著述無傳〔二一〕,教授莫詳。逮于勝國中葉,崔文憲奮起於累千年魯莽之際〔二二〕,倡興文學,各隨其才而教之,十八院學士之盛〔二三〕,無異於嘉祐之世〔二四〕。安文成繼而起〔二五〕,齎來九經性理之書,導牖後學,東土人士,始知道學之有門户。易東先生得羲經正脈〔二六〕,隱居山南〔二七〕,沉潛温繹,大成一家之則。其子吉生,學而傳之於鄭文忠先生〔二八〕,文忠受師有淵源。道友有禹玄寶發揮窮賾〔二九〕,丕啓聖學。天啓吾東,漢鼎初定〔三〇〕,宋奎再聚〔三一〕,聖闢世作,鴻儒輩出。静菴文正公〔三二〕,倡起真學,惠我東人,百年之後,踵圃老而傳其道〔三三〕。陶山李文純〔三四〕,紬繹聖賢之書,分析心性之際,繩晦菴不絶之緒〔三五〕,斥篁墩多累之學〔三六〕。此兩先正以粹正之學,任吾道之責,妙契心得,以造乎至正至大之域。

花潭徐先生,後乎静老而先乎退翁,崛起於荒山草萊之中,鍾天摩不可攀之秀[三七],孕花川百折回之精[三八]。已自童卯,大抱經濟之志[三九],泛濫乎百家書籍,不勞私淑而窮格探賾。迺大着力立脚於《易》學,理氣之辨、心性之分、元會之數,無不通貫。曉然若宓羲、曾、孟、濂、洛、關、閩,朝暮相遇,真一吾東國邵堯夫也。窮居山僻,不厭糟糠,而抱經論道,隱而不顯。當中廟彙茅之世[四〇],不能立朝而行道,及仁宗汲梗之日[四一],遽爾抱弓而泣天[四二]。終身為少微真人[四三],此先生之命窮而然耶?生民之福薄而然耶?

若以《原理氣》説中"理之一其虚"及"虚能生氣"之説[四四],歸先生於"空"字上;又以《皇極經世數解》及《聲音解》等説,靠先生於"數學"上,則非徒淺知,抑是不知者爾。何異於以無極而太極譏斥濂溪,亦何異於以卜筮若數術評議康節也哉?

府治之北十里,有花谷院宇[四五],寔先生生時攸芋而没後藏修之所[四六]。其側有一間茅亭,名逝斯,即先生盤桓垂釣之處也。下有石泉,匯成澄潭,天光山影,盡日渟蘸[四七],鳶飛魚躍,隨機流盪。況先生衣履之藏,近盈跬步。樂哉斯丘!高山莫莫;美哉斯亭!清水盈盈。後人之尋是院,登是亭者,孰不有浴沂風雩之思也哉[四八]?

先生之孫仍陵遲[四九],傳道者幾希,當時遺稿,十遺八九,入劂祇一卷,而歲月寢久,間多剥落,使先生真蹟,將不得悠久傳去。都人趙教官有善[五〇]、馬上舍之光[五一],願為新鋟,以廣傳後。故鳩集若干財,令兩人管是役,仍識于卷首。

丙午(1786)中春,後學坡山尹塾謹敍[五二]。

【注釋】

〔一〕主敬：這句指《大學》之"《詩》云：'穆穆文王，於緝熙敬止！'為人君止於仁，為人臣止於敬，為人子止於孝，為人父止於慈，與國人交止於信"而言也。

〔二〕主誠：這句指《中庸》之"誠者，天之道也；誠之者，人之道也"而言也。

〔三〕四勿：顏淵問克己復禮之義，孔子應答以"四勿"，即《論語·顏淵》所云："非禮勿視，非禮勿聽，非禮勿言，非禮勿動。"

〔四〕主性善：這句指《孟子·滕文公上》之"孟子道性善，言必稱堯舜"而言也。

〔五〕周、邵：周敦頤（1017—1073）和邵雍（1011—1077）的并稱。　南指：指南。比喻指導或指導者。《六臣注文選·張衡〈東京賦〉》："良久乃言曰：鄙哉予乎！習非而遂迷也，幸見指南於吾子。"薛綜注："言己之惑，不知南北，今先生指以示我，我則足以三隅反也。"

〔六〕《圖說》：指宋周敦頤所作《太極圖說》。

〔七〕《皇極》：指宋邵雍所作《皇極經世書》。　大衍：推演，演變，演述。《易·繫辭上》："大衍之數五十，其用四十有九。"

〔八〕《程傳》：指程頤釋《易》之《易傳》。

〔九〕《本義》：指朱熹釋《易》之《周易本義》。

〔一〇〕橫渠：張載（1020—1077）。北宋哲學家，理學創始人之一。字子厚，號橫渠。大梁（今河南開封）人，徙家鳳翔郿縣（今陝西眉縣）橫渠鎮，人稱橫渠先生。賜諡明公。著有《正蒙》、《橫渠易說》、《經學理窟》、《張子語錄》等。明嘉靖間呂柟編有《張子鈔釋》，清乾隆間刊有《張子全書》，後世編為《張載集》。

〔一一〕真氏：真德秀（1178—1235）。字景元、景希，諡號文忠。著有《大學衍義》、《唐書考疑》、《讀書記》、《文章正宗》、《西山甲乙稿》、《西山文集》、《文章正宗》、《心經》。此處

《近思》疑當作"《心經》"。
〔一二〕父師封鮮：父師即商代最後一個君王紂的兄弟箕子。封鮮指封箕子于朝鮮之事。《尚書·微子》："微子稱箕子為父師。"《史記·宋微子世家》："武王既克殷，訪問箕子，武王曰：'於乎！維天陰定下民，相和其居，我不知其常倫所序。'箕子對曰……於是武王乃封箕子于朝鮮而不臣也。"
〔一三〕八條：箕子為了改善朝鮮人民生活所作的八條之教。《增補文獻備考·刑考·刑制》："箕子東來（封箕子於朝鮮，在周武王元年己卯），施八條之教，相殺者以死償，相傷者以穀償，相盜者没為其家奴婢，此八條中之三也。"
〔一四〕九井：謂中國古代土地制度井田制度。《孟子·滕文公上》："方里而井，井九百畝，其中為公田，八家皆私百畝，同養公田。"
〔一五〕鰈域：朝鮮的別稱。
〔一六〕乘輅：指中國。亦作"乘路"。輅，君主乘坐的車子。
〔一七〕驪圖龜疇：指河圖洛書。《易·繫辭上》："河出圖，洛出書，聖人則之。"河，黃河；圖，傳說"龍馬"身上的圖象；洛，洛水；書，傳說中"神龜"背上的紋象。這是説明伏羲取法"河圖"而作八卦，夏禹取法洛書而作"九疇"。
〔一八〕三韓：指歷史上朝鮮南部馬韓、辰韓、弁辰（亦稱"弁韓"）之地。後因以指代朝鮮。
〔一九〕鷄林：指朝鮮半島古國名，一稱新羅。《三國遺事·紀異上·新羅始祖赫居世王》："初王生於鷄井，故或云鷄林國，以其鷄龍現瑞也。一説脱解王時，得金閼智，而鷄鳴於林中，乃改國號為鷄林。"
〔二〇〕文昌：新羅學者崔致遠（857—?）的謚號。崔致遠，字海雲，號孤雲，慶州人。高麗朝追封文昌侯。年十二，隨海舶入唐，尋師力學。公元874年，唐朝賓貢科及第。調宣州溧水縣尉，為侍御史。檄文狀牒，多出其手，名動天下。年二十八，新羅憲康王之十一年，奉詔東還，仍留為侍讀翰林学士、兵部侍郎。真聖女主八年,進時務十餘條,主嘉納之,以為阿飡。後挈家隱伽倻山以終老。高麗時期曾陪祀文廟。有文集《孤雲集》《桂苑筆耕》。

〔二一〕弘儒:新羅學者薛聰的謚號。生卒年未詳。字聰智,號雲靈子,淳昌人。官至左僕射。公以方言解九經義,訓導後生。著《花王戒》,載於《三國史記》。

〔二二〕崔文憲:文憲是崔冲(984—1068)的謚號。字浩然,號惺齋、月圃,謚文憲,海州人。風姿瑰偉,性操堅貞,少好學,善屬文,穆宗朝,擢甲科第一,歷仕四朝,資兼文武,出入將相。收召後進,教誨不倦,遂分九齋,謂之侍中崔公徒。東方學校之興,蓋由公始,時謂海東孔子。李瀷《星湖先生全集·海東樂府·九齋歌》:"太師中書令致仕崔冲,海州大寧郡人。自顯廟中興,干戈纔息,未遑文教,冲收召後進,教誨不倦,諸生填溢門巷。遂分九齋曰:樂聖、大中、誠明、敬業、造道、率性、進德、太和、待聘。……及文宗二十二年卒,遣太醫監李鹽齋詔弔慰,謚文憲。配享靖宗廟庭。自後學者亦皆隸名九齋籍中,謂之文憲公徒。又有儒臣立徒者十一,世稱十二徒,冲徒為最盛。東方學校之興,蓋由冲始,時稱海東孔子。"

〔二三〕十八院:似以壺公山上的寺廟十八院喻高麗私學十二徒。壺公山坐落在莆田縣新度鎮下坂村壺公山西側山坳,距莆城僅八公里。隋唐之時,山上的寺廟有十八院、三十六巖。風光別致,環境清幽,素以清净莊嚴著稱,深受郡中詩人墨客仰慕。

〔二四〕嘉祐:指北宋嘉祐(1056—1063)年間。嘉祐年間,理學得到極大發展,在此期間,二程、張載、邵雍、司馬光、周敦頤被後世稱為"六先生",並立於世。

〔二五〕安文成:文成是高麗學者安珦(1243—1306)的謚號。字士蘊,號晦軒,興州人。常以養育人材,興復斯文為己任。晚年,常掛晦菴先生畫像,以致景慕之意,遂號晦軒。曾出使元朝,帶回很多朱熹的書。

〔二六〕易東先生：禹倬(1264—1342)。字天章、倬甫，號易東，謚號文僖，丹陽人。朴義成《紀年便考》："忠烈丁未(1307)入使中國，奏曰：'臣國無《易傳》，願見之。'帝賜全帙，倬一宵盡覽，翌朝還納。帝命背講，遍誦無礙，帝驚讚，除禮部尚書。倬返國傳寫，翌年付送使臣，以本傳相準，無一字錯誤，帝曰：'吾易東矣。'" 羲經：指《易經》。

〔二七〕山南：山南道。高麗時代地方行政區域十道之一。《朝鮮世宗實錄·地理誌·慶尚道》："在三韓時，為辰韓，至三國為新羅，及高麗太祖并新羅、百濟，置東南道都部署使，置司慶州。成宗十四年乙未(995)，分境內為十道，以尚州所管為領南道，慶州、金州所管為領東道，晉州所管為山南道，其後不知何時合為慶尚道。"

〔二八〕鄭文忠：文忠是鄭夢周(1337—1392)之謚號。

〔二九〕禹玄寶：字原功(1333—1400)，號養浩堂、獨樂翁，謚號忠靖，丹陽人。恭愍王乙未文科。與鄭夢周同心恊議，立學校，禁族婚，革夷風，遵華制。被鄭道傳誣，以朋比夢周被劾，並諸子削職遠流。仕麗朝歷提學、贊成事、門下右侍中。朝選清白吏，贈領相。 窮賾：謂窮究深奧的道理。《藝文類聚·潘尼〈釋奠頌〉》："探幽窮賾，溫故知新。"

〔三〇〕漢鼎：漢九鼎。相傳夏禹鑄九鼎，象徵九州，夏、商、周三代奉為象徵國家政權的傳國之寶。戰國時，秦楚皆有興師到周求鼎之事。周顯王時，九鼎沒於泗水彭城下。唐武后、宋徽宗也曾鑄九鼎。後因以九鼎借指國柄。這裏指朝鮮建國之初。《史記·封禪書》："禹收九牧之金，鑄九鼎，皆嘗亨鬺上帝鬼神。遭聖則興，鼎遷於夏商。周德衰，宋之社亡，鼎乃淪没，伏而不見。"

〔三一〕宋奎：奎星主文章，此指性理學之文運。

〔三二〕静菴文正公：趙光祖(1482—1519)號静菴，謚號文正公。

〔三三〕圃老：謂鄭夢周。

〔三四〕陶山李文純：陶山，李滉(1501—1570)之號，卒後謚文純。

〔三五〕晦菴：宋代性理學者朱熹(1130—1200)之號。

〔三六〕斥篁句：篁墩是程敏政（1445—1499）之別號。程敏政附注真德秀《心經》。李滉疑篁墩之為學，歸乎陸九淵之陸學派。李滉《退溪集·心經後論》："篁墩之取此條也，何意？其無乃有欲率天下歸陸氏之意歟？"

〔三七〕天摩：京畿開豐郡嶺北面所在山名，即天磨山。李肯翊《燃藜室記述·地理典故》："天磨山在松嶽北。諸峰嶒崒插天，望之凝翠。"

〔三八〕花川：即花潭。《燃藜室記述·地理典故》："花潭在靈通洞口，潭在翠壁峭立，如展畫屏，潭小巖四面如削，亦有張幕槖曰。自潭以上，山回路轉，沿溪屢渡至靈通洞，洞在五冠山下。"

〔三九〕經濟：經世濟民。

〔四〇〕中廟：朝鮮第十一代王中宗之廟號。1506年至1544年在位。　彙茅：即進用賢才。語本《易·泰》："初九，拔茅茹，以其彙，征吉。"

〔四一〕汲梗：汲深綆短之省稱。"梗"疑當作"綆"。綆，汲水用的繩子；汲，從井裹打水。吊桶的繩子短，打不了深井裹的水。比喻力不從心，不能勝任。《莊子·至樂》："褚小者不可以懷大，綆短者不可以汲深。"這裹是指仁宗（1514—1545）之昇遐。

〔四二〕抱弓而泣天：傳説黃帝采首山之銅，鑄鼎於荆山下。鑄鼎成，有龍迎之上天，後宮從上者七十餘人，餘小臣不得上，攀持龍鬚，鬚拔，墜黃帝弓。百姓抱弓、鬚號泣。見《史記·封禪書》。後因以"號弓"指帝王崩殂。

〔四三〕少微：星名，凡四顆，今屬獅子座。一名處士星。《史記·天官書》："曰少微，士大夫。"後因以喻無有功名而未仕之處士。　真人：原指存養本性之得道者，此指有才德之人。《世説新語·德行》："太史奏真人東行。"

〔四四〕理之一其虛：案，此句引自《花潭集·原理氣》："理之一其虛，氣之一其粗，合之則妙乎妙。"　虛能生氣：案，此句引自《花潭集·原理氣》："若曰：'理先於氣。'則是氣有始也。老氏曰:'虛能生氣。'是則氣有始有限也。""虛能生氣"指老子的"有生於無"而言者也。張載《正蒙·太和篇》:"若謂虛能生氣,則虛無窮,氣有限,體用殊絶,入老氏有生於無自然之論,不識所謂有無混一之常。若謂萬象爲太虚中所見之物,則物與虛不相資,形自形,性自性,形性、天人不相待而有,陷於浮屠以山河大地爲見病之説。"

〔四五〕花谷院宇:即花谷書院。

〔四六〕芋:通"宇",居所。《詩經·小雅·斯干》:"風雨攸除,鳥鼠攸去,君子攸芋。"毛傳:"芋,大也。"鄭玄箋:"芋當作爲幠。幠,覆也。"王引之《述聞》卷六:"訓大,訓覆,皆有未安。芋當讀爲宇。宇,居也。" 藏修:即專心學習。《禮記·學記》:"君子之於學也,藏焉,修焉,息焉,遊焉。"鄭玄注:"藏謂懷抱之;修,習也。"

〔四七〕渟蘸:渟,水聚集不流。蘸,謂將物體浸入水中。

〔四八〕浴沂風雩:表示不願仕宦之志。語出《論語·先進》:"莫春者,春服既成,冠者五六人,童子六七人,浴乎沂,風乎舞雩,詠而歸。"浴沂,謂在沂水沐浴,後多以喻一種怡然處世的高尚情操。風雩,風涼於舞雩之處的祈雨臺下。據《論語正義》:"杜預云'魯城南自有沂水',此是也。夫沂水出蓋縣,南至下邳入泗。雩者,祈雨之祭名,《左傳》曰'龍見而雩'是也。……'雩之言遠也,遠爲百穀祈膏雨也。使童男女舞之。'《春官·女巫職》曰:'旱暵則舞雩。'因謂其處爲舞雩。舞雩之處有壇墠樹木,可以休息,故云風涼於舞雩之下也。"按,舞雩之壇,地在今曲阜縣南,《水經注》:"沂水北對稷門,一名高門,一名雩門。南隔水有雩壇,壇高三丈,即曾點所欲風處也。"亦即古代女巫在此登壇祭天求雨之地。

〔四九〕陵遲:陵,衰敗、衰落。遲,廢置、停滯、不通暢。

〔五〇〕趙教官有善:趙有善(1731—1809)。字子淳,號蘿山,稷山人,謚號文簡。受業于渼湖金元行,與同志,開塾居業於蘿山頂上。歷任縣監等職。有著書《五服通考》、

《蘿山集》。
〔五一〕馬上舍之光：馬之光(1726—?)。字士實,木川人。
〔五二〕尹塾：字汝受(1734—1797),坡平人,謚號忠肅。1761年文科及第。歷任大司諫、黃海兵使等職。贈領議政。

花潭先生文集

卷之一

賦

桃 竹 杖 賦

惟后媼毓靈而效珍〔一〕，必奇崛之異地。宜桃竹之獨挺，寄絶嶼之孤峙。託盤根於鼇頭〔二〕，蔭繁叢於龍堆〔三〕。浴鯨濤之噴薄，老千年之蝕苔。楑其葉而竹其身，犀其理而實其中〔四〕。壓清冷之幽宮〔五〕，戰幾年之霜風〔六〕。

【注釋】

〔 一 〕后媼：地神。《漢書·禮樂志》："惟泰元尊，媼神蕃釐。"顏師古注曰："泰元，天也；蕃，多也；釐，福也。言天神至尊而地神多福也。"

〔 二 〕鼇頭：鼇戴。指羣聖之居。神話傳説謂渤海之東有大壑，其下無底，中有五座仙山，常隨潮波上下漂流。天帝恐五山流於西極，失羣聖之居，乃使巨鼇十五輪番舉首而戴之。見《列子·湯問》。按，桃竹枝乃以桃竹製成。桃竹，竹之一種，質地堅硬。古人賦物之靈異不凡，每使沾仙異之氣，傳之以怪異之事。如王嘉《拾遺記》卷十："蓬萊山（東瀛三神山之一）有浮筠之簳，葉青莖紫，子大如珠，有青鸞集其上。"又，《山海經·大荒北經》："東北海之外大荒之中河水之間附禺之山，帝俊竹林在焉。"賦文云"盤根鼇頭"意謂桃竹乃産於仙山靈境。

〔三〕龍堆：白龙堆,古西域沙丘名。此用以指代西北邊荒朔漠之地。揚雄《揚子法言·孝至》："龍堆以西,大漠以北,鳥夷獸夷,郡勞王師,漢家不為也。"又,戴凱之《竹譜》："相繇既戮,厥土維腥。三堙斯沮,尋竹乃生。"注引《山海經·大荒北經》："禹殺共工、相繇二臣,膏流為水,其處腥臊,不植五穀。禹三堙皆沮,尋竹生焉。在崑崙之北有岳之山。"

〔四〕犀其理：謂桃竹杖的紋理有如犀角。

〔五〕壓：逼迫於權勢或強力抑制。　清冷：冷清,冷落寂寞。

〔六〕戰：搖晃,顫動。

　　問誰氏之博物,奪水仙之所寄。削枝皮而為杖,煥紫玉之陸離〔七〕。質分金石之堅確,氣奪松柏之貞潔。既正直而不亞〔八〕,類君子之中德。吾愛爾之扶老,等百朋之錫我〔九〕。知茲杖之信美,豈野夫之辱策？吾將持獻乎九重,錫廟堂之大老。扶千金之逸躬,護徐趨之鶴步。鏗玉砌而有聲,伴出入於禁闥〔一〇〕。

【注釋】

〔七〕陸離：光彩絢麗貌。劉安《淮南鴻烈·本經訓》："五采爭勝,流漫陸離。"高誘注："流漫,采色相參和也；陸離,美好貌。"

〔八〕亞：俯,偃俯。

〔九〕百朋之錫我：此處以得杖之貴,比之於得到極多的貨幣。錫,賜。朋,即極多的貨幣。古代以貝殼為貨幣,五貝為一串,兩串為一朋。《詩經·菁菁者莪》："既見君子,錫我百朋。"

〔一〇〕禁闥：宮廷門户。亦指宮廷、朝廷。

不然策爾遠遊，極壯觀之浩博。西掠崦嵫[一一]，東拂若木[一二]，南探火維[一三]，北窮水天[一四]。超崑崙而駕蓬萊[一五]，揖上界之群仙。紛冒險而陟阻，賴扶老而持顛。擊妖蛇而搏猛虎，撥林莽而挑危石。

【注釋】

〔一一〕崦嵫：山名，在甘肅天水縣西境。傳說為日落的地方。《楚辭·離騷經》："吾令羲和弭節兮，望崦嵫而勿迫。"王逸注："崦嵫，日所入山也。"
〔一二〕若木：扶桑。《楚辭·離騷經》："折若木以拂日兮，聊逍遙以相羊。"
〔一三〕火維：南方屬火，因以"火維"指南方，亦特指五嶽中的南嶽衡山。
〔一四〕水天：水與天。多指水天交接處。
〔一五〕崑崙：昆侖山，在新疆西藏之間，西接帕米爾高原，東延入青海境内。勢極高峻，多雪峰、冰川。古代神話傳說，昆侖山上有瑤池、閬苑、增城、縣圃等仙境。《莊子·天地》："黄帝遊乎赤水之北，登乎崑崙之丘。" 蓬萊：蓬萊山。古代傳說中的神山名，亦常泛指仙境。《史記·封禪書》："自威、宣、燕昭使人入海求蓬萊、方丈、瀛洲，此三神山者，其傳在勃海中。"

然恐爾之中道，效我職之不克，使余身而失憑，羌子立而彳亍[一六]。倘相與衛身遠害，歸來委千金而論爾之功也。吾然後棲遲乎衡門之下[一七]，逍遙乎圭竇之中[一八]。玩庭梧之霽月，詠籬柳之清風。岸綸巾而徙倚[一九]，聊與爾而優遊。結平生之知己，豈出處之異謀？

【注釋】

〔一六〕羌：連詞。表示假設、轉折、并列等關係。猶"乃","反而"。《楚辭·離騷經》："余以蘭為可恃兮，羌無實而容長。" 彳亍：小步走，走走停停貌。《文選注·潘岳〈射雉賦〉》："彳亍中輟，馥焉中鏑。"李善注："彳亍，止貌也；輟，止也；鏑，矢鏃也；馥，中鏃聲也。"

〔一七〕衡門：橫木為門。即簡陋的房屋。《詩經·衡門》："衡門之下，可以棲遲。"

〔一八〕圭竇：形狀如圭的牆洞。亦借指微賤之家的門戶。《左傳·襄公十年》："篳門圭竇之人而皆陵其上，其難為上矣！"

〔一九〕岸：謂將冠帽上推，露出前額。蘇軾《東坡全集·自淨土寺步至功臣寺》："落日岸葛巾，晚風吹羽扇。" 綸巾：冠名。古代用青色絲帶做的頭巾。一說配有青色絲帶的頭巾。相傳三國蜀諸葛亮在軍中服用，故又稱諸葛巾。 徙倚：猶徘徊，逡巡。《楚辭·遠遊》："步徙倚而遙思兮，怊惝怳而乖懷。"王逸注："彷徨東西，意愁憒也。"

重曰：珊瑚兮侈，鐵柱兮勞。豈如桃竹，風流格高。允矣詩仙，瀟灑同節。杖兮杖兮撓莫折，趨時扶危毋吾斁兮！

詩

謝金相國名安國字國卿號慕齋惠扇二首

　　問：扇揮則風生，風從何出？若道出於扇，扇裏何嘗有風在？若道不出於扇，畢竟風從何出？謂出於扇，既道不得；謂不出於扇，且道不得。若道出於虛，却離那扇，且虛安得自生風？愚以為不消如此說。扇所以能鼓風而非扇能生風也。當風息太虛，靜泠泠地，不見野馬、塵埃之起。然扇纔揮，風便鼓。風者，氣也。氣之撲塞兩間〔一〕，如水彌漫溪谷，無有空闕。到那風靜澹然之頃，特未見其聚散之形爾。氣何嘗離空得？老子所謂"虛而不屈，動而愈出"〔二〕者，此也。纔被他扇之揮動驅軋將去，則氣便盪湧為風。故詩曰："形軋氣來能鼓吹。"

【注釋】

〔一〕兩間：謂天地之間，即人間。韓愈《原人》："形於上者謂之天，形於下者謂之地，命於其兩間者謂之人。"
〔二〕虛而二句：案此句引自《老子·道經》卷上："天地之間，其猶橐籥乎！虛而不屈，動而愈出。多言數窮，不如守中。"

　　一尺清飆寄草堂〔三〕，據梧揮處味偏長。誰知一本當頭貫,便見千枝自幹張。形軋氣來能鼓吹,有藏虚底忽通涼。不須拂灑塵埃撲,竹杖相將雲水鄉〔四〕。

【注釋】

〔三〕一尺:即扇也。
〔四〕雲水鄉:雲水彌漫,風景清幽的地方。多指隱者遊居之地。蘇軾《東坡全集·遊靈隱高峰塔》:"霧霏巖谷暗,日出草木香。嘉我同來人,久便雲水鄉。"

二

不擇茅齋與廟堂,清風隨處解吹長。德和濟物兼玄白〔五〕,道大從人聽翕張。顧我無能驅暑濕,賴渠還得引秋涼〔六〕。丈夫要濯群生熱,當把泠飇播帝鄉〔七〕。

【校記】

[二] 三刊本無此字。

【注釋】

〔五〕玄白:玄即墨,白即紙。句謂扇面兼有白紙和黑墨有如德化濟物。
〔六〕渠:即扇。
〔七〕帝鄉:京城,皇帝居住的地方。此用以指代世上。杜甫《杜工部集·承聞河北諸道節度入朝歡喜口號》:"衣冠是日朝天子,草奏何時入帝鄉。"

詩

天　　機

　　壁上糊馬圖〔一〕，三年下董幃〔二〕。遡觀混沌始〔三〕，二五誰發揮〔四〕？惟應酬酢處，洞然見天機。太一斡動静〔五〕，萬化隨璇璣〔六〕。吹嘘陰陽橐，闔闢乾坤扉〔七〕。日月互來往，風雨交陰暉。剛柔蔚相盪〔八〕，游氣吹紛霏〔九〕。品物各流形，散布盈範圍。花卉自青紫，毛羽自走飛。不知誰所使，玄宰難見幾。顯仁藏諸用〔一〇〕，誰知費上微〔一一〕？看時看不得，覓處覓還非。若能推事物，端倪見依俙〔一二〕。張弩發由牙〔一三〕，三軍麾用旂〔一四〕。服牛當以牿，擾馬當以羈。伐柯即不遠〔一五〕，天機豈我違？人人皆日用，渴飲寒則衣。左右取逢原〔一六〕，原處便知希。百慮終一致，殊途竟同歸。坐可知天下，何用出庭闈〔一七〕？春回見施仁，秋至識宣威。風餘月揚明，雨後草芳菲。看來一乘兩〔一八〕，物物賴相依。透得玄機處，虛室坐生輝〔一九〕。

【校記】
〔玄機〕初刊本作"機玄"。

【注釋】
〔一〕馬圖：即河圖。《禮記・禮運》："故天降膏露，地出醴泉，山出器車，河出馬圖。"鄭玄注："馬圖，龍馬負圖而出也。"
〔二〕董幃：用漢董仲舒講授《春秋》故事。董仲舒，西漢著名今文經學大師。漢景帝時任博士,講授《公羊春秋》。詩用此典,蓋用以形容三年之間,不顧其他,推求尋索。《漢書·董仲舒傳》:"董仲舒廣川人也。少治《春秋》,孝景時為博士。下帷講誦,弟子傳以久次相授業,或莫見其面。蓋三年不窺園,其精如此。"

〔三〕混沌:指世界開辟前,元氣未分,模糊一團的狀態。班固《白虎通義·天地》:"混沌相連,視之不見,聽之不聞,然後剖判。"

〔四〕二五:即陰陽與五行。周敦頤《周元公集·太極圖說》:"五行之生也,各一其性。無極之真,二五之精,妙合而凝。乾道成男,坤道成女,二氣交感,化生萬物,萬物生生而變化無窮焉。"

〔五〕太一:宇宙萬物的本原,本體。《莊子·天下》:"建之以常無有,主之以太一。"

〔六〕琁璣:北斗前四星。泛指天道。《晉書·天文志上》:"魁四星為琁璣,杓三星為玉衡。"

〔七〕闔闢句:形容坤之閉合與乾之開啓,若扉之闔闢。《易·繫辭上》:"是故闔戶謂之坤,闢戶謂之乾,一闔一闢謂之變。往來不窮謂之通。"《正義》:"闔戶,謂閉藏萬物,若室之閉闔其戶。"

〔八〕剛柔句:謂剛柔相切摩而變化。蔚,盛大。盪,移動,搖動。《易·繫辭上》:"在天成象,在地成形,變化見矣。是故剛柔相摩,八卦相盪。"

〔九〕游氣:浮動的雲氣。 紛霏:紛紛飛散。

〔一〇〕顯仁句:言"道"顯現于仁德而潛藏于日用。《易·繫辭上》:"顯諸仁,藏諸用。"《正義》:"言道之為體,顯見仁功,衣被萬物,是顯諸仁也。""謂潛藏功用,不使物知,是藏諸用也。"

〔一一〕誰知句:謂不知誰知費而隱之道。《中庸》:"君子之道,費而隱。"朱熹注:"費,用之廣也;隱,体之微也。"

〔一二〕端倪:頭緒,跡象。《莊子·大宗師》:"反覆終始,不知端倪。" 依俙：相像，類似。
〔一三〕牙：弩機鉤弦的部件。
〔一四〕三軍句：謂麾三軍時以旐為表識。三軍，軍隊的通稱。《論語·子罕》："三軍可奪帥也，匹夫不可奪志也。"旐，古代用犛牛尾或兼五采羽毛飾之竿頭的旗子。
〔一五〕伐柯：指手持斧頭砍取製作斧柄的材料。句謂持斧伐柯取材的樣子就是手中所握之斧柄，不必遠求。《詩經·豳風·伐柯》："伐柯伐柯，其則不遠。"鄭玄箋："伐柯者必用柯，其大小長短，近取法於柯，所謂不遠求也。"後因以"伐柯"為取法於人的典故。
〔一六〕左右句：原謂學問功夫到家後，則觸處皆得益，後因以"左右逢原"泛指做事得心應手。《孟子·離婁下》："君子深造之以道，欲其自得之也。自得之則居之安，居之安則資之深，資之深則取之左右逢其原，故君子欲其自得之也。"
〔一七〕何用句：意謂不待出門而知天下之道。庭闈，即家內。《漢書·食貨志上》："王者不窺牖戶而知天下。"
〔一八〕一乘兩：一即根源，兩即陰陽。
〔一九〕虛室句：謂人能清虛無欲則道心自生。《莊子·人間世》："瞻彼闋者，虛室生白，吉祥止止。"

觀《易》吟

坎離藏用有形先〔一〕，到得流行道始傳。羲畫略摹真底象〔二〕，周經且説影中天〔三〕。研從物上能知化，搜自源頭可破玄〔四〕。不是聰明間世出〔五〕，難憑竹易討蹄筌〔六〕。

【校記】

〔不是二句〕原校曰：一作"書不盡言言外意,仲尼非獨計韋編"。

【注釋】

〔一〕坎離：猶言水火。即陰陽。《易·説卦》："坎為水,離為火。"按,坎、離原本《周易》之卦名,道教以"坎男"借指汞,內丹家謂為人體之陰精；以"離女"借指鉛,內丹家謂為人體之陽氣。唐吕岩《百字碑》詩："氣迴丹自結,壺中配坎離。"

〔二〕羲畫：謂伏羲所畫之八卦。

〔三〕周經：即周文王所作卦辭和爻辭。

〔四〕破玄：看破深奧微妙的義理。

〔五〕聰明：或指孔子。相傳孔子闡十翼而宏《易》道。十翼,《易》的《彖上》、《彖下》、《象上》、《象下》、《系上》、《系下》、《文言》、《説卦》、《序卦》、《雜卦》十篇。

〔六〕竹易：指用蓍草占卜之類。　蹄筌：蹄,兔罝；筌,魚笱。語本《莊子·外物》："筌者,所以在魚,得魚而忘筌；蹄者,所以在兔,得兔而忘蹄；言者,所以在意,得意而忘言。"句謂語言蹄筌都是有形的跡象,道理與獵物才是目的。後常以"蹄筌"即達到某種目的的手段,或反映事物的跡象。

二

羲畫周經動鬼神〔七〕,仲尼天縱引而伸〔八〕。廓開至理無遺蘊,默契心通只在人。

【校記】

〔二〕初刊本、三刊本無此字。

【注釋】

〔七〕鬼神：古代指天地間一種精氣的聚散變化。《易·繫辭上》："精氣為物，遊魂為變，是故知鬼神之情狀。"
〔八〕天縱：天所放任，意謂上天賦予。贊美孔子之辭。《論語·子罕》："大宰問於子貢曰：'夫子聖者與？何其多能也？'子貢曰：'固天縱之將聖，又多能也。'"

冬 至 吟

陽吹九地一聲雷〔一〕，氣應黃宮已動灰〔二〕。泉味井中猶淡泊，木根土底始胚胎。人能知復道非遠〔三〕，世或改圖治可回。廣大工夫要在做，君看馴致至朋來〔四〕。

【注釋】
〔一〕九地：地之最深處。文天祥《文山集·呈小村》詩："雷潛九地聲元在，月暗千山魄再明。" 一聲雷：冬至即一陽始生之時也。故取《震卦·初九》始生之象以喻。
〔二〕氣應句：古代置蘆葦灰於表示十二律的玉管內，每月當節氣，中律的管內的灰，就會自行飛出，以之占驗時序。黃鍾，古代音樂十二律中六種陽律的第一律，時當仲冬。故黃鍾律管中的葭灰飛動則可以知冬至之至。
〔三〕知復：謂自反而回復正道。《易·復》："初九，不遠復，无祇悔，元吉。"
〔四〕馴致：逐漸達到，逐漸招致。《易·坤》："《象》曰：履霜堅冰，陰始凝也；馴致其道，至堅冰也。"《正義》："馴，猶狎順也，若鳥獸順狎然。言順其陰柔之道，習而不已，乃至堅冰也。"

二

天道恒流易,悠悠老此身。韶顔年共謝[五],衰鬢日復新。復禮難三月[六],知非又一春[七]。稚陽看漸長[八],爲善勿因循[九]。

【校記】

[二]初刊本、三刊本均作"又"。　[復新]初刊本、三刊本均作"俱新"。

【注釋】

〔五〕韶顔:美好的容貌。　謝:衰敗,衰落。
〔六〕復禮句:歎復禮之難。《論語·雍也》:"回也其心三月不違仁,其餘則日月至焉而已矣。"
〔七〕知非句:謂一覺知昨之非,就又老了。《淮南子·原道》:"故蘧伯玉年五十,而知四十九年非。"後也謂五十歲爲知非之年。
〔八〕稚陽:即《復卦》之初九。《周易集解》荀爽曰:"復者,冬至之卦,陽起初九,爲天地心,萬物所始,吉凶之先。"
〔九〕因循:苟且因循。謂得過且過,不求進取。

觀《易》偶得首尾吟以示學《易》輩諸賢[一]

花巖不愛邵吟詩,吟到堯夫極論時[二]。一未開來無混有,二能交處坎生離〔三〕。神於水面天心得〔四〕,易向柳風梧月知〔五〕。秋洛春潭景何遠〔六〕?花巖不愛邵吟詩。

【校記】
〔二〕初刊本此下有校語云:"一作兩。"

【注釋】
〔一〕首尾吟:詩體名。詩的首句與末句相同,始於邵雍《首尾吟》:"堯夫非是愛吟詩,詩是堯夫春出時。一點兩點小雨過,三聲五聲流鶯啼。杯深似錦花間醉,車穩如茵草上歸。更在太平無事日,堯夫非是愛吟詩。"後稱這類形式的詩為"首尾吟"。
〔二〕花巖二句:花巖即花潭自身。堯夫,即邵雍。此兩句擬邵雍《首尾吟》之句。
〔三〕二:陰陽。 坎生離:謂水者火之質而火生於水。《皇極經世書·觀物外篇》:"水者火之地,火者水之氣。"
〔四〕神於句:謂以平靜的水面上照見精神而得本性。
〔五〕易向句:指能測天地之變化。柳風即春風,梧月即秋月,謂看到春天到了,能測秋天之將到也。
〔六〕秋洛句:謂都是從一元而出。秋洛即秋天的落葉,謂春天與秋天之景色,雖不一樣而亦不相遠矣。

又　一　絕

觀物工夫到十分〔一〕,日星高揭霽披氛。自從浩氣胸中養〔二〕,天放林泉解外紛〔三〕。歲乙巳閏正元夜,獨起依枕無寐,因記前日所見。吟罷,雞既鳴矣。

【注釋】

〔一〕觀物:離開自己的感官和實踐,用所謂心和理去觀察世界。邵雍《觀物内篇》:"夫所以謂之觀物者,非以目觀之也,非觀之以目而觀之以心,非觀之以心而觀之以理也。"

〔二〕浩氣:正大剛直之氣。《孟子·公孫丑上》:"曰:'我知言,我善養吾浩然之氣。''敢問何謂浩然之氣?'曰:'難言也。其為氣也,至大至剛,以直養而無害,則塞於天地之間。其為氣也,配義與道,無是,餒也。'"

〔三〕天放林泉:放任自然。《莊子·馬蹄》:"一而不黨,命曰天放。" 外紛:動於外物而雜亂之象。

笑　　戲

花巖不愛邵吟詩,輸得堯夫閑静時。道不遠人須早復,事皆方物莫教睽〔一〕。既知性處宜温養〔二〕,必有事來豈太持〔三〕。自在工夫曾喫力,花巖不愛邵吟詩。

【注釋】

〔一〕事皆句:此謂天地間凡事物皆有其法則,莫使事物違悖法則。方,道理,常規。《易·恒》:"君子以立不易方。"物,事物。《詩經·大雅·烝民》:"天生烝民,有物有則。"毛傳:"烝,衆;物,事;則,法。"睽,乖離,違背。

〔二〕既知句：此句強調知其性以後養其性之功。《孟子·盡心上》："盡其心者知其性也，知其性則知天矣。存其心，養其性，所以事天也。"
〔三〕必有句：謂可以知物來順應之道。持，固執之謂。

體述邵堯夫《首尾吟》聊表尚友千古之思〔一〕

花巖不愛邵吟詩，吟戲堯夫不試知〔二〕。鯤躍三千雖得地，鵬搏九萬奈無期〔三〕。物皆藏用聖何棄？代不乏人天有時。閑却當年經世手〔四〕，花巖不愛邵吟詩。

【校記】
［閑］原校曰：一作"虛"。

【注釋】
〔一〕尚友：上與古人為友。《孟子·萬章下》："以友天下之善士為未足，又尚論古之人。頌其詩，讀其書，不知其人，可乎？是以論其世也。是尚友也。"
〔二〕不試知：猶不識知。謂堯夫不關世事也。
〔三〕鵬搏句：謂鵬搏九萬，必有所期，以喻聖人經世之抱負遠大。《莊子·逍遥遊》："北冥有魚，其名為鯤。鯤之大，不知其幾千里也。化而為鳥，其名為鵬。鵬之背，不知其幾千里也；怒而飛，其翼若垂天之雲。是鳥也，海運則將徙於南冥。南冥者，天池也。齊諧者，志怪者也。諧之言曰：'鵬之徙於南冥也，水擊三千里，搏扶搖而上者九萬里，去以六月息者也。'"
〔四〕代不乏人句：知天有時而不關濟世之謂。

開　　窗

屏寒窗牖忽南開，迎面泠風淑氣回。湛湛天光依舊遠〔一〕，始知吾性所從來。

【校記】
［題］初刊本、三刊本、四刊本均作"開窗吟"。　　［忽］原校曰：一作"向"。

【注釋】
〔一〕湛湛：清明澄澈貌。

有　　物

有物來來不盡來，來纔盡處又從來。來來本自來無始〔一〕，為問君初何所來？

【校記】
［有物］初刊本、三刊本、四刊本均作"有物吟"。

【注釋】
〔一〕無始：形成宇宙萬物的本原。

二

有物歸歸不盡歸，歸纔盡處未曾歸。歸歸到底歸無了，為問君從何所歸？

【校記】
［二］初刊本、三刊本均無此字。

偶　　吟

殘月西沉後，古琴彈歇初。明喧交暗寂，這裏妙何如。

述　　懷

讀書當日志經綸，晚歲還甘顏氏貧〔一〕。富貴有爭難下手，林泉無禁可安身。採山釣水堪充腹，詠月吟風足暢神。學到不疑知快活，免教虛作百年人〔二〕。

【校記】

［晚歲］《文峰集》作"歲晚",《象村稿》、《象村雜錄》均作"歲暮"。　　［知］《象村稿》、《象村雜錄》均作"真"。

【注釋】

〔一〕顏氏貧：本指顏回過貧苦生活，後因以指安貧樂道的風尚。《論語·雍也》："子曰：'賢哉！回也！一簞食，一瓢飲，在陋巷，人不堪其憂，回也不改其樂。'"朱熹集注："顏子之貧如此而處之泰然，不以害其樂。"

〔二〕免教句：謂希望不拘形跡，曠放自適。

讀《參同契》〔一〕戲贈葆真庵趙景陽〔二〕昱

吾身鉛汞藥之材〔三〕，水火調停結聖胎〔四〕。混沌前頭接玄母〔五〕，希夷裏面得嬰孩〔六〕。三三砂鼎慇懃轉〔七〕，六六洞天次第開〔八〕。余是玉都真一子〔九〕，無人知道是回回〔一○〕。

【校記】

［昱］初刊本、三刊本此上均有"名"字。

【注釋】

〔一〕《參同契》：舊題東漢魏伯陽所著《周易參同契》的簡稱，參同《周易》、黃老、爐火三家,借《周易》爻象附合道家煉丹之説,為丹經之祖。
〔二〕趙景陽:趙昱(1498—1557)。字景陽,號龍門,齋名葆真,謚號文康,平壤人。才行高潔,安貧慕古,隱居龍門山。著有《龍門集》。
〔三〕鉛汞:鉛和汞,道家煉丹的兩種原料。蘇軾《東坡全集·真一酒歌引》:"鉛汞以為藥,策易以候火,不如天造之真也。"
〔四〕聖胎:道教金丹的別名。内丹家以母體結胎比喻凝聚精、氣、神三者所煉成之丹,故名。王守仁《王文成全書·傳習録》:"只念念要存天理,即是立志。能不忘乎此,久即自然心中凝聚,猶道家所謂結聖胎也。"
〔五〕玄母:傳説中的天上神女,曾授黃帝兵法,以制伏蚩尤。亦稱九天玄女,為道教所奉之神。《藝文類聚·黃帝軒轅氏》"《龍魚河圖》曰:'天遣玄女,下授黃帝兵信神符,制伏蚩尤。'"
〔六〕希夷:指虛寂玄妙。《老子道德經·贊玄》:"視之不見名曰夷,聽之不聞名曰希。"
〔七〕三三砂鼎:道教用於煉丹的九轉鼎。道教謂經九次提煉而成的丹藥服之能成仙。
〔八〕六六洞天:三十六洞天。道家稱神仙居住人間的三十六處名山洞府。
〔九〕玉都:道教稱天帝的居所。《御定全唐詩·吕巖〈七言詩〉》之六七:"羽化自應無鬼録,玉都長是有仙名。" 真一子:真人。真一,本指保持本性,自然無為,後多用以指養生的方法。葛洪《抱朴子·地真》:"割嗜慾所以固血氣,然後貞一存焉,三七守焉,百害却焉,年命延矣。"
〔一〇〕回回:漢語文獻中常指信仰伊斯蘭教的人。此為自我戲謔之辭。

山　居

雲巖我卜居，端爲性慵疏[一]。林坐朋幽鳥，溪行伴戲魚。閑揮花塢箒[二]，時荷藥畦鋤[三]。自外渾無事，茶餘閲古書。

【注釋】

〔一〕慵疏：亦作"疏慵"，花潭詩中常見，用以自述生性疏懶、懶散。

〔二〕花塢：四周高起中間凹下的種植花木的地方。《漢魏六朝百三家集·梁武帝〈子夜四時歌·春歌之四〉》："花塢蝶雙飛，柳堤鳥百舌。"

〔三〕藥畦：藥田。

二

花潭一草廬，瀟灑類仙居[四]。山簇開軒面[五]，泉絃咽枕虚[六]。洞幽風淡蕩[七]，境僻樹扶疏[八]。中有逍遥子[九]，清朝好讀書。

【校記】

［二］初刊本、三刊本均作"又"。原校曰：《明詩綜》"簇"作"色"，"面"作"近"，"絃咽"作"聲到"，"朝"作"晨"，"好"作"閑"。

【注釋】
〔四〕瀟灑：灑脱不拘、超逸絕俗貌。
〔五〕山簇：即重疊的山峰。
〔六〕泉絃：把泉聲響喻於絃歌。 虚：分野，居處。《左傳·昭公十七年》："宋，大辰之虚也；陳，大皞之虚也；鄭，祝融之虚也，皆火房也。"
〔七〕淡蕩：猶散淡，悠閑自在。
〔八〕扶疏：形容枝葉繁茂。
〔九〕逍遥子：花潭自稱。逍遥，優遊自得，安閑自在。《莊子·逍遥遊》："彷徨乎無爲其側，逍遥乎寝卧其下。"

無題

眼垂簾箔 眼胞也。耳關門，松籟溪聲亦做喧。到得忘吾能物物〔一〕，靈臺隨處自清温〔二〕。

【注釋】
〔一〕到得句：形容超然塵俗，與自然融爲一體的境界。
〔二〕靈臺：即心。《莊子·庚桑楚》："備物以將形，藏不虞以生心，敬中以達彼。若是而萬惡至者，皆天也，而非人也，不足以滑成，不可内於靈臺。"

二

疏慵端合卧衡門〔三〕，不是逃空謝世喧。自是雲塵相迥隔〔四〕,無人來問話涼温〔五〕。

【校記】
〔二〕三刊本無此字。

【注釋】
〔三〕疏慵句：粗疏平庸。花潭自稱,謙辭也。端合,應當,應該。
〔四〕雲塵：雲即脱俗之所,塵即世俗之間。
〔五〕話涼温：問安否。

閑　　懷

處世逍遥語吐誠,百年堪許影邊行〔一〕。平生未足探幽興,每見雲山眼倍明。

【注釋】
〔一〕堪許：堪可,適合。　影邊：身影,蹤跡。

雨　後　看　山

睡起虚樓忽上簾,雨餘山色十分添。看來難下丹青手〔一〕,雲卷高岑露碧尖。

【注釋】

〔一〕丹青手:畫工。

登高吟携彦順金惠孫頤正朴民獻及黄元孫登金神寺後峰作〔一〕

欲窮高處陟危峰,仰面彌高高不窮。若語天高猶未極,始知足底是高蹤〔二〕。

【注釋】

〔一〕彦順:金惠孫(?—1585),字彦順,慶州人。官至郡守。早事先生,礪志學業,晚年尤喜讀《易》。 頤正:朴民獻(1516—1586),字希正,初字頤正,號正菴、瑟僩齋。1546年增廣文科及第。徐敬德門人。又本集所附《門人録》謂字元夫,先生為改頤正。號瑟僩,咸陽人。官至咸鏡道觀察使。師事先生,深有所得。撰先生神道碑銘。有文集。
　　黄元孫:花潭之門人也。從遊先生之門,有士行。以上三人俱載本集所附《門人録》。 金神寺:寺名。《新增東國輿地勝覽·黄海道·牛峰縣》:"在聖居山南。上有兜率、寶月、長春等庵。寺有金佛一軀曰尊者,自昔稱有靈驗,至今松都士女香火不絶。"

〔二〕始知句:謂至道不遠,須臾不可離也。高蹤,意謂超凡脱俗之境。

遊　山

　　身遊在半天，平步躡雲煙。不用求仙學，心閑日抵年〔一〕。

【注釋】
〔一〕心閑句：據説仙界一日抵人間一年，今指悠游從容，心閑不迫。

大　興　洞〔一〕

　　紅樹映山屏〔二〕，碧溪瀉潭鏡〔三〕。行吟玉界中〔四〕，徒覺心清净。

【校記】
［徒覺］原形誤作"陡覺"，據三刊本改。

【注釋】
〔一〕大興洞：地名。《新增東國輿地勝覽·開城府上》：大興洞，在天磨、聖居兩山之間。……樹木蓊鬱，日光不到地。夏則緑陰滿徑，木蓮花開，清香擁鼻；秋則赤楓黄葉，倒映水底,真佳境也。
〔二〕山屏:形如屏風的山崖。
〔三〕潭鏡:水平如鏡之潭。
〔四〕玉界:即仙境。

知　足　寺〔一〕

　　自卑延平島〔二〕,高尚普賢峰〔三〕。山水吾有取,沉吟倚短筇〔四〕。

【校記】
［吾］三刊本作"皆"。

【注釋】
〔一〕知足寺:寺名。在於開城天磨山。
〔二〕延平島:島名。《世宗實錄·地理誌·黃海道·海州牧》"延平島"注:"在大津南,水路三十里。"
〔三〕普賢峰:峰名。在於開城天磨山。
〔四〕筇:竹名。筇竹宜於製杖,故亦用以泛稱手杖。南朝宋戴凱之《竹譜》:"筇竹,高節實中,狀若人刻,為杖之極。《廣志》云:'出南廣邛都縣。'然則邛是地名,猶高梁董。《張騫傳》云'(筇竹)於大夏見之,出身毒國'。始感邛杖終開越雋,越雋則古身毒也。張孟陽云:'邛竹出興古盤江縣。'"

詠　苔

崖广陰滲漉[一]，千年苔色緑。自家知一般，生意無拘束。

【注釋】

〔一〕滲漉：液體慢慢地滴流、滲透。

雪　月　吟

冷積千山雪，高明一天月。庭前獨步人，意思何清潔？

春　日

郭外無塵事[一]，山窗睡起遲。探春行澗壑，看取好花枝。

【注釋】
〔一〕郭外：城外。

謝張教授綸惠桃樹[一]

夢陟清都扣玉扉[二]，瑤臺春色覺依俙[三]。凌晨見寄仙桃樹，疑是移從上界歸。

【校記】
［樹］三刊本作"栽"。

【注釋】
〔一〕張教授：張綸，字經仲，丹山人。
〔二〕清都：神話傳說中天帝居住的宮闕。《楚辭·遠遊》："集重陽入帝宮兮，造旬始而觀清都。" 玉扉：門闕之美稱。
〔三〕瑤臺：傳說中的神仙居處。王嘉《拾遺記·崑崙山》："傍有瑤臺十二，各廣千步，皆五色玉為臺基。"

二

故人知我玩花真[四]，遠寄仙桃情見親。旋斫榛荒窗外種[五]，會看繁蕊雨中新。

【校記】
［二］初刊本、三刊本均無此字。

【注釋】

〔四〕故人：指張綸。

〔五〕榛荒：叢生的荒草。

種　松

檻邊除棘種稚松，長閱千年想作龍。莫謂寸根成得晚，明堂支日勒豐功〔一〕。

【注釋】

〔一〕明堂句：謂当松木成為明堂之柱的時候，會顯現它的功勞。

詠　菊

園中百卉已蕭然，祇有黃花氣自全。獨抱異芳能殿後〔一〕，不隨春艷並爭先。到霜酣處香初動〔二〕，承露溥時色更鮮。飡得落英清五内〔三〕，杖藜時復繞籬邊〔四〕。

【校記】

〔酣處〕原作"甘處"，據初刊本改。　〔飡得二句〕原校曰：一作"愛玩更無彭澤眼，緑叢金蕊為誰妍"。

【注釋】

〔一〕殿後：泛指居後。

〔二〕酣處：即霜濃厚的地方。

〔三〕飡得句：謂飲菊花茶。落英，落花。一説謂初生之花。《示兒編·落英》："《楚辭》云：'夕餐秋菊之落英。'落英謂始生之英，可以夕糧也。……宮室始成而祭則曰落成。故菊英始生亦曰落英。"五内，五中，五臟。

〔四〕籬邊：指種菊之處。陶潛《陶淵明集·飲酒》詩之五："採菊東籬下，悠然見南山。"

聞　鼓　刀

有鳥凌晨勸鼓刀〔一〕，鼓刀應在割烹庖〔二〕。年來盤上無鹽久，莫向茅齋苦叫號。

【注釋】

〔一〕有鳥句：把啄木鳥啄木看做勸鼓刀。宰殺牲畜時敲擊其刀，使之發聲，故曰鼓刀。

〔二〕割烹庖：指調製食物之廚房。

溪　聲

聒聒巖流日夜鳴，如悲如怨又如爭。世間多少銜冤事，訴向蒼天憤未平。

次韻答留守李相國龜齡〔一〕

半畝宫中樂莫涯，頤神終日澹無何〔二〕。品題花卉知誰任〔三〕？管領溪山屬我家。每會景佳能獨詠，時因興劇共人歌。泠然一覺遊仙夢，不記林間春已過。

【注釋】

〔一〕李相國：李龜齡（1482—1542），字眉之，全義人。官兵曹判書。
〔二〕無何：没有什麽事。《荀子·天論》："星墜木鳴，國人皆恐，曰：'是何也？'曰：'無何也。'"
〔三〕品題：觀賞，玩賞。

贈葆真庵〔一〕

將身無愧立中天，興入清和境界邊〔二〕。不是吾心薄卿相〔三〕，從來素志在林泉。誠明事業恢遊刃〔四〕，玄妙機關少著鞭〔五〕。主敬功成方對越〔六〕，滿窗風月自悠然。

【注釋】

〔一〕題：一説，此詩非花潭所作。葆真庵，為趙昱之號。據李濟臣《清江先生鯸鯖瑣語》載："趙龍門昱見有以一詩來示者曰：'此乃花潭之作。'其詞曰：'將身無愧立中天，興入清和境界邊。不是吾心薄卿相，從來素志在林泉。誠明事業恢游刃，玄妙機關少着鞭。主敬功成方對越，滿窗風月自悠然。'龍門疑其自許太過，遂次其韻曰：'至人心迹本同天，小智區區滯一邊。謾説軒裳為桎梏，誰知城市即林泉。舟逢急水難回棹，馬在長途合受鞭。誠敬固非容易做，誦君佳句問其然。'因袖詩往見花潭曰：'見可久然字韻詩，甚好。且誠明事業已做了，當至於浩浩其天，可久之學，到此地位，豈不可仰？'花潭曰：'元韻固非吾作也。'龍門不示和章而還云。"參本集附録所載《遺事》。

〔二〕清和：清静和平。形容人的性情。

〔三〕薄卿相：謂不重視顯貴的官位。

〔四〕誠明：至誠之心和完美的德性。語出《中庸》："自誠明謂之性，自明誠謂之教，誠則明矣，明則誠矣。"鄭玄注："自，由也。由至誠而有明德，是聖人之性者也；由明德而有至誠，是賢人學以誠之也。有至誠則必有明德，有明德則必有至誠。"恢遊刃：即處事裕如的能力。《莊子·養生主》："彼節者有間，而刀刃者無厚；以無厚入有間，恢恢乎其於遊刃必有餘地矣。"

〔五〕玄妙句：謂不在玄妙虛幻而難以捉摸的事理處着力用功。機關，計謀，心機。著鞭，猶言著手進行，開始做。

〔六〕主敬句：謂勉於主一無適之功而對揚天命。《朱子語類》："程子所謂主一無適，主一只是專一。"對越，猶對揚。《詩經·周頌·清廟》："濟濟多士，秉文之德。對越在天，駿奔走在廟。"

謝趙上舍玉惠筆〔一〕

手封文寶遠相遺,應謂山翁用有時。載管既非林下事〔二〕,記聞安屬散人知?只將題品溪山勝,且得甄收風月奇〔三〕。自外都無閑冗用,養鋒時復録新詩〔四〕。

【注釋】
〔一〕趙上舍:趙玉,字栗如,漢陽人。
〔二〕載管句:謂以文爲事,不是林下所居人之所任也。管,筆管,後稱筆爲管。
〔三〕甄收:審核録用。蘇軾《東坡全集·謝量移汝州表》:"豈謂草芥之賤微,尚煩朝廷之紀録,開其悃悔,許以甄收。"
〔四〕養鋒:涵養詩、文、書、畫所表露的氣勢。鋒,筆鋒。

次申企齋名光漢,字漢之。
時爲吏判兼大提學。韻〔一〕

相國持平就政堂,群賢濟濟各矜長〔二〕。權時人物誰輕重〔三〕?範世文章獨主張。律己既能爲表率,抽才未始校炎涼〔四〕。競依堯舜收功日〔五〕,應笑寒儒滯一鄉〔六〕。

【注釋】

〔 一 〕申企齋：申光漢(1484—1555)。字漢之,號企齋、駱峰、石仙齋,高靈人,諡號文簡。1510年文科及第。歷任大提學、左贊成等職。有《企齋集》。

〔 二 〕濟濟：眾多貌。《詩經·大雅·旱麓》："瞻彼旱麓,榛楛濟濟。"

〔 三 〕權時：權時制宜。斟酌形勢,隨機應變。

〔 四 〕抽才句：喻取才時,能不以富貴與貧寒為取捨標準。

〔 五 〕競依句：謂以堯舜之道治天下,取得成功之時。

〔 六 〕寒儒：花潭自嘲語。

原韻〔七〕用先生曾寄慕齋謝惠扇詩韻〔八〕

百花潭上一茅堂,庭草春深翠且長。安樂只應師邵氏〔九〕,清狂非故效琴張〔一〇〕。教成《白鹿規》將熟〔一一〕,裁得青衿行亦涼〔一二〕。聞說古都文獻盛,自慚全未舉窮鄉。

【校記】

［題］初刊本、三刊本無"原韻"二字。　　［詩序］初刊本、三刊本"用先生曾寄慕齋謝惠扇詩韻"上,有"企齋贈先生詩"六字。

【注釋】

〔 七 〕原韻：此詩申光漢所作,載於《企齋集》。初刊本、三刊本將原韻以詩序形式,載於《次申企齋韻》下,詩題即《聞花潭徐處士敬德名久因子塤遊松都投詩相問用處士曾寄慕齋詩韻》。

〔 八 〕慕齋：金安國(1478—1543)。安國字國卿,號慕齋,義城人,諡號文敬。纔及成童,博通經史。學於金宏弼。1503年文科及第。歷任左贊成、判中樞府事等職。有《慕齋

〔九〕邵氏：邵雍。
〔一〇〕清狂：放逸不羈。杜甫《杜工部集·壯遊》詩："放蕩齊趙間，裘馬頗清狂。" 琴張：孔子弟子，名牢，字子開，一字張。《孟子·盡心下》："如琴張、曾晳、牧皮者，孔子之所謂狂矣。"漢趙岐注："琴張，子張也。子張之為人，踸踔譎詭。"
〔一一〕《白鹿規》：即《白鹿洞書院學規》，是朱熹為了培養人才而製定的教育方針和學生守則，内容廣泛，提出了教育的目標、内容、為學程序、修身、處事和接物等一系列綱領。
〔一二〕青衿：青色交領的長衫。古代學子和明清秀才的常服。《詩經·鄭風·子衿》："青青子衿，悠悠我心。"毛傳："青衿，青領也。學子之所服。"

又奉贈一首

許由非是強辭堯〔一〕，自揣無才動聖朝。投足太平知越俎〔二〕，不如孤往任逍遥。

【注釋】

〔一〕許由：傳說與堯同時的隱士。相傳堯讓天下，不受。後又召為九州長，由不欲聞，洗耳於穎水之濱。事見《莊子·逍遥遊》《史記·伯夷列傳》。
〔二〕越俎：越俎代庖。《莊子·逍遥遊》："庖人雖不治庖，尸祝不越樽俎而代之矣。"後因以"越俎代庖"比喻越出本分，代行其事。

次企齋韻贈其子壻〔一〕

願交孚在奠腒初〔二〕，揖坐雍容體自舒。鳳穴幾時為伏鷇，龍門他日化飛魚〔三〕。進修雖是由材器〔四〕，遷就還應賴養居〔五〕。欲效箕裘清事業〔六〕，手持詩戒敢躊躇〔七〕？

【注釋】

〔一〕次企齋韻：原韻載於申光漢《企齋集》，即《送子壻遊松都》："春花落盡綠陰初，天氣清和物意舒。學史不須治簡蠹，尋師要試放池魚。花潭洞裏留徐榻，松嶽山中訪聖居。他日歸來應有得，作詩祈汝副躊躇。"

〔二〕交孚：謂志同道合，意氣相投。孚，信任。語本《易·睽》："睽孤，遇元夫，交孚，厲無咎。" 奠腒：謂准備禮物以作見面禮。腒，鳥類的干脯，此指干雉。《儀禮·士相見禮》："士相見之禮。摯，冬用雉，夏用腒。"

〔三〕鳳穴二句：謂他將來必定會在文才薈萃的地方顯示其才德。鳳穴，鳳凰的居處，比喻文才薈萃的地方。《北史·文苑列傳》："潘、陸、張、左，擅修麗之才，飾羽儀於鳳穴。"伏鷇，意謂孵育幼雛，繁衍後代。鷇，待哺食之幼鳥。《史記·趙世家》："主父欲出不得，又不得食，探爵鷇而食之。"索隱曰："生受哺者謂之鷇。"龍門化魚，意謂由平民而做官，由平庸而顯耀。舊傳鯉魚跳過龍門即化為龍。《藝文類聚》卷九十六："辛氏《三秦記》曰：'河津一名龍門，大魚集龍門下數千，不得上，上者為龍，不上者魚，故云曝鰓龍門。'"

〔四〕進修：進德修業。
〔五〕遷就：遷往，遷到。　養居：存心養性，持身恭敬。存養居敬為朱熹提倡的後天進修方法。
〔六〕箕裘：比喻祖上的事業。《禮記·學記》："良冶之子，必學為裘；良弓之子，必學為箕。"
〔七〕詩戒：稱花潭以此詩戒之。

次留守沈相國彥慶韻〔一〕

　　自喜清時作逸民，還嫌投刺謁邦君〔二〕。無才醫國趁風土〔三〕，有約棲山卧白雲。世上功名雖不做，道中糟粕尚能分。睡餘忽被垂佳句，為謝先生更右文〔四〕。

【校記】
［無才句］原校曰：一作"無心求利趁紅土"。　　［有約］約，原校曰：一作"志"。

【注釋】
〔一〕沈相國：沈彥慶，字士吉，號東海浪翁，三陟人，生卒年未詳。
〔二〕投刺：投遞名帖。楊衒之《洛陽伽藍記·景寧寺》："或有人慕其高義，投刺在門，元慎稱疾高卧。"
〔三〕醫國：以治病喻治國。意謂為國除祛患弊。語本《國語·晉語》八："上醫醫國，其次疾人。"
〔四〕右文：崇尚文治。《唐宋八大家文鈔·歐陽修〈謝賜漢書表〉》："竊以右文興化，乃致治之所先。"

次留守朴相國祐韻[一]

花潭特地卜幽居,為愛林深車馬疏。懶向塵中回杖履,浴沂狂性未能除[二]。

【注釋】
〔一〕朴相國:朴祐(1476—1546),字昌邦,號六峰,忠州人。歷任開城留守。
〔二〕浴沂:參前《花潭先生文集重刊序》注。

二

近日山齋剩讀書,得吾邦宰樂紆餘[三]。擬邀司馬公青眼,一顧天津邵子廬[四]。

【校記】
[二] 初刊本、三刊本均無此字。

【注釋】
〔三〕邦宰:指留守朴祐。　紆餘:謂歌曲文章曲折有致。《唐宋八大家文鈔·蘇洵〈上歐陽內翰書〉》:"執事之文,紆餘委備,往復百折,而條達疏暢,無所間斷。"
〔四〕擬邀二句:司馬公即宋代司馬光,邵子即邵雍,詩中以司馬光代指留守朴祐,而以邵雍代指花潭自身。青眼,謂以正眼相看表示重視,與"白眼"相對。邵雍隱居蘇門山,後遷洛陽天津橋南。此處以司馬光與邵雍,講明道義,相為師友,喻指留守朴祐與花潭二人意氣相投。

以桃獻留守朴相國

碧桃植在水雲鄉〔一〕,味帶清泠風露香。堪擬武陵源上實,獻吾召父得先嘗〔二〕。

【注釋】
〔一〕碧桃:桃樹的一種。　水雲鄉:水雲彌漫、風景清幽的地方。多指隱者遊居之地。
〔二〕召父:即西漢召信臣。他曾為南陽太守,有善政,使人民得以休養生息,安居樂業,故南陽人親愛信臣,號之曰"召父"。事見《漢書·循吏傳·召信臣》。後因以為頌揚地方官政績的套語。此借指留守朴相國。

奉贈留守李相國㵱〔一〕

塵事何時盡?講歡須及辰。有錢能買酒,無計可留春。花樹紅初綻〔二〕,柳絲綠半勻〔三〕。東君呈景物〔四〕,應笑不遊人。

【注釋】

〔一〕 李相國：李瀣（1498—1554），字子淨，號守谷，封號密山君，諡號靖惠。歷任開城留守。
〔二〕 綻：花蕾開放。
〔三〕 綠半勻：即半綠半黃。嫩綠色。
〔四〕 東君：司春之神。《御選歷代詩餘·辛棄疾〈滿江紅〉》："可恨東君，把春去春來無跡。"

贈金都事洪[一]

三載憂勤苡小官，割雞能手亦堪觀[二]。他年當貴知難免，此日溪山剩講歡。

【注釋】

〔一〕 金都事：金洪，字稚川，義城人。《冲齋先生文集·朝天錄·嘉靖十八年己亥閏七月二十九日》："晴。早食時發。……都事金洪、教授朴元謙來謁。"都事，為從五品官職。
〔二〕 割雞：亦稱"牛刀割雞"，比喻大材小用。《論語·陽貨》："子之武城，聞弦歌之聲。夫子莞爾而笑曰：'割雞焉用牛刀！'子遊對曰：'昔者偃也聞諸夫子曰：君子學道則愛人，小人學道則易使也。'"

二

政清刑簡吏民安，怪底雲林不一攀[三]。有寺靈通堪玩景〔四〕,溪山雪月詠歸鞍〔五〕。

【校記】
〔二〕初刊本、三刊本均無此字。

【注釋】
〔三〕雲林:隱居之所。
〔四〕靈通:寺名。《續東文選·遊松都録》:"至靈通寺,寺在五冠山下。洞府深邃,殿宇宏敞。有古碣,乃文宗子釋煦功德碑也,金富軾所製而吴彦侯所書。寺前有土橋遺址,高麗時崇信術家言,欲連地脈,故跨澗築之也。西偏有樓,累石為基,溪流縈迴,樹陰翁翳,雖盛暑爽氣襲人。壁上有陽村、真逸、釋月窗等詩。"
〔五〕詠歸:唱着歌回來之謂。《論語·先進》:"莫春者,春服既成,冠者五六人,童子六七人,浴乎沂,風乎舞雩,詠而歸。"後遂以"詠歸"作為多人聚合一起吟詩作賦之典。

次沈別提宗元韻〔一〕

潦倒年來白盡頭〔二〕,疏慵端合任天遊〔三〕。只能飲啄都無用〔四〕,自是人間一贅疣。

【校記】
〔自是〕初刊本作"自笑"。

【注釋】
〔一〕沈別提:謂沈宗元,生平未詳。

〔二〕潦倒：舉止散漫，不自檢束。《九家集注杜詩·戲贈閿鄉秦少府短歌》："今日時清兩京道，相逢苦覺人情好。昨夜邀歡樂更無，多才依舊能潦倒。"

〔三〕任天：謂任從天命。《宋書·顧覬之列傳》："若藉數任天，則放情蕩思；拘訓馴範，則防慮檢喪。"

〔四〕飲啄：謂鳥之飲水啄食，借指安居樂業，生活悠閒自適。《宋書·樂志四》引何承天《雉子游原澤》詩："飲啄雖勤苦，不願棲園林。"又，其詩序云："既無用於時，故遂飲啄之願爾。"

次沈教授名義，字義之，號大觀子。見贈韻〔一〕

象外散人常晏如〔二〕，草廬真箇類仙居。疏慵寡與還堪樂〔三〕，弄得雲泉自有餘。

【注釋】

〔一〕沈教授：即沈義（1475—？），字義之，號大觀齋，豐山人。姜渾、申用溉門人，與徐敬德、成世昌等交遊。1507年文科及第。歷任司憲府監察、工曹佐郎等職。有文集《大觀齋亂稿》。原韻《幽懷四絕贈可久》其一曰："故國興亡一瞥如，至今卿相有遺居。莫言旺氣渾蕭索，留與雲仍積慶餘。"以下所引沈義原韻，均載《大觀齋亂稿》。

〔二〕象外：謂塵世之外。《寒山詩集》："自羨幽居樂，長為象外人。" 晏如：安然。《漢書·諸侯王表》："高后女主攝位，而海內晏如。"

〔三〕寡與：寡合。謂不與世俗合流。

二〔四〕

為學長嗟坐冗叢，未逢先正發余蒙〔五〕。辛勤做得工夫手，五十年來似始通。

【校記】
［二］初刊本、三刊本均無此字。

【注釋】
〔四〕二：原韻《幽懷四絕贈可久》其二曰："躞躞新學少年叢，指點精微為訓蒙。三百無邪詩有《頌》，風花月露摠苓通。"
〔五〕先正：泛指前代的賢人。

三〔六〕

孟軻先覺語思誠〔七〕，學到誠時自在行。反省未能無內疚〔八〕，始知不足恃高明〔九〕。

【校記】
［三］初刊本、三刊本均無此字。

【注釋】
〔六〕三：原韻《幽懷四絕贈可久》其三曰："學問於人只在誠，要須不息法天行。玄關靈匙猿初起，尚有殘燈一點明。"
〔七〕孟軻句：此句用孟子之言而說"誠"之重要。《孟子·離婁上》："誠者天之道也，思誠者人之道也。至誠而不動者，未之有也,不誠未有能動者也。"
〔八〕反省疚:自我反省而有疚之謂。《論語·顏淵》:司馬牛問君子,子曰:"君子不憂不懼。"曰:"不憂不懼,斯謂之君子已乎?"子曰:"内省不疚,夫何憂何懼?"
〔九〕恃:自負。《吕氏春秋·本味》:"士有孤而自恃,人主有奮而好獨者,則名號必廢熄。"

四〔一〇〕

君子要須造道深,到收功處始休尋。年來覷破真消息〔一一〕,自笑從前枉費心〔一二〕。

【校記】
［四］初刊本、三刊本均無此字。

【注釋】
〔一〇〕四:原韻《幽懷四絕贈可久》其四曰:"衮鉞麟經寓意深,君親大義孰能尋?知君佩服唯忠孝,移孝為忠祗此心。"
〔一一〕真消息:奥妙,真諦,底細。
〔一二〕枉費心:枉費心力。《朱子語類》:"不知務民之義,褻近鬼神,只是枉費心力。"

五〔一三〕

屠龍不惜千金破〔一四〕,壯志當年期帝佐。歲晚山中歌《紫芝》〔一五〕,《紫芝》一曲無人和。

【校記】
〔五〕初刊本、三刊本均無此字。

【注釋】
〔一三〕五：原韻《次可久韻》："一卧希夷曉睡破，林霏洞屑争來佐。恍然毛骨蜕如蟬，醉踏藍歌無與和。"
〔一四〕屠龍：指高超的技藝。《莊子·列御寇》："朱泙漫學屠龍於支離益，單千金之家。三年技成，而無所用其巧。"
〔一五〕《紫芝》：古歌名。紫芝本為木耳的一種，可作菜食，又可入藥，亦稱木芝。相傳秦末商山四皓以世亂退隱作歌，其辭曰："曄曄紫芝，可以療飢。"故云。《樂府詩集·琴曲歌辭》作《採芝操》，唐人或作《紫芝曲》、《紫芝謠》。後用以泛指隱逸避世之歌。唐杜甫《題李尊師松樹障子歌》："悵望聊歌《紫芝曲》，時危慘淡來悲風。"

六〔一六〕

山人屢見簞瓢罄〔一七〕，懶汲前溪松下井。大觀先生不世翁〔一八〕，遺余斗米資茶鼎。

【校記】
〔六〕初刊本、三刊本均無此字。

【注釋】
〔一六〕六：原韻《次可久韻》："誰言枕漱乳泉罄，更有轆轤垂渫井。嘯傲蜉蝣起滅關，還丹何必煮雲鼎。"
〔一七〕簞瓢：古盛穀、水器也。
〔一八〕大觀先生：即沈義。　不世：言非一世所常有也，多謂非凡。

詩

再　次[一]

一部羲經衆理叢,欲追三絶啓余蒙[二]。坎離互宅人知否[三]？些子天機未易通。

【校記】
[再次]初刊本、三刊本、四刊本均作"再次二首"。

【注釋】
〔一〕再次：原韻即《幽懷四絶贈可久》其二（"躞躞新學少年叢"）,見《次沈教授見贈韻》其二（"爲學長嗟坐冗叢"）詩注〔四〕。
〔二〕欲追句：謂欲效法孔子謹學鑽研以啓發自己的蒙昧。三絶,韋編三絶。事見《史記·孔子世家》："孔子讀《易》,韋編三絶。"
〔三〕坎離互宅：陰陽互相寄託之所。坎離,二掛名。

二[四]

花洞煙霞趁步深,桃源何用枉探尋。自從喫得閑中味,壺裏乾坤認在心[五]。

【校記】
[二]初刊本、三刊本均無此字。

【注釋】
〔四〕二:原韻即《幽懷四絕贈可久》其四("衮鉞麟經寓意深"),見《次沈教授見贈韻》其四("君子要須造道深")詩注〔一〇〕。
〔五〕壺裏乾坤:指仙境。相傳後漢時費長房為市掾,市中有一老翁賣藥,懸一壺於肆頭,市罷輒跳入壺中。市人莫之見,唯長房於樓上睹之,異焉。後費長房隨老翁入壺,見其中房屋華麗,美酒佳肴丰富異常。事載《後漢書·方術列傳下·費長房傳》。

次申秀才濩落花韻〔一〕

東風織得百花文,誰識天公用意勤?不耐芳菲易衰歇〔二〕,故將詩酒詠殷勤。為憐落蕊辭枝下,俯拾殘紅滿袖薰。造物無人堪與討,静居虛室待申君。

【校記】
[百花文]初刊本作"百花紋"。　　[天公]初刊本作"天功"。
[酒]原校曰:一作"句"。

【注釋】
〔一〕申秀才:申濩,字德弘,永川人。申光漢的門人。
〔二〕芳菲:香花芳草。

次申秀才上巳日見贈〔一〕

林居無日不開顏,況此清明講雅歡〔二〕。門外花巖忘詠久,自多今日共君攀。

【校記】
[題]"次申秀才上巳日見贈"初刊本下有"韻"字。

【注釋】
〔一〕上巳日:節日名。漢以前以農曆三月上旬巳日為"上巳",魏晉以後定為三月三日,但不必取巳日。《後漢書·禮儀志上》:"是月上巳,官民皆絜於東流水上,曰洗濯祓除,去宿垢疢,為大絜。"
〔二〕清明:農曆二十四節氣之一。舊稱三月節,此時有踏青掃墓的習俗。《淮南子·天文》:"春分後十五日,斗指乙為清明。"

二

多少浮生愁鎖顏〔三〕?世間元不識清歡。始知平地仙凡隔,郭外青山人罕攀。

【校記】
[二]初刊本、三刊本均作"又"。　　[愁鎖]原作"鎖愁"。據初刊本、三刊本改。

【注釋】
〔三〕愁鎖：愁結。鎖，蹙也。謂愁苦而使眉頭皺起。

寄申秀才六言〔一〕 時寓極樂寺

峰五龍雲五氣〔二〕，地毓靈山産異〔三〕。群賢聚競雷吟〔四〕，屠龍手他日試〔五〕。

【注釋】
〔一〕六言：謂六言詩，每句六字的古體詩。相傳始於西漢谷永，一説東方朔已有"六言"詩，皆不傳。今所見以漢末孔融的六言詩為最早。至唐六言詩有古體、律體之分。六言詩體以格調蒼勁渾朴為佳。
〔二〕峰五龍：龍即山脈。　雲五氣：五色瑞雲。多作吉祥的徵兆。
〔三〕毓靈：謂養靈。毓，孕育，産生。
〔四〕競雷吟：形容作詩吟詠，聲勢宏大。
〔五〕屠龍手：此指詩文作手。屠龍，謂高超技藝。典出《莊子·列禦寇》："朱泙漫學屠龍於支離益，單千金之家，三年技成，而無所用其巧。"又，蘇軾《次韻張安道讀杜詩》詩："巨筆屠龍手，微官似馬曹。"

有人讀《南華經》以詩示之

千里謬從一蹴差〔一〕,笑他諸子誦《南華》。六經自有文章地,不用工夫著百家〔二〕。

【校記】
[不用]不,原校曰:一作"何"。

【注釋】
〔一〕千里句:毫釐千里。謂由於極微小的失誤而造成巨大的差錯。語本《禮記·經解》:"《易》曰:'君子慎始。差若毫釐,繆以千里。'"
〔二〕百家:相對於六經的其他學術派別。

遊歸法寺前溪〔一〕

上下溪彎行復行,偷閑半日有餘清。他年會住青山麓,只把琴書送一生。

【注釋】
〔一〕歸法寺:寺名。安鼎福《東史綱目》:"舊址在今開城府炭峴門外。"

謝留守李相國龜齡屏騎從訪花潭〔一〕

探勝溪山酒一壺,兩三僮僕罷傳呼。青山紫陌隨豐約〔二〕,始信人間有丈夫。

【注釋】

〔一〕李相國:李龜齡(1482—1542),字眉之。全義人。1514年文科及第。歷任禮曹判書、兵曹判書、平安道觀察使等職。 騎從:騎馬跟從。《史記·項羽本紀》:"於是項王乃上馬騎,麾下壯士騎從者八百餘人,直夜潰圍南出,馳走。"

〔二〕青山句:意謂隨所處而豐約不同。紫陌,即京師郊野的道路。《資治通鑑·梁敬帝太平紹泰元年》:"齊主將西巡,百官辭於紫陌,帝使稍騎圍之。"

沈教授携諸生訪花潭即席次其韻〔一〕

日出東岑睡正迷,忽驚山鵲向窗啼。喜迎佳客推蓬户〔二〕,好看殘花襯馬蹄。把酒未須愁夕景,濯纓贏得弄清溪〔三〕。天教樂事輸吾輩〔四〕,擬趁餘春約更携。

【注釋】
〔一〕沈教授:即沈義,參《次沈教授見贈韻》詩注〔一〕。原韻《花嵒訪徐可久》:"曉尋松徑濕淒迷,柴户唯聞谷鳥啼。露滴苔嵒龜曝背(自注:巖皆如龜狀),葉濃雲樹馬攢蹄(木皆如馬狀)。雙翻張子香生錦,百作東坡影散溪。目擊微言君可記,莫辭終日醉相携。"
〔二〕蓬户:用蓬草編成的門户,即窮人居住的陋室。《莊子·讓王》:"原憲居魯,環堵之室,茨以生草;蓬户不完,桑以為樞;而甕牖二室,褐以為塞;上漏下濕,匡坐而弦。"
〔三〕濯纓:洗濯冠纓。語本《孟子·離婁上》:"滄浪之水清兮,可以濯我纓;滄浪之水濁兮,可以濯我足。"後因以"濯纓"比喻超脱世俗,操守高潔。 贏得:博得。《御定全唐詩·杜牧〈遣懷〉》詩:"十年一覺揚州夢,贏得青樓薄倖名。"
〔四〕教:使,令,讓。

謝府官諸公遊花潭見訪

萬疊青山一草廬,生涯數帙聖賢書。時蒙佳客來相訪,為有林潭畫不如。

【校記】
[相訪]初刊本作"相問"。

同林正字[一]薈朴參奉[二]溉遊朴淵[三]

有懷宜輒遂,百年未為久。吟筇入洞天[四],白雲粘衣袖。景奇或上詩,興來時把酒。窮秋感節換,木落天地瘦。茲遊曷不樂,同來皆俊秀。

【注釋】

〔一〕林正字:林薈,字大秀、獻可,扶安人。
〔二〕朴參奉:朴溉(1511—1586),字大均,號煙波處士、煙波釣徒。官止金堤郡守。
〔三〕朴淵:瀑布名。李晬光《芝峰類說·地理部·山》:"王圻《三才圖會》記本國山川曰:'大興洞、朴淵,皆在天磨、聖居兩山之間。昔有朴進士者,吹笛淵上,龍女感之,引以為夫,故名朴淵。'"
〔四〕洞天:道教稱神仙的居處,意謂洞中別有天地。後常泛指風景勝地。

沈教授遊滿月臺[一]示一律追次[二]

愁外青山列障屏,對罇休問半千蓂[三]。國隨事廢關天數,物逐時興職地靈。攬景月臺詩愧短,尋仙霞洞骨嫌腥〔四〕。講歡終日人無悄,能樂何嘗坐豫冥〔五〕。

【注釋】

〔一〕滿月臺:開成松嶽山麓所在。高麗延慶宮古基。
〔二〕追次:原韻即沈義《遊滿月臺》:"屏顏濯濯露蒼屏,國破城春問幾蓂。松擁殿基移夜塹,燒餘階級泣坤靈。席邊顛倒菁莪會,盤上淋漓海陸腥。扶醉肩輿山欲暝,更看清月湧青冥。"
〔三〕對罇句:半千蓂,意指歲月久遠。隱指高麗國(918—1392)之興亡。蓂,古代傳說中的一種瑞草。它每月從初一至十五,每日結一莢;從十六至月終,每日落一莢。所以從莢數多少,可以知道是何日。《竹書統箋》卷二:"有草夾階而生,月朔始生一莢,月半而生十五莢,十六日以後,日落一莢,及晦而盡。月小則一莢焦而不落。名曰蓂莢,一曰曆莢。"
〔四〕尋仙句:意謂想修道入仙,却終難持齋蔬食,絕却肉食腥羶。霞洞,紫霞洞。洞在開城松嶽山下。骨嫌腥,意謂肉食葷腥,難以成仙,終還是凡夫俗子。蘇軾《黃鶴樓》詩:"迎拜稽首願執鞭,汝非其人骨腥羶。"
〔五〕坐豫冥:謂以冥夜不為忌而能樂。豫,猶儲,儲蓄。

席上贈人

花下移罇松月高,吟來堪擬邵堯夫。況兼童子隨冠者,笑語時喧興不孤。

奉留守李相國㵴飲以詩謝之

側 特也。罇聊爲故人開,共酌中秋月下杯。溪菊巖楓今更好,約逢佳日得重陪。

謝　　人

卸駕衡門下,携罇話夜深。千金珍重意,投報愧荒吟〔一〕。

【注釋】

〔一〕投報:報答。語本《詩經·衛風·木瓜》:"投我以木瓜,報之以瓊琚。"　荒吟:自謙之辭,意謂詩不成材。

謝二生 李均、黃元孫 贈衣 庚子臘下弦 [一]

雲林有逸士,高義無人知。咀嚼道中味,不憂腹長飢。錦繡裝其內,身上無完衣。飢寒世無比,翻笑富貴兒。孤吟雪屋下,縮身如凍龜。下交有李生[二],解衣願與之,厚意安能拒?留之惟得宜。為人性慈良,孝謹言不欺。嘗患母病篤,嘗糞叩天悲[三]。黃生亦殊凡[四],穎悟得天資。兩生最善余,數數來相隨。黃生亦贈衣。聊敘相厚意,珍重贈以詩。

【注釋】

〔一〕李均:花潭之門人。本集所附《門人錄》:"李均、黃元孫,皆庶人也。從遊先生之門,有士行。先生有《謝二生贈衣》詩。"
〔二〕下交:地位高的人與地位低的人交往。《易·繫辭下》:"君子上交不諂,下交不瀆。" 李生:即李均。
〔三〕嘗糞:古人所曾稱賞的孝親之行。《梁書·孝行列傳·庾黔婁》:"醫云:'欲知差劇,但嘗糞甜苦。'易泄痢,黔婁輒取嘗之。"
〔四〕黃生:即黃元孫。

送朝京使

大觀惟君志〔一〕，投朝玉帝前〔二〕。近光堯日月〔三〕，俯跡禹山川〔四〕。禮樂徵新見，文章潤舊編。清都多少事〔五〕，聽說亦泠然〔六〕。

【注釋】
〔一〕大觀：謂美盛的道德足以為人所瞻仰。《易·觀》："大觀在上，順而巽，中正以觀天下。" 君：似指大觀齋沈義，參《次沈教授見贈韻》詩注〔一〕。
〔二〕玉帝：玉皇。此用作君主之美稱。
〔三〕堯日月：喻太平盛世。
〔四〕禹山川：謂夏禹治水的業績。這裏指治國的方略。
〔五〕清都：帝王居住的都城。《文選注·左思〈魏都賦〉》："蓋比物以錯辭，述清都之閑麗。"
〔六〕泠然：清涼貌。

送留守沈相國罷歸江陵

丈夫行止任逍遙，何用區區老市朝？聞道江陵山水勝，不妨漁艇興還饒〔一〕。

【注釋】

〔一〕還：尚且。

別朴瑟僩頤正[一]

由來學術進由精，遠器知君可玉成[二]。必有事焉而勿正[三]，待天機動自能行。

【注釋】

〔一〕瑟僩：朴民獻之號。 頤正：朴民獻之字。參《登高吟携彥順頤正及黃元孫登金神寺後峰作》詩注〔一〕。

〔二〕遠器：謂有才能而能擔當大事的人。 玉成：語出張載《西銘》："富貴福澤，將厚吾之生也；貧賤憂戚，庸玉女於成也。"意謂助之使成，後為成全之意。

〔三〕必有句：語出《孟子·公孫丑上》："必有事焉而勿正，心勿忘，勿助長也，無若宋人然。"言但當從事於養浩然之氣，而勿等待其效之意。一說，"正"在此是"止"的意思，謂必有事於養浩然之氣而不可止也。

送 金 彥 順

聖門高學志居先，正志纔持覺浩然。實底工夫宜喫力,自餘萬事一聽天。

【校記】
〔題〕初刊本題下有小字"名惠孫"。

敬德宮次沈教授韻〔一〕

肯搆當日出宏謀〔二〕,故闕猶餘王氣浮〔三〕。遐想遺蹤恭謖足〔四〕,縱觀隆宇屢擡頭〔五〕。落梨萬片飄庭際,老柳千章蔭道周〔六〕。法座濫參文字飲〔七〕,夜來應惱夢神州〔八〕。

【注釋】
〔一〕敬德宮:太祖潛邸舊宅,在於開城中部南溪坊(俗稱楸洞)。《新增東國輿地勝覽·開城府上·宮室》:"在楸洞。我太祖潛邸舊宅,及即位增修為宮。"
〔二〕肯搆:修建房基,後亦用以指營繕。《書經·大誥》:"若考作室,既厎法,厥子乃弗肯堂,矧肯構?"後因以喻繼承先人的事業。
〔三〕故闕:即敬德宮。
〔四〕謖:起立,起。
〔五〕擡頭:舉頭。
〔六〕章:計量大樹的量詞。《新唐書·隱逸列傳·秦系》:"南安有九日山,大松百餘章,俗傳東晉時所植。" 周:旁,邊。《詩經·有杕之杜》:"有杕之杜,生於道周。"
〔七〕文字飲:語本《詩經·瓠葉》:"君子有酒。"箋:"此君子謂庶人之有賢行者也,其農功畢,乃為酒漿以合朋友習禮講道藝也。"韓愈《醉贈張秘書》詩:"不解文字飲,惟能醉紅裙。"

〔八〕神州:亦作"神洲"。古代神話傳説中指神仙居處。

次靈通寺板上韻

沿溪一路入青林,林下禪居晝亦陰。觸石泉絃千曲咽,依天山簇萬重深。清歡直欲朝連夜,勝會應難後繼今。數局閑棋談笑裏,不知雲日已西沉。

【校記】

[題] 初刊本、三刊本題下均有"二首"二字。并附原校曰:《明詩綜》"泉絃千曲咽"作"泉流三面轉";"簇"作"色";"閑"作"枯"。
[應難] 三刊本作"難應"。

二

御風弭節下叢林〔一〕,塔影横庭鎖夕陰。寺廢到頭餘燼濕,山磨終古補溪深〔二〕。一元纔半難探昔〔三〕,億會歸來孰記今〔四〕?有客逍遥遊象外,任他天地自浮沉。

【校記】

[二] 初刊本、三刊本均無此字。

【注釋】

〔一〕弭節：少停。《六臣注文選·宋玉〈高唐賦〉》："飛鳥未及起，走獸未及發，弭節奄忽，蹄足灑血。"李周翰注："弭節，猶少時也，言鳥獸未及遠飛走，少時之間，蹄足之上皆已灑血。"

〔二〕山磨句：形容溪水不息。磨，磨滅。終古，久遠。《山帶閣注楚辭·離騷》："懷朕情而不發兮，余焉能忍而與此終古。"注云："終古，古之所終，謂來日之無窮也。"

〔三〕一元句：一元謂事物的大始也，此句之一元即千年。按，靈通寺創建于公元1027年，此時已廢。

〔四〕億會：古代曆法用語。三十年為一世，十二世為一運，三十運為一會，十二會為一元。每會一萬零八百年。參邵雍《皇極經世書》卷一。

題洪君[一]溉醫人堂

偶得天慳半畝丘[二]，手栽花木屋成幽。塵中形役人皆醉[三]，象外神遊子獨休。把酒時邀山月至，授琴閑看野雲浮。自知疏散還堪樂[四]，不問升沉多少愁。

【注釋】

〔一〕洪君：洪溉（1527—？），字伯源，南陽人。
〔二〕慳：節約，吝嗇。
〔三〕形役：謂為形骸所拘束、役使。猶言被功名利祿所牽制、支配。陶潛《歸去來辭》："既自以心為形役，奚惆悵而獨悲？"

〔 四 〕疏散：閑散，放達不羈。

題虛白堂 在海州

虛白堂中憑几人，一生心事澹無塵。太平歌管來飄耳，便作羲皇以上身[一]。

【注釋】
〔 一 〕羲皇：即伏羲氏。《六臣注文選·揚雄〈劇秦美新〉》："厥有云者，上罔顯於羲皇。"李善注："伏羲為三皇，故曰羲皇。"

過甕津校[一]贈廣文

蹇驢叩泮扃[二]，煩動主人迎。引坐鋪重越[三]，陳懷慰旅情。罇開賢聖酒[四]，豆薦互貍腥[五]。京洛他年面[六]，應知眼更青[七]。

【注釋】
〔 一 〕甕津：地名。《新增東國輿地勝覽·黃海道·甕津縣》："東至海岸二十五里，至海州界十一里，北至同州界二十里，南至海岸二十里，西至海岸六十五里，西距京都四百六

〔二〕塞驢：跛塞駑弱的驢子。比喻駑鈍的人，此處自指。　泮扃：泮宮之扃。泮宮，西周諸侯所設大學。《禮記·王制》："天子命之教，然後為學。小學在公宮南之左，大學在郊，天子曰辟廱，諸侯曰泮宮。"後泛指學宮。

〔三〕越：越席，離開席位。《孔子家語》："公聞之，越席而起。"此句"重越"意謂主人招待慇勤之至。

〔四〕賢聖酒：賢酒即濁酒，聖酒即清酒。《李太白文集·月下獨酌》："已聞清比聖，復道濁如賢。"

〔五〕互：甲殼動物的總稱。《周禮·天官·鼈人》："鼈人掌取互物，以時籍魚鼈龜蜃，凡貍物。"郝敬曰："有甲者。互，合也。蚌蛤之屬甲皆合。"　貍："埋"的假借字。即潛藏在泥裏的魚鼈之類生物。《周禮·天官·鼈人》："凡貍物，春獻鼈、蜃，秋獻龜、魚。"鄭司農曰："貍物，龜鼈之屬，自貍藏伏於泥中者。"

〔六〕京洛：泛指國都。

〔七〕眼更青：眼青，指眼睛睜着。形容精神興奮。

宿康翎村舍〔一〕主人粗識字

　　羨君亭舍好，真箇類仙家。窗豁迎風足，庭空得月多。移舟橫濟沆〔二〕，並轡訪煙霞〔三〕。此日團圞意〔四〕，他年記得麼？

【注釋】

〔一〕康翎：地名。《新增東國輿地勝覽·黃海道·康翎縣》：

"東至茄乙浦二十里,南至登山串六十里,西至海州界三十里,北至同州界三十五里,距京都四百四十九里。"
〔二〕湃沆:水廣大貌。《文選·張衡〈西京賦〉》:"滄池湃沆。"
〔三〕煙霞:泛指山水勝景。
〔四〕團圞:團欒,團聚。

途中 以下六詩見《遊山錄》〔一〕。時嘉靖壬午,四月始行,九月乃還。

超然探興客,動止不羈情。境勝吟仍坐,天晴樂便行。江山千樣好,風月一般清。物外閑消息,無人識得精。

【注釋】

〔一〕《遊山錄》:未詳。本集所附《年譜》:"十七年壬午(1522)。嘉靖元年。先生三十四歲。夏遊俗離、智異諸山。有紀行諸詩。"

二

海東形勝地,風景剩探佳。浩曠江山眼,清涼風月懷。早知安義命,那復飭形骸〔二〕?此去移居住,林泉起小齋〔三〕。

【校記】

〔二〕初刊本、三刊本均作"又"。

【注釋】

〔二〕飭形骸:謂致力於關注自身的形體。飭,飭力。猶努力,致力。《周禮・冬官・總敍序》:"或飭力以長地財。"賈公彥疏:"飭,勤也。"形骸,人的軀體。《莊子・天地》:"汝方將忘汝神氣,墮汝形骸,而庶幾乎!"

〔三〕起:興建,建造。

憩俗離山下〔一〕

吟杖足騰騫〔二〕,行藏淡不煩。塵中謝榮辱,物外占涼温〔三〕。山色開人悦,溪聲訴世冤。悠悠千古事,獨立向誰論?

【校記】

[騫]原形誤作"蹇",據初刊本改。

【注釋】

〔一〕俗離山:山名。《新增東國輿地勝覽・忠清道・報恩縣》:"俗離山在縣東四十四里。九峰突起,亦名九峰山。新羅時稱俗離嶽。躋中祀。山頂有文藏臺,疊石天成,嵂矗聳空。其高不知其幾丈,其廣可坐三千人。臺上有坎如鑊,其中有水混混,旱不縮,雨不肥,分為三派,流注半空,一派東流為洛東江,一派南流為錦江,一派西流而北為達川,入于金遷。"
〔二〕騰騫:飛騰,向上升騰。
〔三〕占:窺察,察看。　涼温:寒暑之推移變换。

邊　　山〔一〕

浪吟飛杖陟層巔,四顧茫茫思渺綿〔二〕。萬頃青郊平削地,大洋滄海杳連天。煙溪雲巘猶清越〔三〕,月榭風巖更灑然。淡泊兹遊心宇泰〔四〕,蓬萊何必訪神仙〔五〕。

【注釋】

〔一〕邊山:地名。《新增東國輿地勝覽·全羅道·扶安縣》:"邊山在保安縣。距今治西二十五里,一名楞伽山,一名瀛洲山,或云卞山。語傳而為邊,卞韓之得名以此,未知是否。峰巒盤回百餘里,重疊高大,巖谷深邃,宫室舟船之材,自高麗,皆取於此。"
〔二〕渺綿:悠遠,不盡貌。
〔三〕清越:高超出衆,清秀拔俗。
〔四〕心宇:心情,心境。
〔五〕蓬萊句:謂邊山之風景,跟神仙所居之蓬萊山差不多,不必去蓬萊而訪神仙。參《桃竹杖賦》"蓬萊"注。

宿智異山般若峰〔一〕

　　峰乃最高頂也。是日清明,纖雲洗盡,萬里廓然。因日暮路遥,遂宿峰上。夜則星河皎潔,弦月明朗,林壑清瑩,淑氣藹然生也。比曉,日出暘谷,微茫衆岫,漸皆呈露,太初鴻濛之判,想必如此。乃作一詩。

　　智異巍巍鎮海東,登臨心眼浩無窮。巑巖只玩峰巒秀,磅礴誰知造化功〔二〕。蓄地玄精興雨露〔三〕,含天粹氣産英雄。嶽衹爲我清煙霧,千里來尋誠所通。

【校記】
〔清〕初刊本作"晴"。

【注釋】
〔一〕智異山:山名。《新增東國輿地勝覽·全羅道·南原都護府》:"在府東六十里。山勢高大,雄據數百里。女真白頭山之脈至于此,故又名頭流。或云其脈至海而窮,停留于此,故流作留。爲是又名地理,又名方丈。"《新增東國輿地勝覽·慶尚道·晉州牧》引李陸《遊山記》:"智異山又名頭流。雄據嶺湖南二路之交,高廣不知其幾百里。環山有一牧、一府、二郡、五縣、四附邑。其東曰晉州、曰丹城;其南曰昆陽、曰河東、曰薩川、曰赤良、曰花開、曰岳陽;其西曰南原、曰求禮、曰光陽;其北曰咸陽、曰山陰。上有峰之最高者二,東曰天王,西曰般若。相距百餘里,常有雲氣蔽之。" 般若峰:智異山西邊之峰名。
〔二〕磅礴:廣大無邊貌。

〔三〕玄精：元精，道教語指人體的精氣。陶弘景《真誥·協昌期二》："夫學生之夫，必夷心養神，服食治病，使腦宫填滿，玄精不傾，然後可以存神服霞，呼吸二景耳。"

金　剛　山〔一〕

聞說金剛勝，空懷二十年。既來清景地，況值好秋天。溪菊香初動，巖楓紅欲燃。行吟林壑底，心慮覺蕭然。

【注釋】

〔一〕金剛山：山名。《新增東國輿地勝覽·江原道·淮陽都護府》："金剛山在長楊縣東三十里，距府一百六十七里。山名有五：一曰金剛，二曰皆骨，三曰涅槃，四曰楓嶽，五曰怾怛，白頭山南條也。……山凡一萬二千峰，巖嶅骨立，東臨滄海，杉檜參天，望如畫圖。有日出、月出二峰，可見日月之出。內外山共有百八寺，表訓、正陽、長安、摩訶衍、普德窟、榆岾，最為名刹云。"

聯句〔一〕用沈教授示諸生律中二聯韻〔二〕

興邦必仗擎天手〔三〕，倡學還憑命世雄。潭〔四〕。

昔有周公時自理，今無顏子巷隨空〔五〕。偁〔六〕。

【注釋】

〔一〕聯句：賦詩時人各一句或幾句，合而成篇叫聯句。最早有漢武帝及諸臣合作的《柏梁詩》。劉勰《文心雕龍·明詩》稱"回文所興，則道原為始；聯句共韻，則柏梁餘製。"

〔二〕用沈句：沈教授即沈義。原韻即沈義《大觀齋亂稿·寓意二律投贈諸生》其二："半年皐比聚群蒙，勤誨螟蛉誓始終。喜把菱花陰翳盡，厭聞松籟駭濤雄。淵潛犀照天機露，黃黑豆分世慮空。暮色茫然群動息，一庭明月上梧桐。"此下附記花潭之次韻詩："如我散人狂且蒙，大平身世任長終。塵中富貴難容力，物外雲林得擅雄。老境清談知取足，少年謬算笑成空。吟餘獨對青燈坐，急雪蕭蕭灑井桐。"今《花潭集》未載此詩。

〔三〕擎天手：托得住天的手。比喻力量巨大。

〔四〕潭：花潭。案，以上兩句乃花潭所作。

〔五〕顏子巷隨空：謂生活貧困而簞瓢亦屢空。即安貧樂道。《論語·雍也》："一簞食，一瓢飲，在陋巷，人不堪其憂，回也不改其樂。賢哉，回也。"《論語·先進》："回也其庶乎！屢空。"

〔六〕偁：瑟偁。案，以上兩句乃瑟偁所作。瑟偁，朴民獻之號也。參《登高吟攜彥順頤正及黃元孫登金神寺後峰作》詩注〔一〕。

挽　　人

物自何來亦何去？陰陽合散理機玄。有無悟了雲生滅,消息看來月望弦〔一〕。原始反終知鼓缶〔二〕,釋形離魄等忘荃〔三〕。堪嗟弱喪人多少〔四〕,為指還家是先天〔五〕。

【注釋】

〔一〕消息:消長,增減,盛衰。《易·豐》:"日中則昃,月盈則食;天地盈虛,與時消息,而況於人乎?況於鬼神乎?"
〔二〕原始反終:原,推原;反,反求。探究事物發展的始末。《易·繫辭上》:"原始反終,故知死生之說。" 鼓缶:超出於生死之外。《莊子·至樂》:"莊子妻死,惠子弔之,莊子則方箕踞鼓盆而歌。惠子曰:'與人居,長子,老身,死不哭,亦足矣;又鼓盆而歌,不亦甚乎?'莊子曰:'不然。是其始死也,我獨何能無概然?察其始而本無生,非徒無生也而本無形,非徒無形也而本無氣。雜乎芒芴之間,變而有氣,氣變而有形,形變而有生,今又變而之死,是相與為春秋冬夏四時行也。人且偃然寢於巨室,而我噭噭然隨而哭之,自以為不通乎命,故止也。'"
〔三〕忘荃:忘記了捕魚的荃。比喻目的達到後,就忘記了原來的憑借。語出《莊子·外物》:"荃者,所以在魚,得魚而忘荃。"
〔四〕弱喪:謂少而失其故居。喻失其本然之心。《莊子·齊物論》:"予惡乎知惡死之非弱喪而不知歸者邪?"
〔五〕還家:復性之喻。 先天:即宇宙的本體,萬物的本原。《易·乾》:"先天而天弗違,後天而奉天時。"

二

萬物皆如寄〔六〕,浮沉一氣中〔七〕。雲生看有跡,冰解覓無蹤。晝夜明還暗,元貞始復終〔八〕。苟明於此理,鼓缶送吾公。

【校記】
〔二〕初刊本、三刊本均無此字。

【注釋】
〔六〕如寄:好像暫時寄居。比喻時間短促。
〔七〕一氣:即混沌之氣。古代認為是構成天地萬物之本原。《莊子·大宗師》:"彼方且與造物者為人,而遊乎天地之一氣。"
〔八〕元貞:元亨利貞。《易·乾卦》之四德。《易·乾》:"乾:元亨利貞。"程頤《伊川易傳·周易上經》:"元亨利貞,謂之四德。元者,萬物之始;亨者,萬物之長;利者,萬物之遂;貞者,萬物之成。"

送沈教授〔一〕此三詩舊本在序文之下〔二〕,今移于此。

故國三年教,諸生喜玉成。離懷應不耐,無路請陽城〔三〕。

【注釋】
〔一〕送沈教授:此詩亦載於《大觀齋亂稿》。
〔二〕舊本:指初刊本、三刊本附於《送沈教授序》之下。
〔三〕陽城:唐代人陽城(736—805),字亢宗。北平人。進士及第後隱於中條山。謙恭簡素,遇人長幼如一,遠近慕其行,來學者迹接于道。德宗召拜為諫議大夫。嘗疏留陸贄,力阻裴延齡為相,著直聲。改國子司業,出為道州刺史。治民如治家,宜罰罰之,宜賞賞之,不以簿書介意。事見新舊《唐書》。這裏將沈教授比為陽城。

二

花溪同濯足,霞洞共傾杯。象外逍遙地,他年夢一回。

【校記】
[二]初刊本、三刊本均無此字。　　[足]初刊本作"處";《大觀齋亂稿》作"地"。

三

青山數間屋,黃卷一床書。有問蒭蕘老〔四〕,年來太懶疏。

【注釋】
〔四〕蒭蕘老:蒭,同"芻"。割草叫芻,打柴叫蕘。《詩·大雅·板》:"先民有言,詢于芻蕘。"《傳》:"芻蕘,薪采者。"引申為草野之人。此處蒭蕘老為花潭自稱。

花潭先生文集

卷之二

疏

擬上中宗大王辭職疏[一]

草茅生員臣徐敬德,謹昧死再拜上言于主上殿下:臣昨者伏蒙聖恩,授厚陵參奉,聞命惶懼。竊以殿下近年以來留神至治,側席渴賢[二]。歲庚子,明揚有旨,令左右各舉遺逸。故大提學臣金安國,過聽臣之為人,備數充薦[三]。自是之後,獲忝備望參奉[四],至於數再。今吏曹上體睿旨,急於得人,令大學諸生[五],眾推有才學者以報。臣又獲忝備報中。猥使恩命及於臣之微賤,臣鼓舞踊躍,以為朝廷布昭公道,欲廣搜訪,甄收亦及於林壑,此曠古非常之舉也。有識之士,孰不彈冠相慶,願進於闕下乎?臣誠不材,義當奔赴,應命拜恩,勉自驅策,以供所職。

【校記】
[題]初刊本、三刊本均作"擬上靖陵辭職疏"。

【注釋】
〔一〕中宗大王:朝鮮第十一代王李懌(1488—1544)。1506年至1544年在位。
〔二〕側席:指謙恭以待賢者。《後漢書·章帝紀》:"朕思遲直士,側席異聞。"李賢注:"側席,謂不正坐,所以待賢良也。"　渴:急切。蘇軾《東坡全集·葉嘉傳》:"上以不見嘉月餘,勞於萬幾,神薾思困,頗思嘉。因命召至,喜甚,以手撫嘉曰:'吾渴見卿久也。'"
〔三〕備數:充數。為居官的自謙之詞。
〔四〕備望:備三望。望即古代帝王遥祭山川、日月、星辰,備望謂選舉官員時,諸堂各薦三人而擬望之事。
〔五〕大學:太學。指成均館。

　　竊伏惟念,臣本迂儒〔六〕,生長山野,分甘窮寂。加以貧窶,疏食菜羹,亦或不給。兹以筋骸早衰,病亦侵尋。臣年五十有六,有同七旬之老,自知無及於用,莫若養素林泉,以保餘年,固其分也。臣敢冒昧,上還恩命。伏乞早賜俞允〔七〕,收復差除,臣無任戰懼之至。

【注釋】
〔六〕迂儒:迂腐的儒生。
〔七〕俞允:《書經·堯典》:"帝曰:'俞。'"俞,應諾之詞。後即稱允諾為"俞允"。多用於君主允許臣下的請求。

擬上仁宗大王論國朝大喪喪制不古之失疏〔一〕

　　草茅下賤生員臣徐敬德，謹齋沐拜疏，上聞于主上殿下倚廬之次〔二〕：臣聞殿下儲貳東殿〔三〕，學問日進於高明。處己以道，動遵禮法。簡重端莊，有上聖之度。孝仁敬義，有孚于中，而聞達於外。一命之士〔四〕，苟有知見，孰不欲披忠瀝誠，以達天聽哉？臣在畎畝之中，疏陳國家之事，誠為越分。臣聞，臣等亦在白衣三年之列〔五〕，不得不言。因論今日喪制不古之失，有一言可採，獲蒙施行，則不惟愚臣之幸，乃大東士林之幸也。

【校記】
［題］初刊本、三刊本均作"擬上孝陵論大行大王喪制不古之失疏"；四刊本作"擬上仁宗大王論大行大王大喪喪制不古之失疏"。
［草茅］初刊本作"草莽"。

【注釋】
〔 一 〕仁宗大王：朝鮮第十二代王李岹（1514—1545），字天胤。1544年至1545年在位。朝鮮第十一代王中宗之胤。
〔 二 〕倚廬：古人為父母守喪時居住的簡陋棚屋。《左傳·襄公十七年》："齊晏桓子卒，晏嬰麤縗斬，苴絰、帶、杖，菅屨，食鬻，居倚廬，寢苫枕草。"
〔 三 〕儲貳：儲副，太子。蘇軾《東坡全集·司馬溫公行狀》："願陛下擇宗室賢者,使攝儲貳,以待皇嗣之生,退居藩服。"
東殿:即東宮。

〔四〕一命之士:周時官階從一命到九命,一命為最低的官階。《北史·周帝紀上》:"以第一品為九命,第九品為一命。"後亦用以泛指低微的官職。

〔五〕臣聞二句:指使生員、進士、儒生,服白笠三年之制。

  臣謂君父之喪,天之經,地之義,亙萬古而不易者也。臣謹按"斬衰"一章〔六〕,有曰"致喪三年"〔七〕,謂子為父服也;有曰"方喪三年"〔八〕,謂臣為君服也。聖人既取象於天,觀法於地,制上下衣裳之度,裁衰、適、負版之數〔九〕,寓哀摧、斬絶之容,皆有深意。因情以飾其文,因文以檢其情,使賢者不過,不肖者跂而及之,乃聖賢用禮之勤也。

【注釋】

〔六〕斬衰:中國古代喪服制度所規定的喪服中最為隆重的一種。用粗麻布製成,左右和下邊不縫。喪期為三年。《儀禮·喪服》所規定的"斬衰服"計有下列十一種:子為父,諸侯為天子,臣為君,父為長子,為人後者為所後之父,妻為夫,妾為夫,未出嫁之女為父,既嫁而返父家之女為父,公士大夫之衆臣為其君,承重孫為祖,均服斬衰。《周禮·春官·司服》:"凡喪,為天王斬衰,為王后齊衰。"

〔七〕致喪三年:致喪即極盡哀傷服喪之謂。案,此句引自《禮記·檀弓上》:"事親有隱而無犯,左右就養無方,服勤至死,致喪三年。"

〔八〕方喪三年:案,此句引自《禮記·檀弓上》:"服勤至死,方喪三年。"《正義》:"方,謂比方也。有比方父喪禮以喪君。"

〔九〕衰:本指服喪時披在胸前的一方粗麻布,後又引申用以指喪服的上衣。　適：左右辟領,尺六寸。　負版：披在背上的粗麻片,尺八寸。《儀禮·喪服》:"衰,長六寸,博四寸。"鄭玄注:"前有衰,後有負版,左右有辟領,孝子哀戚,無所不在。"《儀禮·喪服》:"斬衰喪。"鄭玄注:"凡服,上曰衰,下曰裳。"

今皆埽之,只用長布之衣〔一〇〕,漫無衰、適、負版之制,有同庶人喪服之規。其不同者,團圓其領、布裹其帽而已〔一一〕。布帽之内,著前日烏巾〔一二〕,安有服君之衰而不去烏巾者乎？及退燕私,免長布,披白衣,烏巾猶在,乃復平昔之容,非喪人也。及戴尺布之笠〔一三〕,然後僅表一身喪容之形。安有欑塗未乾〔一四〕,遽形無哀戚之容也？

【校記】

〔之衣〕三刊本作"衣之"。　〔負版〕原作"負袡",據上文改。　〔欑塗〕原作"攢塗",據初刊本、三刊本改。

【注釋】

〔一〇〕長布之衣：長衣。古代貴族居喪所穿的純素布衣。《儀禮·聘禮》:"遭喪將命於大夫,主人長衣練冠以受。"鄭玄注:"長衣,純素布衣也。"

〔一一〕團圓二句：徐乾學撰《讀禮通考》:"丘濬曰:'……有官者,用白布裹帽、白布盤領袍、布帶；無官者,用白布巾、白直領衣、布帶。婦人純用素衣屨。'"

〔一二〕烏巾：黑頭巾,即烏角巾。

〔一三〕尺布之笠：用白布裹笠之白笠。

〔一四〕欑塗未乾：指先王昇遐未久之時。欑塗,古代停殯禮儀的一種。即聚木於棺的四周,以泥塗之,謂之"欑塗"。語本《禮記·喪服大記》:"君殯用輴,欑至於上,畢塗屋。"陳澔

《集説》:"欑,猶叢也。叢木於輴之四面,至於棺上。畢,盡也。以泥盡塗之。"

古之制,衰有麻縷多寡之差〔一五〕,有麻材生錫之別〔一六〕。服既有等,冠亦有差。既虞、卒哭〔一七〕,受以成布六升、冠七升〔一八〕,則前日之衰三升、冠六升,於此變矣。服葛絰,則絰亦變矣〔一九〕。期而練冠〔二〇〕、縓緣〔二一〕,去其絰。又期而大祥〔二二〕,祥而禫〔二三〕,禫而纖文〔二四〕,既有隆殺之宜,又慮其有以死傷生者,則有"五十不成喪"〔二五〕,"六十不毀"〔二六〕,"七十唯衰麻在身"〔二七〕,有疾者"飲酒食肉"之文〔二八〕。皆因其情之不可無者,而制禮之變,皆自吾秉彝之天有敍也。聖人制喪之意,有以垂後世也。

【注釋】

〔一五〕衰有句:麻縷即麻線。古代布八十縷為升,從其喪之親疏、節次,布之升數不同。喪服重則升數少,喪服輕則升數多。

〔一六〕生錫:生指尚未加工之粗布。錫,通"緆"。謂將麻布加灰搥洗使之潔白光滑之細布。

〔一七〕虞:祭名。古禮,人死既葬,還祭於殯宮叫虞,此時用桑木為神主。練祭時埋桑主,改用栗木作神主。《儀禮·既夕》:"猶朝夕哭,不奠,三虞。卒哭。"鄭玄注:"虞,喪祭名。虞,安也。骨肉歸於土,精氣無所不之,孝子為其彷徨,三祭以安之。" 卒哭:古代喪禮,百日祭後,止無時之哭,變為朝夕一哭,名為卒哭。《儀禮·既夕》:"猶朝夕哭,不奠,三虞。卒哭。"鄭玄注:"卒哭,三虞之後祭名。始朝夕之間,哀至則哭,至此祭,止也。朝夕哭而已。"

〔一八〕受以句：此句載於《禮記·間傳》："斬衰三升,既虞、卒哭,受以成布六升,冠七升。"受,謂受服。在服喪的階段,隨著喪禮之節次,都要重新受一次服。斬衰初用三升布,冠用六升布。葬後,就依照冠布受衰,改穿六升布的喪服,而冠則加一升為七升。初服所用布粗惡,至葬後、練後、大祥後,則漸細。成布,是指六升以上的布。六升以上的布,方可用於做衣服,因此叫做成布。

〔一九〕服葛二句：謂脫去麻絰帶,而換為葛絰帶。繫在頭上曰"首絰",繫在腰間曰"腰絰"。葛絰,謂以葛做的絰帶。《儀禮·士虞禮》："丈夫說絰帶于廟門外。"鄭玄注："既卒哭,當變麻,受之以葛也。"

〔二〇〕練冠：用大功布加灰練之而成的布做的冠。古禮親喪一周年祭禮時,開始用練冠代替原來的衰冠。《儀禮·喪服》："公子為其母,練冠麻,麻衣縓緣;為其妻,縓冠,葛絰帶,麻衣縓緣,皆既葬除之。"

〔二一〕縓緣：淺紅色的邊。《禮記·檀弓上》："練衣黃裏縓緣。"

〔二二〕大祥：父母喪後兩周年的祭禮。《儀禮·士虞禮》："又期而大祥,曰:'薦此祥事。'"鄭玄注："又,復也。"賈公彥疏："此謂二十五月大祥祭,故云復期也。"

〔二三〕禫：禫祭。除喪服之祭。舊禮,父母之喪,二十七月而禫。《儀禮·士虞禮》："中月而禫。"鄭玄注："中,猶間也。禫,祭名也,與大祥間一月。自喪至此,凡二十七月。"

〔二四〕纖文：細紋織物。

〔二五〕五十句：謂年五十可以不遵循成套的喪禮。案,此句引自《禮記·喪大記》。

〔二六〕六十句：謂守喪不可影響健康。案,此句引自《禮記·曲禮上》。

〔二七〕七十句：謂年七十只須穿喪服繫麻絰帶而跟平時一般生活。案,此句引自《禮記·喪大記》。

〔二八〕飲酒句：謂年七十者精力益衰,故可以飲酒食肉。案,此句引自《禮記·曲禮上》。

臣聞既卒哭,殿下玄冕[二九]、烏帶[三〇],群臣烏帽[三一]、烏帶,以此行之於三年之内。臣未知玄冕之制,何所據也。玄冕乃諸侯祀之冠也。卒哭纔過,君臣皆玄冠視事,是不以喪禮自處也。《禮》:"年不順成,則天子素服,乘素車,食無樂。"[三二]是憂民之憂而以喪禮自處,示自貶也。今者玄冕、烏帶,是憂君父反出於憂民之下者耶?

【注釋】

〔二九〕玄冕:古代天子、諸侯祭祀時穿的禮服。《周禮·春官·司服》:"祭群小祀則玄冕。"
〔三〇〕烏帶:黑帶。
〔三一〕烏帽:黑帽。古代貴者常服。隋唐後多為庶民、隱者之帽。
〔三二〕年不四句:案,句本《禮記·玉藻》。

臣未知玄冕之制,其於殿下,為安之乎?天理所在,人心不可誣也。奈何逆於心,反於天,服非禮之冠乎?臣恐儀注之書[三三],是不知而作者也。自非聖賢,而用智穿鑿,損益於禮文,鮮不為後世之嗤笑矣。夫何思何慮?從聖人之訓,遵聖王之法,如斯而已矣。

【注釋】

〔三三〕儀注之書:指朝鮮王朝的禮典《國朝五禮儀》。《五禮儀·服制》曰:"内喪在先則……卒哭後,白衣、翼善冠、黑角帶。"

遇初終，素弁絰；既制服，斬衰三升、冠六升；既卒哭，成布六升、冠七升，服葛絰，視事則君臣素弁環絰。如此，豈非順乎？何必變素弁為玄冕之制乎？未知朝廷郊迎使命，用烏帽、烏帶乎。《禮》："天子為大夫、士疑衰，既葬除之。"〔三四〕我國雖在海外，其在大夫之班，則皇帝親臨，必以疑衰，不爾則素弁而弔。《禮》曰："凡弔事，素弁絰。"〔三五〕安知使不以素弁入國乎？彼素弁，我烏帽，其於禮貌，不亦謬乎？

【注釋】

〔三四〕天子二句：案，此句引自《周禮·春官·司服》："凡喪，為天王斬衰，為王后齊衰；王為三公、六卿錫衰，為諸侯緦衰，為大夫、士疑衰，其首服皆弁絰。"疑衰，鄭玄注："疑之言似也，似于吉。"據賈公彥疏，吉服用布十五升，疑衰則十四升，只比吉服少一升，故云"似于吉"。

〔三五〕凡弔二句：弔事，謂王弔諸侯、諸臣。弁絰，弁帽上加一圈麻繩的喪服之首服。案，此句引自《周禮·春官·司服》："凡弔事，弁絰服。"鄭玄注："弁絰者。如爵弁而素，加環絰。"

凡使致賵賻之物〔三六〕，宜付之有司，藏之外帑〔三七〕，以備喪用之需。《禮》曰："君子不家於喪。"〔三八〕獻子之喪，旅歸四布，孔子聞而賢之〔三九〕，況我殿下不比大夫之家者乎？固不宜付之內帑以備內用〔四〇〕，內帑亦非為私儲。《周禮》天官冢宰〔四一〕，兼典泉府之用〔四二〕，使宮伯之官〔四三〕，相參出入，雖王者不得以私之。殿下新政之始，固不宜示人以私。節財用，厲廉恥，其在此一事也。

【注釋】

〔三六〕賵賻：因助辦喪事而以財物相贈。《禮記·文王世子》："至於賵賻承含，皆有正焉。"

〔三七〕外帑：外府庫，與王室的倉庫內府相對，貯藏國內財貨，用於邦國之需。

〔三八〕君子句：謂君子不借喪事以利家。《禮記·檀弓上》："子柳之母死……既葬，子碩欲以賵布之餘具祭器。子柳曰：'不可。吾聞之也，君子不家於喪。請班諸兄弟之貧者。'"

〔三九〕獻子三句：謂關于孟獻子的喪事，司徒把剩餘的賵錢歸還四方的贈送者，孔子以為可也。獻子（？—前554），魯大夫，姓仲孫，名蔑，謚號獻。《禮記·檀弓上》："孟獻子之喪，司徒旅歸四布。夫子曰：'可也。'"

〔四〇〕內帑：即內府庫，貯藏宮室內府財貨。由王室掌管，王室的各種用度由其中支出。

〔四一〕《周禮》句：《周禮》分設六官，以天官冢宰居首，總御百官。此處據《周禮》言大宰職責之重，以請將賵賻之物，付之有司。《周禮·天官·大宰》："大宰之職，掌建邦之六典，以佐王治邦國。一曰治典，以經邦國，以治官府，以紀萬民。二曰教典，以安邦國，以教官府，以擾萬民。三曰禮典，以和邦國，以統百官，以諧萬民。四曰政典，以平邦國，以正百官，以均萬民。五曰刑典，以詰邦國，以刑百官，以糾萬民。六曰事典，以富邦國，以任百官，以生萬民。"

〔四二〕泉府：官名。在《周禮》為司徒的屬官，掌管國家稅收，收購市上的滯銷物資等。《周禮·地官·泉府》："泉府掌以市之征布，斂市之不售、貨之滯於民用者，以其賈買之，物楬而書之，以待不時之買者。"

〔四三〕宮伯：官名。負責掌管王宮中列在名籍上的士庶子。《周禮·天官·宮伯》："宮伯掌王宮之士、庶子凡在版者，掌其政令，行其秩序，作其徒役之事，授八次、八舍之職事。"

臣聞，制衰之日，旋被衮戴冕〔四四〕。是吉凶相遠之大者，而同日服之可乎？易世，大事也；君位，大寶也。今受大寶，處大事，如是其卒迫可乎？殿下之固拒不受，其孝仁敬義，有出於所性之固有而不得以掩者存也。在廷之臣，猶持固必，殿下亦以輿情大鬱，有不得已而從之。是大失君臣之體、尊卑之禮，貽笑於後世。謂今日有知《春秋》之義者乎？今日請之不得，則又明日請之，待殿下斷自聖衷，降旨，然後為之，則既有以將順其美，又有以慰安孝思，亦未晚也。

【注釋】

〔四四〕被衮戴冕：穿衮服而戴冕。衮冕，禮服名。古代帝王與上公
　　　　行吉禮穿的禮服和禮冠。衮，衮龍之衣也，是繪刺有卷曲的
　　　　龍形之服。冕，大冠也。《周禮·春官·司服》：『王之吉服：
　　　　祀昊天上帝則服大裘而冕，祀五帝亦如之；享先王則衮冕。』

　　萬事之統，綱紀之寄，亦有殿下之所進退。此持鈞弩審發之日〔四五〕，非納諫轉圜之時〔四六〕。有迫於輿情而從之，其於首出之義〔四七〕，未有也。或以周康王之事諉之者〔四八〕，是則宋臣朱熹固嘗有論，康王之朝，勢不得不爾，以周代殷未久也，大國強藩，既會同來弔，不得不盛禮以見之。

【校記】

［鈞弩］原作『勻弩』，據初刊本、三刊本改。　　［未有也］初刊本作『有未也』。

【注釋】

〔四五〕此持句：謂這是需審慎而果斷地作出決定之時。鈞，古代

重量單位之一。《書經·五子之歌》:"關石和鈞,王府則有。"《正義》:"《律曆志》云:二十四銖爲兩,十六兩爲斤,三十斤爲鈞,四鈞爲石。"弩,古代一種利用機械力量射箭的弓。審發,審慎而發。

〔四六〕轉圜:調停,斡旋。《漢書·梅福傳》:"梅福,字子真,九江壽春人也。……昔高祖納善若不及,從諫若轉圜,聽言不求其能,舉功不考其素。"

〔四七〕首出:傑出。《易·乾》:"乾道變化,各正性命,保合大和,乃利貞。首出庶物,萬國咸寧。"

〔四八〕周康王之事:此謂周成王崩,子康王受顧命時,君臣皆用吉服。《書經·顧命》:"王麻冕黼裳,由賓階隮。卿士、邦君麻冕蟻裳,入即位。"蔡沈《集傳》:"吕氏曰:麻冕黼裳,王祭服也。"

今我國邈在海外,無大國隣接於外,四境之内,卷爲一家。臣民之所屬望,四方之所歸鄉,舉在儲貳東殿之日。内外顯然,固不可以康王之朝班之,則既卒哭,素弁視朝,其可也。如不得已而爲康王之事,殿下胡不以一言麾之曰:"吉凶不可同日服,卿等且退,明當視朝。"則豈不截然有以警動群聽哉?臣竊恐殿下在東殿之日,其於聖賢之業、帝王之學,未嘗留意也。凡貴於學問者,在我見理明、處事精,則及臨事不眩也。殿下春秋鼎盛,聖資高明,當志於聖賢之業、帝王之學,然後大業可興,至治可期也。

臣以白笠一事言之。生員、進士、儒生白笠三年之制,失輕重之倫,非聖人之制也。聖人制五服〔四九〕,自士以上群臣,應服斬衰三年;士以下庶人及庶人在官者,應服齊衰三月而除。庶人之喪,月則從緦衰之數〔五〇〕,而服則從齊衰之重者〔五一〕,以恩則有厚薄,以義則不敢降其尊也。恩既有厚薄,情豈無輕重之等也?今移三月之喪,引之於卒哭五月之數,既失其經也;又引之於三年之喪而同之,殊無意謂〔五二〕。降齊衰之重,為弔服白衣;引三月之輕,置之三年之久,皆不揣情文、輕重之倫。妄有所進退,自以為有加於聖人耶?

【注釋】

〔四九〕五服:古代以親疏為差等的五種喪服,有斬衰、齊衰、大功、小功、緦麻。同時又有三年、一年、九月、七月、五月、三月等六種喪期。《禮記·學記》:"師無當於五服,五服弗得不親。"《正義》:"五服,斬衰也,齊衰也,大功也,小功也,緦麻也。"

〔五〇〕緦衰:指古代喪服緦麻。緦麻,五服中之最輕者,以緦布為衰裳,以麻為絰帶的喪服。服期三月。凡本宗為高祖父母、曾伯叔祖父母、族伯叔父母、兄弟及未嫁族姊妹,外姓中為表兄弟,妻之父母等,均服之。《儀禮·喪服》:"緦麻三月者。"傳曰:"緦者,十五升抽其半,有事其縷,無事其布曰緦。"

〔五一〕齊衰:喪服名。為五服之第二等級,次于斬衰服。服用粗麻布製成,以其緝邊縫齊,故稱"齊衰"。服期有三年、一年、三月等三種。父卒為母,為繼母,為慈母,母為長子,妾為夫之長子等,均服齊衰。

〔五二〕意謂:猶意義。

文不可過也,情不可引也。在庶人之行者,三月之外,飲酒食肉,其情也,其禮也。今引之於三年,自仁人君子,其飲酒食肉,亦不得自禁也,禮也,情也;其有引之於既葬之後而食肉者,其權也,厚也。況儒士之生於京師者無幾,而其在遐遠之鄉無慮千百,足跡邈夐天門,生不識天顏,如此而服之者,徒有義存也。引之於三年之久,則居江湖者,手竿背笱之不能無也;處山藪者,臂弓持罝之不能無也,彼不自漁獵則無得而食也。披素戴白而為是事,事與義睽,情與文違,理不當有如是耶。其有以生員、進士、儒生,班之士而不置庶人之行者,是不考禮文之言也。

《禮》曰:"寓公為國君齊衰三月。"〔五三〕與民同也;有曰:"為舊君齊衰三月。"〔五四〕仕而已者也。此不在庶人之行明矣。為舊君,猶止服三月之喪;其在儒生,服三年之喪,豈其情乎?情不忠,惡也;文不中,慝也。是謂慝禮,慝禮、慝樂,君子不由也。奈之何制不情之服,為非禮之喪,使學古談禮義之士由之也?

【校記】
[止服] 三刊本作"只服"。

【注釋】
〔五三〕寓公:古指失其領地而寄居他國的貴族。後凡流亡寄居他鄉或別國的官僚、士紳等都稱"寓公"。《儀禮·喪服》:"寄公為所寓。"傳曰:"寄公者何也?失地之君也。何以為所寓服齊衰三月也?言與民同也。"《禮記·郊特牲》:"諸侯不臣寓公,故古者寓公不繼世。"
〔五四〕舊君:指離職的臣子稱原先的君主之辭。《儀禮·喪服》:"舊君。"傳曰:"大夫為舊君何以服齊衰三月也?大夫去,君埽其宗廟,故服齊衰三月也,言與民同也。何大夫之謂乎?言其以道去君,而猶未絕也。"

左右之意必曰：" 以先王四十年休養之恩，不可不厚報也。" 臣謂不可也。臣子之於君父，不得以恩之輕重而進退其喪期也。曾子曰：" 生，事之以禮；死，葬之以禮，祭之以禮。可謂孝矣。"〔五五〕殿下方欲以孝為治，其可以制非禮之喪使儒士服之乎？此在殿下裁自聖斷，早賜降責，生員、進士、儒生、凡庶人在官者，白笠三年之制，一皆從罷，於禮為便。殿下問諸左右，左右唯知篤於報先追遠，而難於應旨。然是為苟也〔五六〕，豈可以非禮事我先王乎？

【校記】
［為苟也］初刊本作" 皆苟也"。

【注釋】
〔五五〕曾子句：出自《孟子・滕文公上》："曾子曰：' 生，事之以禮；死，葬之以禮，祭之以禮，可謂孝矣。'" 又見於《論語・為政》孔子語。
〔五六〕苟：苟且，隨便，馬虎，不審慎。《詩經・大雅・抑》："無易由言，無曰苟矣。"

　　又以山陵一事言之。古者墓而不墳〔五七〕。至於成周，立丘封、兆樹之制〔五八〕。設冢人之官，掌公墓之地，辨其兆域而為之圖，先王之葬居中，昭穆為左右〔五九〕。又令同姓諸侯、大夫、士，葬於前後；凡有功者居前，唯死於兵者不令入兆域之內〔六〇〕。是則冢人預擇公墓之地於一處，既辨其兆，為之圖而葬之，以備他日之葬。自先王以下，皆於是而占之。

【注釋】

〔五七〕墓而不墳：謂古時候只設墓而不封土隆起。墳即土之高者也。《禮記·檀弓》："孔子既得合葬於防,曰：'吾聞之,古也墓而不墳。'"

〔五八〕丘封：泛指墳墓。大者曰丘,小者曰封。　兆樹：兆域內所樹之樹木。《周禮·春官·冢人》："凡有功者居前,以爵等為丘封之度與其樹數。"

〔五九〕設冢人之官五句：冢人,官名。掌管王的墓地。公墓,君王、諸侯及王子弟之墓。兆域,墓地四周的疆界,亦以稱墓地。昭穆,古代宗法制度,宗廟中神主的排列次序,始祖居中,以下父子(祖、父)遞為昭穆,左為昭,右為穆。《周禮·春官·冢人》："冢人掌公墓之地,辨其兆域而為之圖。先王之葬居中,以昭穆為左右。"

〔六〇〕凡有二句：案此二句引自《周禮·春官·冢人》："凡死於兵者,不入兆域。凡有功者居前,以爵等為丘封之度與其樹數。"

今不立冢人之官,一從風水之説[六一],世各占地,山陵每開一所。且臨時擇地,雖同姓宗室之墓,皆令溝之而去山庭之外[六二],民田亦皆荒之。一陵之入,地亦廣占,民無蒭牧之所。隆運至於千年之遠,則園陵相望於畿郊之外,田野盡荒,不容餘地,民不得居焉,百里之內,復絶人跡[六三]。弊至於此,臣不知何以處之。

【注釋】

〔六一〕風水：指宅基地或墳地周圍的風向、水流、山脈等形勢。就生者之屋宅而言,謂之陽宅；就死者之墳地而言,謂之陰宅。

〔六二〕溝之：挖溝。謂為防守或灌溉、排水而挖。

〔六三〕復絶：斷絶。

伐石之役，流毒畿内之民。一石之重，千人不能移。一片之長，并與梓棺之長而伐之〔六四〕，猶未免四片之封，則何必以長為哉？古者立樹兆之制〔六五〕，未聞石馬、石羊等之物。石俑取其象人而用之，則貴於近似〔六六〕，徒以夸大為事，高幾數丈，頑焉奰屭〔六七〕，有同鬼神。今士大夫之家，爭慕效之，不出千百年之外，石櫬盡拔，而山從而頽矣。伐石之役，程督嚴峻〔六八〕，民糜鞭末〔六九〕；短褐衝雪，舉皆皴疲〔七〇〕；竟夕未退，挹凍原野而死者，不知幾人。勿亟之旨雖下〔七一〕，有司急於集事，未暇恤顧。非獨有司之責，勢使之然也。

【校記】
〔樹兆〕初刊本作"兆樹"。

【注釋】
〔六四〕梓棺：梓木棺材。《禮記·檀弓上》："天子之棺四重，水兕革棺被之，其厚三寸，杝棺一，梓棺二，四者皆周。"
〔六五〕樹兆：樹立標幟兆域。
〔六六〕石俑二句：用土木、陶瓷等製成的人形物。《孟子·梁惠王上》："仲尼曰：'始作俑者，其無後乎！'為其象人而用之也。"趙岐注："俑，偶人也，用之送死。"近似，指似於生人。
〔六七〕奰屭：奰，怒。屭，怨怒。氣盛作力貌。《詩經·大雅·蕩》："内奰於中國。"
〔六八〕程督：對於工程勞役的監督。
〔六九〕糜：碎爛，毁壞。
〔七〇〕皴：皮膚受凍而皺裂。《新唐書·突厥列傳》："會雨雪，士輟寒,反為虜襲,大敗。"
〔七一〕亟:性急,急躁。《詩經・大雅・靈台》:"經始靈臺,經之營之。庶民攻之,不日成之。經始勿亟,庶民子來。"朱熹《詩集傳》:"雖文王心恐煩民,戒令勿急,而民心樂之,如子趣父事,不召自來也。"

　　流俗之弊,其於君父,誠敬有未足,而徒事浮文之末,欲出古法之上,其獨賢乎哉？不如速朽之言〔七二〕,雖出於一時,聖人亦豈肯為一時立無用之訓哉？不如之言,誠有以也。臣謂冢人之官,當依古制,立為經遠之規〔七三〕。伐石之制,亦宜加裁減,庶幾無流害於民也。臣山野之人,螻蟻微誠,無路自達。白首頹齡〔七四〕,更何望哉？欲一言致忠於殿下。臣之所抱,又豈止此？值殿下諒闇之日〔七五〕,未暇及之。臣近見韋布之士〔七六〕抗章者有之,類以寒賤之言無適用者而棄之。臣謂蒭蕘之言,聖人擇之。伏願殿下,勿以寒賤而棄之,非獨愚臣之幸,士林之幸也。臣病伏山野,未獲親拜闕下,無任悃愊戰懼之至〔七七〕。謹拜疏以聞。

【注釋】

〔七二〕不如句:謂與其治侈靡之喪,寧薄葬為愈。《禮記・檀弓上》:"昔者夫子居於宋,見桓司馬自為石槨,三年而不成,夫子曰:'若是其靡也,死不如速朽之愈也。'"
〔七三〕經遠:謂作長遠謀劃。《三國志・魏志・毛玠傳》:"袁紹、劉表,雖士民眾彊,皆無經遠之慮,未有樹基建本者也。"
〔七四〕頹齡:衰老之年。陶潛《九日閑居》詩:"酒能祛百慮,菊為制頹齡。"
〔七五〕諒闇:居喪時所住的房子。《禮記・喪服四制》:"《書》

曰:'高宗諒闇,三年不言。'善之也。"鄭玄注:"闇,謂廬也。"借指居喪。

〔七六〕韋布:韋帶布衣。古指未仕者或平民的寒素服裝。借指寒素之士、平民。

〔七七〕悃愊:至誠。《漢書·楚元王傳·劉向》:"論議正直,秉心有常,發憤悃愊,信有憂國之心。"顏師古注:"悃愊,至誠也。"

書

答朴君實書〔一〕

　　某屢辱不鄙之問〔二〕,蘇慰不淺〔三〕。然顧余未熟於禮經,既無參考折衷之見,何以復大孝所需之一二〔四〕?而某之不佞,不揣固陋,尚志前古,其行事往往取笑於時俗,持此無足以塞大孝之問。大孝既參考禮書,自有以酌行之,何以瞽説為也〔五〕?然其辱問之勤,不容無説。來書〔六〕"祖以上之主〔七〕,書名,今則諱名而書",是則不惟有乖"父前子名"之禮〔八〕,而前後不類,甚無意義。況二世皆有功勳、補職,則宜在諱名之列無疑,後是足以蓋前非〔九〕,不可不改。

【校記】

[題]初刊本、三刊本、四刊本均作"答朴枝華書"。

【注釋】

〔一〕朴君實:朴枝華(1513—1592),字君實,號守庵,旌善人。徐敬德門人,與鄭磏、權應仁等交遊。出於寒微,能自讀書莊修,一時多所稱譽。壬辰倭變,避亂山谷間,投水而死。有文集《守庵遺稿》。

〔 二 〕某屢句：猶言承蒙問安。某即花潭。辱,謙詞。鄙,鄙夷。
〔 三 〕蘇：通"疏"。散開,鬆開。
〔 四 〕大孝：指朴君實。
〔 五 〕瞽說：胡說。亦指不明事理的言論。用作謙詞。
〔 六 〕來書：指朴枝華所送之書。此書不載於《守庵遺稿》。
〔 七 〕主：即神主。
〔 八 〕父前子名：謂子在父面前,不論自稱或他稱,一律稱名而不得尊稱。《禮記·曲禮上》："父前子名,君前臣名。"
〔 九 〕後是句：謂將今之諱名而書,可以推及於祖以上之主。後是,指今之諱名而書。蓋,遮蓋,覆蓋。《書經·蔡仲之命》："爾尚蓋前人之愆。"前非,指祖以上之主書名。

且大孝有官則大祥服玉色衫,恐不遠於時禮也。學者苟志於古,雖無官,亦可服之。既大祥祔遷之禮〔一〇〕,恐當從橫渠之說〔一一〕,既祥,撤几筵〔一二〕,禮也。來書言"欲不撤,有所不忍",不可徑情而行之〔一三〕,先王之禮,不敢過也。

【注釋】
〔一〇〕祔遷之禮：在祖廟內後死者附於先靈下合祭。
〔一一〕橫渠之說：橫渠,張載(1020—1077),字子厚,大梁人,徙家鳳翔郿縣橫渠鎮,學者稱橫渠先生。北宋哲學家。《朱子語類·卷第九十·禮七·祭》問："有祭告否？"曰："橫渠說三年後,祫祭於太廟,因其祭畢,還主之時,遂奉祧主歸於夾室,遷主、新主皆歸於廟。"
〔一二〕几筵：猶几席。乃祭祀的席位,後亦因以稱靈座。《禮記·檀弓下》曰："既反哭,主人與有司視虞牲。有司以几筵舍奠于墓左,反,日中而虞。"
〔一三〕徑情：任性,任意。

來書言："既祥未禫之間，遇朔望仲月，則殺禮薦祭于先祖[一四]，恐得其權宜。"禮有三年之內以墨衰行之之文[一五]，則來書之言，暗與之合也。

【注釋】

〔一四〕殺禮：減省禮儀，從簡。《周禮·秋官·掌客》："凡禮賓客，國新殺禮，凶荒殺禮，箚喪殺禮，禍烖殺禮，在野、在外殺禮。"

〔一五〕禮有句：禮指《朱子家禮》。《朱子家禮》注引朱子説以爲卒哭之後，遇四時祭日，以衰服特祀於几筵，用墨衰常祀於家廟，可也。墨衰，黑色喪服。指以喪服作軍服。《左傳·僖公三十三年》："遂發命，遽興姜戎。子墨衰絰。"杜預注："晋文公未葬，故襄公稱子，以凶服從戎，故墨之。"《御纂朱子全書卷三十八·論考禮綱領》："卒哭之後，可以略做《左傳》杜注之説，遇四時祭日，以衰服特祀於几筵，用墨衰常祀於家廟，可也。"

來書言："大祥之日，辭墓而返魂[一六]，豈可無一祭以告還耶。"未詳所示之意。既返於家，行祥祭，則不可無略告之祭於墓；若行祥祭於几筵，則不必復祭於墓也。但既返於家，恐略設反告之祭於先祖影堂，似可。后土之祭[一七]，當在後而不得先，在禮有明文[一八]，不可從俗之謬妄。來書言："吾東方之俗，先后土既久，恐神之不歆吾之後享。"此説似非。傳曰："神不享非禮[一九]。"后土之有知，則先祭之非禮，恐却不享也。以某之所見復之，未知果合於大孝之意否？望須質諸古禮，參之今，酌以行之也。冀孝履康迪[二〇]。

【注釋】

〔一六〕返魂：返死者之魂。

〔一七〕后土：指土神或地神。

〔一八〕禮：指馮善《家禮集説》："問：'祀后土，如何不在墓祭之前？'曰：'吾為吾親，來薦歲事，專誠在墓。土神自宜後祭。蓋有吾親，方有是神也。'"

〔一九〕神不享非禮：《論語·八佾》"曾謂泰山不如林放乎"句，包鹹注曰："神不享非禮。林放尚知問禮，泰山之神反不如林放耶？"

〔二〇〕孝履：指居喪期間的起居行止。

復朴頤正帖〔一〕

承辱示從審鼎禋安和〔二〕,蘇慰蘇慰。近者阻奉曠〔三〕,當相就講論,楓嶽遠〔四〕,日候浸蒸,勢似不可。欲於猪江側卜築〔五〕,望後帶君實同來執事,似易也。某之進退,熟慮有素,不以人言去就。衰老自揣不堪,已書辭狀〔六〕,待厚陵人來致之耳。甲辰五月初五日,敬德復。

【校記】

〔題〕初刊本、三刊本均作"復頤正帖"。　〔初五日〕初刊本、三刊本均作"初六日"。

【注釋】

〔一〕頤正:朴民獻之字。參《登高吟携彦順頤正及黃元孫登金神寺後峰作》詩注〔一〕。
〔二〕從審:猶從慎。審,慎重。《吕氏春秋·音律》:"修別喪記,審民所終。"高誘注:"審,慎。"　鼎禋:泛指祭祀。語本《後漢書》卷七十四:"闚圖訊鼎,禋天類社。"
〔三〕阻:阻隔,分離。　曠:空闊。
〔四〕楓嶽:朝鮮名山金剛山的別名。金剛山按季節享有各種美稱。《林下筆記·蓬萊秘書·越松亭》:"《金剛楓葉記》曰:'金剛,春曰怾怛,夏曰蓬萊,秋曰楓嶽,冬曰皆骨。'"
〔五〕卜築:擇地建築住宅,即定居之意。
〔六〕辭狀:指《擬上中宗大王辭職疏》。

復朴頤正朴君實帖

　　病困,承問兼藥物,便覺醒蘇。僕年前來氣衰,寒齋短褐,得寒疾固其所矣。乍寒乍熱乍汗,一日之中四五,不能飯月餘,殘軀虛竭,勢似不能久留,莫非天也。示"服制",三月當除,不得一日引之也。五服,月數外不得加也。今國制,白衣冠終三年,已立法矣。除正服後,著白衣冠可矣。時先生持靖陵喪服,依禮制。僕幸保得到花潭,可一枉〔一〕。敬德復。

【校記】
［題］初刊本、三刊本均作"復頤正君實帖"。

【注釋】
〔 一 〕一枉：謙詞。謂對方屈尊訪問。

復朴頤正帖

　　戀承書問，蘇慰蘇慰。僕為暑濕所困，氣蘇健未也。示"何異"之言，似乎過，是未過也。仁人孝子之有深愛於其親者，行見皤然之耋老〔一〕，其中怵焉惕如也〔二〕，知吾子推老之心，其亦有及於朋友也。僕年來兩鬢素颯〔三〕，氣力衰遲，住得人間，閱幾歲月乎？春經大病之餘，困憊尤深，為其友者，可不憂之耶？僕乘秋涼，當寓潭舍，然無寓客處。舍弟未能別構屋，所收材，皆不可用，勢未能別構也。冀玉攝自重〔四〕。乙巳六月十六日，敬德復。

【校記】
〔題〕初刊本、三刊本均作"復頤正帖"。　　〔十六日〕初刊本作"十九日"。

【注釋】
〔一〕皤然：鬚髮白貌。
〔二〕怵焉：戒懼、警惕貌。
〔三〕颯：衰敗零亂。陸倕《思田賦》："歲聿忽其云暮，庭草颯以萎黃。"
〔四〕玉：敬辭。多用以尊稱對方的身體言行等。

雜著

原 理 氣

　　太虛湛然無形,號之曰"先天"。其大無外,其先無始,其來不可究。其湛然虛静,氣之原也。彌漫無外之遠,逼塞充實,無有空闕,無一毫可容間也。然把之則虛,執之則無。然而却實,不得謂之無也。到此田地,無聲可耳,無臭可接。千聖不下語,周張引不發〔一〕。邵翁不得下一字處也〔二〕。摭聖賢之語,泝而原之,《易》所謂"寂然不動"〔三〕,《庸》所謂"誠者自成"〔四〕。語其湛然之體曰"一氣",語其混然之周曰"太一"。濂溪於此不奈何〔五〕,只消下語曰:"無極而太極。"〔六〕是則先天,不其奇乎?奇乎奇!不其妙乎?妙乎妙!

【校記】

[湛然]初刊本、三刊本、四刊本均作"淡然"。以下同。

【注釋】

〔一〕周張:宋代理學家周敦頤、張載的合稱。　引不發:拉滿弓弦而不發箭。語出《孟子·盡心上》:"大匠不為拙工改廢繩墨,羿不為拙射變其彀率。君子引而不發,躍如也,中道而立,能者從之。"原指善於教射箭的人,只作躍躍欲射的姿態,以便學者觀摩領會。後用以比喻作好準備,待機行事。或比喻善於引導而不代庖。

〔二〕邵翁:邵雍。案此句引自《擊壤集·先天吟》:"若問先天一字無,後天方要著功夫。"

〔三〕寂然不動:案此句引自《易·繫辭上》。"易無思也,無為也,寂然不動,感而遂通天下之故。非天下之至神,其孰能與於此?"

〔四〕誠者自成:言誠者物之所以自成也。案此句引自《中庸》第二十五章:"誠者自成也,而道自道也。"

〔五〕濂溪:周敦頤。

〔六〕無極而太極:案此句引自周敦頤《太極圖說》:"無極而太極。太極動而生陽,動極而靜,靜而生陰……陰陽一太極也,太極本無極也。"

倏爾躍〔七〕,忽爾闔,孰使之乎?自能爾也,亦自不得不爾,是謂理之時也。《易》所謂"感而遂通"〔八〕,《庸》所謂"道自道"〔九〕,周所謂"太極動而生陽"者也。不能無動靜,無闔闢,其何故哉?機自爾也。既曰一氣,一自含二;既曰太一,一便涵二。一不得不生二,二自能生克〔一〇〕。生則克,克則生。氣之自微以至鼓盪〔一一〕,其生克使之也。

【注釋】

〔七〕倏爾:迅疾貌。亦形容時間短暫。

〔八〕感而遂通:謂此有所感而通於彼。意即一方的行為感動對方,從而導致相應的反應。語本《易·繫辭上》。參注〔三〕。

〔九〕道自道:案此句引自《中庸》第二十五章:"誠者自成也,而道自道也。"

〔一〇〕生克：指五行之間的相生相克。
〔一一〕鼓盪：鼓動激盪。

　　一生二，二者何謂也？陰陽也，動靜也，亦曰坎離也。一者何謂也？陰陽之始，坎離之體，湛然為一者也。一氣之分，為陰陽。陽極其鼓而為天，陰極其聚而為地。陽鼓之極，結其精者為日；陰聚之極，結其精者為月。餘精之散為星辰，其在地為水火焉。是謂之後天，乃用事者也。天運其氣，一主乎動而圜轉不息；地凝其形，一主乎靜而權在中間〔一二〕。氣之性動，騰上者也；形之質重，墜下者也。氣包形外，形載氣中，騰上墜下之相停，是則懸於太虛之中而不上不下，左右圜轉，亙古今而不墜者也。邵所謂"天依形，地附氣，自相依附者"〔一三〕，依附之機，其妙矣乎！風族飛族之羽載形，皆此理也。

【校記】
［一主乎動］三刊本、四刊本及《海東雜錄》均作"主一乎動"。　　［一主乎靜］《海東雜錄》作"主一乎靜"。

【注釋】
〔一二〕權：專一。
〔一三〕邵：邵雍。元朱震亨《格致餘論·天氣屬金說》："邵子曰：天依地，地依天，天地自相依附。"

　　先生又曰〔一四〕："虛者，氣之淵也。"
　　又曰："一非數也，數之體也。"
　　又曰："理之一其虛，氣之一其粗，合之則妙乎妙。"

又曰："《易》曰'不疾而速，不行而至'〔一五〕，氣無乎不在，何所疾哉？氣無乎不到，何所行哉？氣之湛然無形之妙曰神。既曰氣，便有粗涉於迹。神不囿於粗迹，果何所方哉〔一六〕，何所測哉？語其所以曰理，語其所以妙曰神，語其自然真實者曰誠，語其能躍以流行曰道，總以無不具曰太極。動靜之不能不相禪〔一七〕，而用事之機自爾。所謂'一陰一陽之謂道'〔一八〕是也。"

又曰："程張謂'天大無外〔一九〕'，即太虛無外者也。知太虛為一，則知餘皆非一者也。邵子曰：'或謂天地之外，別有天地萬物，異乎此天地萬物，吾不得以知之也。非惟吾不得以知之，聖人亦不得以知之也。'〔二〇〕邵子此語，當更致思。"

又曰："禪家云：'空生大覺中，如海一漚發。'〔二一〕有曰真空頑空者〔二二〕，非知天大無外，非知虛即氣者也。空生真頑之云，非知理氣之所以為理氣者也。安得謂之知性，又安得謂之知道？"

【注釋】

〔一四〕先生：即徐敬德。以下内容是编纂《花潭集》的時候，他的弟子補記花潭先生的言論。

〔一五〕《易》曰：案此句引自《易·繫辭上》。

〔一六〕方：辨别。《國語·楚語下》："民神雜糅，不可方物。"韋昭注："方，猶别也；物，名也。"

〔一七〕相襌：相演變，相轉化。《莊子·寓言》："萬物皆種也，以不同形相襌，始卒若環，莫得其倫，是謂天均。"

〔一八〕一陰一陽之謂道：案此句引自《易·繫辭上》。

〔一九〕程張：宋代理學家程顥、張載的合稱。案下句引自張載《正蒙·大心篇》："天大無外，故有外之心，不足以合天心。"

〔二〇〕邵子曰句：案下句節引自邵雍《皇極經世書·觀物內篇》："人或告我曰：天地之外，別有天地萬物，異乎此天地萬物。則吾不得而知已。非唯吾不得而知之也，聖人亦不得而知之也。"

〔二一〕襌家云句：案下句引自《楞嚴經》："空生大覺中，如海一漚發。有漏微塵國，皆依空所生。漚滅空本無，況復諸三有。"

〔二二〕真空：佛教語。一般謂超出一切色相意識界限的境界。《朱子語類》卷一百二六："釋氏見得高底儘高，或問他何故只說空，曰：說玄空，又說真空。玄空便是空無物，真空却是有物。" 頑空：佛教語。指一種無知無覺的、無思無為的虛無境界。李贄《觀音問·答自信》："若無山河大地，則清净本原為頑空無用之物，為斷滅空不能生化之物，非萬物之母矣，可值半文錢乎？"

理 氣 説

　　無外曰太虛,無始者曰氣,虛即氣也。虛本無窮,氣亦無窮。氣之源,其初一也。既曰氣一,便涵二;太虛為一,其中涵二。既二也,斯不能無闔闢、無動靜、無生克也。原其所以能闔闢、能動靜、能生克者而名之曰太極。氣外無理,理者,氣之宰也。所謂宰,非自外來而宰之,指其氣之用事,能不失所以然之正者而謂之宰。理不先於氣,氣無始,理固無始。若曰理先於氣,則是氣有始也。老氏曰:"虛能生氣。"〔一〕是則氣有始有限也。

【校記】
〔指其氣〕初刊本作"扶其氣"。

【注釋】
〔一〕虛能生氣:指道家宣揚的"有生於無"。張載《正蒙·太和篇》:"若謂虛能生氣,則虛無窮,氣有限,體用殊絕,入老氏'有生於無'自然之論,不識所謂有無混一之常。"

　　又曰:"易者,陰陽之變。陰陽,二氣也。一陰一陽者,太一也。二故化,一故妙,非化之外,別有所謂妙者。二氣之所以能生生化化而不已者,即其太極之妙,若外化而語妙〔二〕,非知易者也。"

【注釋】

〔二〕外化：於二氣生化之外。

太　虚　説

　　太虚，虚而不虚，虚則氣。虚無窮無外，氣亦無窮無外。既曰虚，安得謂之氣？曰虚静，即氣之體；聚散，其用也。知虚之不爲虚，則不得謂之無。老氏曰："有生於無。"〔一〕不知虚即氣也。又曰："虚能生氣。"非也。若曰"虚生氣"，則方其未生，是無有氣而虚爲死也。既無有氣，又何自而生氣？無始也，無生也。既無始，何所終？既無生，何所滅？老氏言虚無，佛氏言寂滅，是不識理氣之源，又烏得知道。

【注釋】

〔一〕有生於無：案此句出自《老子》："反者，道之動；弱者，道之用。天下萬物生於有，有生於無。"

雜　著

鬼神死生論

　　程、張、朱説〔一〕，極備死生鬼神之情狀。然亦未肯説破所以然之極致，皆引而不發，令學者自得。此後學之所以得其一而不得其二，傳其粗而不見十分之精。某欲採三先生之微旨，以為鶻突之論〔二〕，亦足以破千古之疑。程曰："死生人鬼，一而二，二而一。"〔三〕此盡之矣。吾亦曰：死生人鬼，只是氣之聚散而已。有聚散而無有無，氣之本體然矣。氣之湛一清虚者，瀰漫無外之虚。聚之大者為天地，聚之小者為萬物。聚散之勢，有微著久速耳。大小之聚散於太虚，以大小有殊。雖一草一木之微者，其氣終亦不散。況人之精神知覺，聚之大且久者哉！形魄見其有散，似歸於盡没於無，此處率皆不得致思。雖三先生之門下，亦莫能皆詣其極，皆掇拾粗粕為説爾。

【校記】
［瀰漫］初刊本、三刊本均或因板損作"彌漫"。

【注釋】
〔一〕程、張、朱：指程顥、張載、朱熹。
〔二〕鶻突：混沌，模糊。謙辭。
〔三〕程曰句：案此句節引自《論語·先進》："季路問事鬼神。子曰：'未能事人，焉能事鬼？''敢問死。'曰：'未知生，焉知死？'"程子解此言曰："晝夜者，生死之道也。知生之道,則知死之道;盡事人之道,則盡事鬼之道。死、生,人、鬼,一而二,二而一者也。或言夫子不告子路,不知此乃深告之也。"

氣之湛一清虛,原於太虛之動而生陽、静而生陰之始。聚之有漸,以至博厚,為天地,為吾人。人之散也,形魄散耳。聚之湛一清虛者,終亦不散。散於太虛湛一之中,同一氣也。其知覺之聚散,只有久速耳。雖散之最速,有日月期者,乃物之微者爾,其氣終亦不散。何者?氣之湛一清虛者,既無其始,又無其終。此理氣所以極妙底。學者苟能做工到此地頭,始得覷破千聖不盡傳之微旨矣[四]。雖一片香燭之氣,見其有散於目前,其餘氣終亦不散,烏得謂之盡於無耶?

【注釋】
〔四〕覷:窺伺,嚴密注視。

往者,某與朴先生光佑[五],討論及此,朴乃耳輒明快。不知其後朴果能致力於十分盡頭否也。粗述獨見,貽朴公頤正、許君太輝及諸來遊於門者[六]。此論雖辭拙,然見到千聖不盡傳之地頭爾。勿令中失,可傳之後學,遍諸華夷遠邇,知東方有學者出焉。

又曰:"造化鬼神,神易陰陽之極致處。後學有多得於《繫辭傳》、周、程、張、朱之説,要在做工不輟,大段著力,然後乃有見爾。"
又曰:"嘗欲發揮《繫辭》微旨,程、朱皆極其力,然略説破,後學無蹊可尋,類皆見得粗處,不見底藴。某欲加敷衍淺見,令後學沿流以探其源。竢吾精力盡時著書,有志未就,良亦一恨,然不足恨也。注脚更添注脚[七],奈後學苦其繁複亦莫之致思何?"

乙巳閏正月初五夜,秉燭而書焉。已上四篇,皆先生病亟時所著。

【校記】

[光佑] 初刊本此下有"對"字。　　[無蹊] 初刊本作"無磎"。疑誤。蹊,足迹,道路。磎,溪也。未契文意。

【注釋】

〔五〕朴先生光佑:朴光佑(1495—1545),字國耳,號華齋,尚州人。謚號貞節。1525年文科及第。歷任載寧郡守、司諫等職。贈吏曹判書。

〔六〕許君太輝:許曄(1517—1580),字太輝,號草堂,陽州人。許篈、許筠、許楚姬之父。與盧守慎等交遊。1546年文科及第,歷承政院都承旨、成均館大司成等職。風姿凝重,操履端雅,士林推重之。事花潭先生,先生疾革,口占《原理氣》等四篇以遺之。有文集《草堂集》、《前言往行録》。配享花谷書院。

〔七〕注脚:解釋字句的文字。

復其見天地之心説

　　古之聖賢，於"至"〔一〕皆嘗致意。堯陳期閏之數〔二〕，孔論天地之心〔三〕，程、邵亦皆有説。後之學者，須大段著力於至日上做工夫，所得甚廣，非如格一物、致一知之比也。若於一物上，十分格得破則亦見得至理。顧於至日則所該廣大耳。至日乃天地始回旋，陰陽初變化之日也。故曰："復其見天地之心乎！"先儒皆以静見天地之心，程子獨謂"動之端，乃天地之心"〔四〕，邵子則以動静之間言之〔五〕。程、邵立言有異，初無二見。皆就一動静、兼陰陽之上而語之，似邵指太極之體，程謂太極之用也。反本復静，坤之時也；陽氣發動，復之機也。有無之極於此擬之，而先後天之説從可知也。《易》所謂"寂然不動，感而遂通"者〔六〕，謂此也；《庸》所謂"誠自成，道自道"者，謂此也〔七〕；《孟子》所謂"必有事焉而勿正，心勿忘，勿助長"〔八〕，亦於此而體之。方天地浄灑灑、玄酒之味淡〔九〕、大音之聲希，漠然虛静，若無所事，一陽之復，倏爾而躍，其不自容已之妙，是可見天地之心也。

【校記】

［題］初刊本無"説"字。　　［玄酒］初刊本、三刊本、四刊本均作"元酒"。

【注釋】

〔一〕至：古代以冬至、夏至為二至，亦統稱"至"。魏了翁《春秋左傳要義·僖公四年五年·釋分至啓閉》："冬之半，夏之半，晝夜長短極。極訓為至，故冬夏之半稱冬夏至也。"

〔二〕期閏之數：出自《書經·堯典》："期三百有六旬有六日，以閏月定四時，成歲。"

〔三〕孔論天地之心：出自《易·復》："象曰：'復亨剛反，動而以順行，是以出入無疾，朋來無咎，反復其道，七日來復，天行也。利有攸往，剛長也。復其見天地之心乎？'"

〔四〕程子獨謂句：出自《程氏易傳》："先儒皆以靜為見天地之心，蓋不知動之端乃天地之心也。非知道者孰能識之？"

〔五〕邵子句：出自《皇極經世書解·觀物內篇》："天地之心，蓋於動静之間，有以見之。夫天地之心，於此見之；聖人之心即天地之心也，亦於此而見之。"

〔六〕《易》所謂句：出自《易·繫辭上》："易無思也，無為也，寂然不動，感而遂通天下之故。"

〔七〕《庸》所謂句：出自《中庸》："天命之謂性，率性之謂道，修道之謂教。誠自成，而道自道。"

〔八〕《孟子》所謂句：出自《孟子·公孫丑上》："必有事焉而勿正，心勿忘，勿助長也，無若宋人然。"

〔九〕玄酒：古代祭禮中當酒用的清水。《禮記·禮運》："故玄酒在室，醴醆在户。"《正義》："玄酒，謂水也。以其色黑，謂之玄。而太古無酒，此水當酒所用，故謂之玄酒。"

"無改移"者〔一〇〕，何謂也？周天〔一一〕，三百六十五度四分度之一；期歲〔一二〕，三百六十五日四分日之一。至日〔一三〕，候之以漏箭〔一四〕，測之以臬表〔一五〕，度與日之分，恰周得本數，若合符契〔一六〕，未嘗盈縮些一毫。萬古常常如此，可見其心之無改移也。天地之中庸，至善至信之德，於此而識之；神易之無方體〔一七〕,於此而見之。日軌回南,春輝北陸〔一八〕,陽吹九地〔一九〕,氣應黃宮〔二〇〕,可不謂之無方也乎？晝夜改度,寒暑相禪,無一刻停留,可不謂之無體也乎？"一陰一陽之謂道,繼之者善"〔二一〕,此語盡至日之理也。一陰一陽、一動一靜,此本非兩事,只是天之一事。陰陽一用,動靜一機,此所以流行循環不能自已者也。

【注釋】

〔一〇〕無改移：出自《朱子語類》卷七一："又問：'天心無改移謂何？'曰：'年年歲歲是如此,月月日日是如此。'"

〔一一〕周天：謂繞天球大圓一周。天文學上以天球大圓三百六十度為周天。《禮記·月令》,孔穎達《正義》："星既左轉,日則右行,亦三百六十五日四分日之一至舊星之處。即以一日之行而為一度計,二十八宿一周天,凡三百六十五度四分度之一,是天之一周之數也。"

〔一二〕期歲：一周歲。

〔一三〕至日：指冬至。《易·復》："先王以至日閉關,商旅不行。"

〔一四〕漏箭：漏壺的部件。上刻時辰度數,隨水浮沉以計時。

〔一五〕臬表：古代測量日影之標桿。

〔一六〕符契：古代符信之一種。以金玉竹木等製成,上刻文字,分為兩半,使用時以兩半相合為驗。

〔一七〕神易之無方體：出自《易·繫辭上》："範圍天地之化而不過,曲成萬物而不遺,通乎晝夜之道而知。故神無方而易無體。"

〔一八〕北陸：即虛宿。位在北方,為二十八宿之一。《左傳·昭公四年》："古者,日在北陸而藏冰。"《後漢書·律曆志三·律曆下》："是故日行北陸謂之冬。"

〔一九〕九地：猶言遍地,大地。張元幹《蘆川歸來集·賀新郎·

送胡邦衡待制赴新州》詞：「底事崑崙傾砥柱，九地黃流亂注？」
〔二〇〕黃宮：黃鍾之宮，十二律之首，代表仲冬之月。古時以律管并灰以驗節氣，以為仲冬之月，其氣至，則黃鍾之律相應。
〔二一〕一陰二句：出自《易·繫辭上》：「一陰一陽之謂道，繼之者善也，成之者性也。」

　　或曰：「至中、至善、至信之德，只得於至日上語之，其於他不得語之乎？」曰：「無時不然，無物不有。三百六旬之運，二十四氣之分，無非至日之流行者，所謂時中也。然不比至日，則天地更始，陰陽之際，動靜之交，辰宿之躔，陸野之分〔二二〕，皆得復其本位，十分齊整者也。萬化之所自，萬殊之所本，此陰陽大頭臚處〔二三〕，可以一貫之者也。反於吾身，仁智之性、忠恕之道，無非至日之理，暫於動靜，微於瞬息。」

【校記】
〔頭臚〕初刊本、三刊本均作「頭顱」。

【注釋】
〔二二〕陸野：物體運行的軌道。
〔二三〕頭臚：額頭。《上清黃庭內景經·上有章》：「七液洞流衝臚間。」務成子注：「臚間，兩眉間，謂額也。」

溫　泉　辨

　　天則主陽，地則主陰。火熱而水涼，其性也。火則未聞有寒者而泉或有溫者〔一〕，何也？邵子曰〔二〕："一氣分而為陰陽，陰陽半而形質具焉，陰陽偏而性情分焉。"知此則泉之溫無足怪也。天未始無陰，地未始無陽，水火互藏其宅。且天之陽，常貫乎地之虛而地不得而不受。故曰："天一而實，地二而虛。"〔三〕陽蘊於地中，氣或輻湊於一處，積而蒸鬱，泉脈被他蒸薄而熱，坎之中實，亦見其陽潛於水中。水生於天一而成於地六，土生於天五而成於地十〔四〕。是則水與土未必無陽也。況日之出入於地之上下，陽之融會，初無內外，渾然為一，則地豈得不蒸薄而或鍾其熱乎？泉於是滲漉，其流不得不沸蒸也。不獨泉為然。凡物之氣，散則涼，聚則熱。故草積則生熱，糞積則自焚，氣鬱不舒而然也。無物無陽者也。水中有火，石裏藏焰。硫之土得火而爆，石之灰得水則沸，陰從陽者也。泉為陽迫則熱。火能迎物而威遠，故可以照射而涸水；水不能迎物，故雖近於火，少有間則不得滅火。火之氣虛，故不自停留，著物而留。然隨焚隨盡，不為陰所制，故無寒火。水之形稍實，潤以既聚，則久而不散，既有形，故為陽所移而熱。陽得兼陰，而陰不得兼陽，故陽全而陰半，陽饒而陰乏，陽尊而陰卑。是乃君統臣，夫制婦，而君子得以役小人,中國得以服夷狄。豈不知陽始於一而陰終於十？此陰陽之分而理之必然者也。

【注釋】

〔一〕火則句：跟此句有關係的文章載於《皇極經世書·觀物外篇》："有温泉而無寒火,陰能從陽而陽不能從陰也。"此篇大概為花潭由該文感發而作。

〔二〕邵子曰句：案下句節引自《皇極經世書·觀物外篇》："一氣分而陰陽判,得陽之多者為天,得陰之多者為地。是故陰陽半而形質具焉,陰陽偏而性情分焉。"

〔三〕故曰句：案下句引自《易·繫辭上》："夫乾,其静也專,其動也直,是以大生焉；夫坤,其静也翕,其動也辟,是以廣生焉。"《本義》云："乾一而實,故以質言而曰大；坤二而虛,故以量言而曰廣。"

〔四〕水生二句：謂五行生成之數。《易·繫辭上》曰："天一、地二,天三、地四,天五、地六,天七、地八,天九、地十。"天一生水,地二生火,天三生木,地四生金,天五生土,此其生數也；地六成水,天七成火,地八成木,天九成金,地十成土,此其成數也。

聲音解〔一〕

天有陰陽,大小異氣;地有剛柔,大小異質〔二〕。氣變於上而象生焉,質化於下而形具焉。日月星辰,成象於天;水火土石,成形於地〔三〕。象動於天而萬時生,形交於地而萬物成。時之與物,有數存焉〔四〕。物有聲、色、氣、味,聲之數為盛〔五〕。故邵子窮陰陽、剛柔、大小之數〔六〕,原本以推體,推體以致用,致用則體數退而本數藏矣〔七〕。天之用數,百有十二;地之用數,百有五十二〔八〕。於是,推正聲正音之字母,列之為圖〔九〕。

【校記】

［大小］初刊本作"太少";三刊本作"大少"。以下同。

【注釋】

〔一〕聲音解:此篇是解説邵雍《皇極經世書》中的《聲音律吕圖》的。徐敬德以易理來探究聲音的原理。《易·説卦》曰:"觀變於陰陽而立卦,發揮於剛柔而生爻。""立天之道曰陰與陽,立地之道曰柔與剛。"這是邵雍以陰陽剛柔之數、窮聲音律吕之數而推萬物之數的理論根據。漢字聲有高下,分以平、上、去、入。太陽、太陰、少陽、少陰為日、月、星、辰之象。在聲則陽為闢而陰為翕。音有屈伸,別以開、發、收、閉。太柔、太剛、少柔、少剛為水、火、土、石之象。在音則柔為清而剛為濁。王鐵《宋代易學》(第71頁,上

雜　著

海古籍出版社 2005 年版）概述此圖內容如下："從《皇極經世》的聲音律呂圖看，聲部列一百六十正聲，分平（日）、上（月）、去（星）、入（辰），各四十聲，每四十聲中又分日、月、星、辰，例如平聲（日聲）中有日日聲十、日月聲十、日星聲十、日辰聲十，上、去、入聲依此類推。這一百六十聲的位置上不全有字。填以○號者為有其聲而無其字。填以●號者為無其聲亦無其字。其數四十八，就是所去太陰、少陰、太柔、少柔的體數。音部列一百九十二正音，分開（水）、發（火）、收（土）、閉（石），各四十八音，每四十八音中又分水、火、土、石，例如開音（水音）中有水水音十二、水火音十二、水土音十二、水石音十二，發、收、閉音可類推。這一百九十二音的位置上不全有字。填以□號者為有其音而無其字。填以■號者為無其音亦無其字，其數四十，即所去太陽少陽太剛少剛之體數。聲音律呂圖每頁上半，依次以各正音配一百六十正聲，得三萬七百二十，為動物之全數，其中不含●或■者得一萬七千二十四，為動數。每頁下半，依次以各正聲遍配一百九十二正音，也得三萬七百二十，為植物之全數，其中不含●或■者也。得一萬七千二十四，為植數。聲屬陽，為律。音屬陰，為呂。"與此解關聯內容，可以整理如下表：（表見下頁表一、表二）

〔二〕天有四句：《皇極經世書・觀物篇》："天生于動者也，地生于靜者也，一動一靜交，而天地之道盡之矣。動之始則陽生焉，動之極則陰生焉，一陰一陽交，而天之用盡之矣。靜之始則柔生焉，靜之極則剛生焉，一柔一剛交，而地之用盡之矣。"

〔三〕氣變六句：《皇極經世書・觀物篇》："動之大者謂之太陽，動之小者謂之少陽，靜之大者謂之太陰，靜之小者謂之少陰。太陽為日，太陰為月，少陽為星，少陰為辰。日月星辰交，而天之體盡之矣。靜之大者謂之太柔，靜之小者謂之少柔，動之大者謂之太剛，動之小者謂之少剛。太柔為水，

表一

	平聲				上聲				去聲				入聲			
	日				月				星				辰			
	陽		陰		陽		陰		陽		陰				陰	
	太音	翕音	少音	翕音	太音	翕音	少音	翕音	太音	翕音	少音	翕音	太音	翕音	少音	翕音
	日星聲	日月聲	日辰聲		月星聲	月月聲	月辰聲		星星聲	星月聲	星辰聲		辰星聲	辰月聲	辰辰聲	
闢 日聲	平之三闢	平之二翕	平之四翕	闢	上之三闢	上之二翕	上之四翕	闢	去之三闢	去之二翕	去之四翕	闢	入之三闢	入之二翕	入之四翕	
平之一闢				月日聲 上之一闢				星日聲 去之一闢				辰日聲 入之一闢				
多	開	禾	回	可	宰	火	每	个	愛	化	退	舌	○	入	○
良	丁	光	兄	兩	井	廣	水	向	旦	況	瑩	○	○	○	○
千	臣	元	君	典	引	大	允	日	良	半	異	○	○	○	○
刀	牛	毛	○	早	斗	賓	○	孝	妾	報	○	岳	六	霍	玉
妻	○	衰	龜	子	○	○	水	四	○	帥	貴	日	德	骨	北
宮	魚	龍	烏	孔	鼠	甫	虎	衆	去	用	兔	○	○	○	○
心	男	○	○	審	坎	○		禁	欠					十	妾
● ● ●	● ● ●	● ● ●	● ● ●	● ● ●	● ● ●	● ● ●	● ● ●	● ● ●	● ● ●	● ● ●	● ● ●	● ● ●	● ● ●	● ● ●	● ● ●
1064(7×地之用音152)	1064	1064	1064	1064	1064	1064	1064	1064	1064	1064	1064	1064	1064	1064	1064

表 二

音														
開音												閉音		
水 (大柔)			火 (大剛)				土 (少柔)				石 (少剛)			
清聲	柔濁聲	剛聲	清	聲	剛濁	聲	清	少聲	柔濁	聲	清	少聲	剛濁	石聲
水土音	水火音	水石音	火水音	火土音	火火音	火石音	土水音	土土音	土火音	土石音	石水音	石土音	石火音	石石音
開之三清	開之二濁	開之四濁	發之一清	發之三清	發之二濁	發之四濁	收之一清	收之三清	收之二濁	收之四濁	閉之一清	閉之三清	閉之二濁	閉之四濁
古	□	□	甲	巧	□	□	九	邱	近	乾	癸	孛	揆	虺
黑	黃	吾	花	瓦	華	牙	香	仰	雄	月	血	□	賢	堯
安	□	目	亞	馬	文	虐	乙	美	王	眉	一	米	黃	民
夫	父	丈	法	晚	凡	萬	□	□	□	□	飛	尾	吠	未
卜	步	旁	百	朴	白	排	丙	品	葡	平	必	匹	鼻	瓶
東	兌	同	丹	貪	大	算	帝	天	弟	田	■	■	■	■
乃	内	鹿	妳	冷	南	攣	女	呂	年	離	■	■	■	■
走	自	曹	設	蔡	任	才	足	七	匠	全	■	■	■	■
思	寺	□	三	□	□	□	星	□	象	□	■	■	■	■
■	■	■	山	□	土	□	手	耳	石	二	■	■	■	■
■	■	■	莊	叉	午	崇	震	赤	□	辰	■	■	■	■
■	■	■	草	拆	宅	茶	中	丑	直	呈	■	■	■	■
1008(9×天之用聲112)	1008	1008	1344(12×112)	1344	1344	1344	1344	1344	1344	1344	560(5×112)	560	560	560

137

太剛爲火,少柔爲土,少剛爲石。水火土石交,而地之體盡之矣。日爲暑,月爲寒,星爲晝,辰爲夜。暑寒晝夜交,而天之變盡之矣。水爲雨,火爲風,土爲露,石爲雷。雨風露雷交,而地之化盡之矣。"《觀物外篇》:"一氣分而陰陽判,得陽之多者爲天,得陰之多者爲地。是故陰陽半而形質具焉,陰陽偏而性情分焉。形質又分,則多陽者爲剛也,多陰者爲柔也。性情又分,則多陽者陽之極也,多陰者陰之極也。""夫四象在錯綜而用之,日月,天之陰陽;水火,地之陰陽;星辰,天之剛柔;土石,地之剛柔。""陽中陽,日也;陽中陰,月也;陰中陽,星也;陰中陰,辰也;柔中柔,水也;柔中剛,火也;剛中柔,土也;剛中剛,石也。"

〔四〕象動四句:《皇極經世書·觀物外篇》:"有象必有數,數立則象生。"

〔五〕物有句:《皇極經世書·觀物篇》:"人之所以能靈於萬物者,謂其目能收萬物之色,耳能收萬物之聲,鼻能收萬物之氣,口能收萬物之味。聲色氣味者,萬物之體也;目耳鼻口者,萬人之用也。"王植《皇極經世書解·聲音唱和》:"邵氏伯温曰:'……物有聲、色、氣、味可考而見,惟聲爲甚。有一物則有一聲,有聲則有音,故窮聲音律吕,以窮萬物之數。'"

〔六〕故邵句:《皇極經世書·觀物篇》:"太陽之體數十,太陰之體數十二,少陽之體數十,少陰之體數十二。少剛之體數十,少柔之體數十二,太剛之體數十,太柔之體數十二。進太陽、少陽、太剛、少剛之體數,退太陰、少陰、太柔、少柔之體數,是謂太陽、少陽、太剛、少剛之用數。進太陰、少陰、太柔、少柔之體數,退太陽、少陽、太剛、少剛之體數,是謂太陰、少陰、太柔、少柔之用數。太陽、少陽、太剛、少剛之體數一百六十,太陰、少陰、太柔、少柔之體數一百九十二。太陽、少陽、太剛、少剛之用數一百一十二,太陰、少陰、太柔、少柔之用數一百五十二。以太陽、少陽、太剛、少剛之用數,唱太陰、少陰、太柔、少柔之用數,是謂日月星辰之變數。以太陰、少陰、太柔、少柔之用數和太陽、少陽、太剛、少剛之用數,是謂水火土石之化數。日月星辰之變數一萬七千二十四,謂之動數,水火土石之化數一萬七千二十四,謂之植數,再唱和日月星辰、水火土石之變化通數二萬八千九百八十一萬六千五百七十六,謂之動植通數。"

〔七〕原本三句:《皇極經世書·觀物篇》:"體無定用,惟變是用;用無定體,惟化是體。體用交而人物之道于是乎備矣。"王植《皇極經世書解·觀物内篇》:"邵伯温系述:⋯⋯本數者數之始也,體數者數之成也,用數者數之變也。致用則體數退矣,體數退則本數藏矣,體退而本藏則變化見矣。"

〔八〕天之四句:王植《皇極經世書解·聲音唱和》:"鍾氏過曰:'天之體數四十,地之體數四十八。天數以日月星辰相因為一百六十,地數以水火土石相因而為一百九十二。於天數内,去地之體數四十八,得一百一十二,是謂天之用聲;於地數内,去天之體數四十,得一百五十二,是謂地之用音。'"

〔九〕推正二句:王植《皇極經世書解·聲音唱和》:"西山蔡氏曰:'⋯⋯以正聲之平、上、去、入,正音之開、發、收、閉,列而為圖以見聲音之全數。'"

聲有高下,故分以平、上、去、入,闢翕隨焉;音有屈伸,故別以開、發、收、閉,清濁隨焉〔一〇〕。日日聲,陽之陽也,其聲宜平以闢。多、良以下七聲〔一一〕,皆為平闢之字,則知其為日日聲,陽則主闢也〔一二〕。日月聲,陽與陰也,其聲宜平以翕。禾、光以下六聲〔一三〕,皆為平翕之字,則知其為日月聲,陰則主翕也。日為暑,月為寒。寒者,暑之餘也〔一四〕,陰從陽者也。故月之聲,從日之聲而禾之聲,多聲之變也;光之聲,良聲之變也。日月同聲而特闢翕異,而讀宫與龍之聲，則知龍聲乃宮聲之變也，而變闢為翕者爾。獨心聲變之為翕，則推不得。是為龍字下白圈，乃有聲而無字者也。若使心聲變以為翕聲，則似可作琴字，然非翕聲之正也。白圈［○］之不成字，調之則琴聲之似也。三箇黑圈［●］，列於每聲之下者，即所去陰體數四十八也。是不唯無字，乃無聲者也〔一五〕。

【校記】

［從日之聲］原作"從日之星"，據初刊本、三刊本改。　　［而讀句］初刊本"而讀"作"爾讀"。又，"宮"，形誤作"官"，三刊本同。
［宮聲］原形誤作"官聲"，據初刊本、三刊本改。

【注釋】

〔一○〕聲有六句：闢翕：開合，指闢聲和翕聲。王植《皇極經世書解·聲音唱和》："有聲則有闢翕，有音則有清濁。""鍾氏過曰：……凡日月星辰四象為聲，水火土石四象為音。聲有清濁，音有翕闢。遇奇聲則聲為清音為闢，遇偶聲則聲為濁音為翕。聲皆為律，音皆為呂，以律唱呂，以呂和律。天之用聲，別以平、上、去、入者一百一十二，皆以開、發、收、閉之音和之，地之用音，別以開、發、收、閉者一百五十二，皆以平、上、去、入之聲唱之。"

〔一一〕多、良以下七聲：指多、良、千、刀、妻、宮、心七聲。

〔一二〕陽則主闢：邵雍《皇極經世書·觀物外篇》："陽主闢而出，陰主翕而入。"

〔一三〕禾、光以下六聲：指禾、光、元、毛、衰、龍六聲。

〔一四〕寒者，暑之餘也：邵雍《皇極經世書·觀物外篇》："水者火之地，火者水之氣，黑者白之地，寒者暑之地。"

〔一五〕白圈七句：王植《皇極經世書解·聲音唱和》："其○有其聲而無其字也，其□則有其音而無其字也。但以上下聲音

雜　著

調之則自可通。其●所去太陰、少陰、太柔、少柔體數之四十八,其■所去太陽、少陽、太剛、少剛體數之四十也。陽數用十,陰數用十二者,即易之陽數用九、陰數用六也。"

日星聲,太陽中之少陽也,其聲亦宜平闢,比日日聲則為不甚闢。開、丁以下六聲[一六],皆為平闢之轉,則知其為日星聲。但不若太陽之太闢爾。日辰聲,太陽中之少陰也,其聲宜平翕。回、兄以下五聲[一七],皆為平翕之字,而甚於太陰之翕也,則知其為日辰之聲。星為晝,辰為夜。夜者晝之餘,而陰從陽者也[一八]。故辰之聲,從星之聲。而回之聲,開聲之變也;兄之聲,丁聲之變也。星辰同聲而唯闢翕異爾。君、烏二字下白圈,乃牛、男二聲之推不得者也。推其例,變闢為翕,則牛字似可作鉤聲,男字似可作堪聲。然闢翕不楷正,故不為字而徒有其聲也。龜字,乃牛字下白圈之成字者也。推聲之變字,固有不成於闢而成於翕者,亦有成於闢而不成於翕者也。牛下之圈,從日日聲妻字之變,而不成字者也。上、去、入三聲,皆平聲之推也。月日、星日、辰日之聲,皆多字等聲之變也[一九];月月、星月、辰月之聲,皆禾字等聲之變也[二〇];月辰、星辰、辰辰之聲,回字等聲之變也[二一]。其中白圈,皆從其變位第幾字而推也。字聲之無窮於八十三聲之調[二二],是自然之理,更推不去。又約以求其本,則不出於多、禾、開、回四聲七調之外矣[二三]。

【校記】
[五聲] 原作"六聲",據《皇極經世書》聲音表"回兄君龜烏"五字

141

改。　　〔固有〕原無"有"字,據下句改。　　〔多字等聲〕原作"多聲等字",據下句改。　　〔月月〕原作"日月",而日月是原屬禾字聲,不是禾字等聲之變,故據《皇極經世書解》改。　　〔皆禾字等聲之變也〕此下疑有闕文。據前後文補充當如此:"月星、星星、辰星之聲,皆開字等聲之變也。"開字等聲指日星聲所屬開、丁、臣、牛、○、魚、男等聲。

【注釋】

〔一六〕開、丁以下六聲:指開、丁、臣、牛、魚、男六聲。
〔一七〕回、兄以下五聲:指回、兄、君、龜、烏五聲。
〔一八〕星為四句:邵雍《皇極經世書·觀物外篇》:"陽中有陰,陰中有陽,天之道也。陽中之陽,日也,暑之道也。陽中之陰,月也,以其陽之類,故能見于晝。陰中之陽,星也,所以見於夜。陰中之陰,辰也,天壤也。"
〔一九〕多字等聲:指日日聲所屬多、良、千、刀、妻、宮、心等聲。
〔二〇〕禾字等聲:指日月聲所屬禾、光、元、毛、衰、龍、○等聲。
〔二一〕回字等聲:指日辰聲所屬回、兄、君、○、龜、烏、○等聲。
〔二二〕八十三聲之調:指自日日聲,到辰辰聲,各聲之所屬總字數。
〔二三〕四聲七調:指平聲四聲所屬之七調二十八聲。

　　至於水、火、土、石之音,則與日、月、星、辰之聲,其變同一規也。其開、發、收、閉之四調,切以清濁,猶平、上、去、入之四變,分以闢翕也。惟在聲則陽為闢而陰為翕,在音則柔為清而剛為濁。其故何也?以水則明而火則暗〔二四〕,土則疏而石則確爾。水者火之質,而火生於水〔二五〕,故火之音從水之音;土者石之質,而石生於土,故石之音從土之音也。是則清濁有異,而音則相從而近也。發、收、閉三音之調,皆開音四調之之變也〔二六〕。黑圈之方〔二七〕,即所去陽體數四十,是爲無音者也;其白圈之方[二八],皆前音之推不得而有音無字者也。

【校記】
[而火生於水]"而"字原無,據初刊本補。

【注釋】
〔二四〕以水句:坎卦則陽在中而内明,離卦則陰在中而内暗,故言如此。邵雍《皇極經世書·觀物外篇》:"火内暗而外明,故離陽在外,火之用,用外也;水外暗而内明,故坎陽在内,水之用,用内也。"

〔二五〕水者二句:言坎卦、離卦,是乾卦、坤卦中間的陰爻和陽爻,互相換位而變成的。《皇極經世書·觀物外篇》:"水者火之地,火者水之氣。"

〔二六〕開音四調:指水水音、水火音、水土音、水石音。

〔二七〕黑圈之方:邵氏《皇極經世圖》上,以■標記無其音亦無其字,所去太陽、少陽、太剛、少剛體數之四十也。

〔二八〕白圈之方:邵氏《皇極經世圖》上,以□標記有其音而無其字。

火、土之音,多於他音,何也[二九]?四行之中[三〇],土居其多,其生成之數亦多火。潛而不常現,其用則至大也。辰之入聲,石之閉音,獨少於他,何也[三一]?天有四辰,日、月、星則顯而辰不顯。且辰屬夜,自戌至寅爲夜。夏至,萬物用事之夜極短,則戌與寅猶在用數,而亥、子、丑全不用也。地有四行,水、火、土居多,石次焉。石之爲物,全於質而氣不饒,故不能生物化物。然則辰、石之字,不亦少乎?

【注釋】

〔二九〕火、土三句：火音即發音，火水音、火土音、火火音、火石音屬焉。土音即收音，土水音、土土音、土火音、土石音屬焉。火音、土音所屬之字數，各四十一。

〔三〇〕四行：指水、火、土、石。

〔三一〕辰之四句：辰聲皆入聲，總十二字。石聲皆閉音，總十九字。

　　聲之數止七，音之數止九，何也？天之用數，常盈於六而極於七，故天星之明可見者北斗，而數止七，晝夜之數，過七則變矣〔三二〕；地之用數，常止於九，故開物於月之寅〔三三〕，閉物於月之戌〔三四〕，亥、子、丑三月〔三五〕，不為用數，究於九而變化極矣〔三六〕。是則聲不得不七箇調列，音不得不九樣調切。聲衍以至於八十三字，音衍以至於百有三十二字。總聲音字母之數，二百有一十五。括盡變化之要，雖二萬八千九百八十一萬六千五百七十六字之變〔三七〕，皆不能出此區域，以其撮其本而紀其會爾。

【校記】

［是則句］句下原有"音不得不九樣調列"，據初刊本、三刊本刪。

【注釋】

〔三二〕天之六句：邵雍《皇極經世書·觀物外篇》："天渾渾於上而不可測也，故觀斗數以占天也。斗之所建，天之所行也。魁建子，杓建寅，星以寅為晝也。斗有七星，是以晝不過乎七分也。"

〔三三〕月之寅：指一月。

〔三四〕月之戌：指九月。

〔三五〕亥、子、丑三月：各指十、十一、十二月。
〔三六〕究於九：指從寅月到戌月。
〔三七〕雖二萬句：指動物和植物之通數。

有如諺書之十六字母，約而盡矣〔三八〕。天地之數，窮於十六，日、月、星、辰之聲，水、火、土、石之音，相乘而皆至於十六矣。聲主清濁而音主闢翕，乃反以闢翕隨聲，而清濁隨音，何也？其平、上、去、入，即聲之清濁；而開、發、收、閉，即音之闢翕。故清濁隨音，而闢翕隨聲，互相備而以見聲字之不能無音，音字之不能無聲也。故平、上、去、入每聲之中，開、發、收、閉字具焉；開、發、收、閉每音之中，平、上、去、入之字具焉。日日聲，必以多、良以下七字當之；水水音，必以古、黑以下九字當之，何也？是則於《字林》中求其平闢之聲〔三九〕，如多、良等字，聲異而平闢同則引以當之，不必多、良獨可為平闢之聲。推多、良之聲類，則凡可為平闢者，皆為日日聲，此特括其字母爾。古、黑等字亦然，音主調切〔四〇〕，故不拘於平、上、去、入，而惟開清同調則當水水之音，不必古、黑獨為開清也〔四一〕。音之調，不出於喉、腭、舌、齒、唇，而喉、腭、舌、齒、唇之交則變化不窮。開、發、收、閉，括盡喉、腭、舌、齒、唇之變。聲不出平、上、去、入，音不出開、發、收、閉，何哉？豈溫涼寒燠，氣節於四時；雪月風花，景分於四致歟？聲音妙處在數，原其本而致其體，退其體而達其用。至於窮萬物之數，非天下之至變，其孰能與於此哉？

【校記】

[日日聲]原作"日月聲",據初刊本改。　　[必以古黑以下九字當之]此十字原闕,據初刊本補。　　[括盡]原作"拈盡",據初刊本、三刊本改。又,此句初刊本"變"下有"矣"字。

【注釋】

〔三八〕有如二句：諺書指朝鮮世宗創製的文字《訓民正音》。《訓民正音》創製原理,基於陰陽五行之理和聲音理論。此處所言十六字母即正音初聲十七字[牙音ㄱ、ㅋ、ㆁ,舌音ㄷ、ㅌ、ㄴ,脣音ㅂ、ㅍ、ㅁ,齒音ㅅ、ㅈ、ㅊ,喉音ㆆ、ㅎ、ㅇ,半舌音ㄹ,半齒音ㅿ]中,除了無音價之字母[ㅇ]之數也。此處雖稱"十六字母"而實指正音二十八字也。牙、舌、脣、齒、喉,各屬於五行之木、火、土、金、水,五聲之角、徵、宮、商、羽。《訓民正音》由初聲、中聲、終聲三分體制構成。初聲之形態,對于發音器官,象形或者加劃。中聲凡十一字,中聲之形態,象形天[・]、地[ㅡ]、人[ㅣ]三才,或者"・"與"ㅡ、ㅣ"合而成也[ㅏ、ㅑ、ㅓ、ㅕ、ㅗ、ㅛ、ㅜ、ㅠ]。終聲即復用初聲之字母。初聲之中自有陰陽五行方位之數,中聲之中亦自有陰陽五行方位之數。《訓民正音解例・制字解》："天地之道,一陰陽五行而已。坤復之間為太極而動靜之後為陰陽。凡有生類在天地之間者,捨陰陽而何之？故人之聲音,皆有陰陽之理,顧人不察耳。今正音之作,初非智營而力索,但因其聲音而極其理而已。理既不二則何得不與天地鬼神同其用也？""中聲凡十一字,'・'舌縮而聲深。天開於子也。形之圓,象乎天也;'ㅡ'舌小縮而聲不深不淺。地闢於丑也。形之平,象乎地也;'ㅣ'舌不縮而聲淺。人生於寅也。形之立,象乎人也。""'ㅗ'初生於天,天一生水之位也;'ㅏ'次之,天三生木之位也;'ㅜ'初生於地,地二生火之位也;'ㅓ'次之,地四生金之位也。'ㅛ'再生於天,天七成火之數也;'ㅑ'次之,天九成金之數也;'ㅠ'再生於地,地六成水之數也;'ㅕ'次之,地八成木之數也。水火未離乎氣,陰陽交合之初,故闔;木金陰陽之定質,故闢。'·'天五生土之位也,'一'地十成土之數也。'丨'獨無位數者,蓋以人則無極之真,二五之精,妙合而凝,固未可以定位成數論也。是則中聲之中,亦自有陰陽五行方位之數也。以初聲對中聲而言之,陰陽,天道也;剛柔,地道也。中聲者,一深一淺,一闔一闢,是則陰陽分而五行之氣具焉,天之用也;初聲者,或虛或實,或颺或滯,或重若輕,是則剛柔著而五行之質成焉,地之功也。""終聲之復用初聲者,以其動而陽者乾也,静而陰者亦乾也。乾實分陰陽而無不君宰也。一元之氣,周流不窮;四時之運,循環無端,故貞而復元,冬而復春。初聲之復為終,終聲之復為初,亦此義也。吁!正音作而天地萬物之理咸備,其神矣哉!是殆天啓聖心而假手焉者乎!"

〔三九〕《字林》:古代字書。晋吕忱著,收字 12 824 个,按《説文解字》540 部首排列,已佚。

〔四〇〕音主調切:音主以調相同為切。

〔四一〕古、黑:水水音開頭之兩字。

跋前《聲音解》未盡處

圓圈而白者[一]，象陽之虛明；方圈而白者，象陰之虛明。虛明之地，聲音必通。今謂之有聲音而不成字者，轉闢為翕，變清為濁，則有半聲半音之不成字者，理之必然，無足疑矣。圓圈而黑者[二]，象陽之窒塞；方圈而黑者，象音之窒塞。窒塞之地，聲音必不通，則非獨無字而聲音亦無也。字雖不成，而半聲音者，宜著其變；其無聲無字者，宜去之，亦著於圖者，示數之體用，迭為進退爾。但吾邦之音多訛，故難於上去、開發之辨。然比之華語，不失本字之調而差訛爾。如宫音，白舌居中，吾亦讀來便如此。故知差訛而不失本字之調。且訛成一規，從訛而要通，亦有此理。看聲音圖，理透則便見破了，初不係邦言之差訛爾。

【校記】
[象音句]句下附原校曰：象音之"音"，疑"陰"。　　[吾邦]原作"吾方"，據初刊本改。

【注釋】
〔一〕圓圈而白者：邵雍《皇極經世圖》上，以○標記之處。
〔二〕圓圈而黑者：邵雍《皇極經世圖》上，以●標記之處。

雜　著

《皇極經世》數解〔一〕

三百六十乘三百六十，為十二萬九千六百年〔二〕。

【注釋】

〔一〕皇極經世數解：邵雍立大小運之演算法，以易數推出歷數。此解是花潭衍邵雍《皇極經世書·觀物外篇》所載元、會、運、世之數理哲學的。為了理解皇極經世數，引用中華書局出版《邵雍集·觀物外篇上之上》第64—65頁所載內容如下：元、會、運、世為大運，年、月、日、時為小運。時當世，以12當一秒之數，1時＝30分＝360秒，則360為1時之數（1世＝30年＝360月）；日當運，以360當1分之數，1日＝12時＝360分＝129 600，則129 600為1日之數（1運＝12世＝360年＝4 320月＝129 600日）；月當會，以129 600當1秒之數，1月＝30日＝360時＝10 800分＝129 600秒＝1 679 616 000，則1 679 616 000為1月之數（1會＝30運＝360世＝10 800年＝129 600月＝3 888 000日＝46 656 000時＝1 399 680 000分＝1 679 616 000秒）；年當元，以1 679 616 000當1分之數，1年＝12月＝360日＝4 320時＝129 600分＝1 555 200秒＝46 656 000（？）＝559 872 000（？）＝16 796 160 000（？）＝282 110 990 745 600 000 000，則282 110 990 745 600 000 000為一元之數（1元＝12會＝360運＝4 320世＝129 600年＝1 555 200月＝46 656 000日＝559 872 000時＝1 679 616 000分＝28 110 990 745 600 000 000秒）。大小運之數，反復乘以12與30之數，可至無窮大與無窮小。實際上用數不過1元，12會，360運，4 320世，

129 600 年,1 555 200 月,46 656 000 日,559 872 000 時,16 796 160 000 分,201 553 920 000 秒。以年當元,1 年 = 12 月 = 360 日 = 4 320 時 = 129 600 分 = 1 555 200 秒。以月當會,1 月 = 30 日 = 360 時 = 10 800 分 = 129 600 秒。以日當運,1 日 = 12 時 = 360 分 = 4 320 秒。以時當世,1 時 = 30 分 = 360 秒。如此計數,1 年實有365.25 日,每月亦不全是30 日,所以就要以大小運數去計算如何置閏。元、會、運、世與年、月、日、時可相互組合。所得"元之元"與"年之年"等還可相互組合,得"元之元之元之元"與"年之年之年之年"等。如果1 元之數為129 600 年,則元之元數就是:129 600 × 129 600 = 16 796 160 000,元之元之元之元數就是: 16 796 160 000 × 16 796 160 000 = 282 110 990 745 600 000 000。

〔二〕三百二句:一元之數。360 × 360 = 129 600。邵雍《皇極經世書·觀物外篇》:"三百六十變為十二萬九千六百。"王植《皇極經世書解·黃畿注》:"十二萬九千六百者,乃三百六十之三百六十也。"

十二萬九千六百年乘十二萬九千六百,則為一百六十七億九千六百一十六萬年〔三〕。

【注釋】

〔三〕十二二句:元之元數。129 600 × 129 600 = 16 796 160 000。邵雍《皇極經世書·觀物外篇》:"十二萬九千六百變為一百六十七億九千六百一十六萬。"王植《皇極經世書解》黃畿注:"一百六十七億九千六百一十六萬者,乃十二萬九千六百之自乘也。"王植《皇極經世書解》補注:"此言一元大小運之數也。蓋三百六十乘三百六十為十二萬九千六百,此小運之數也。一百六十七億以下二萬八千二百一十一兆以下,此大運之數也。"

一百六十七億九千六百一十六萬年自乘,則為二萬八千二百一十一兆九百九十萬七千四百五十六億[四]。

【注釋】

〔四〕一百二句:元之元之元之元數。16 796 160 000 × 16 796 160 000 =282 110 990 745 600 000 000。邵雍《皇極經世書·觀物外篇》:"一百六十七億九千六百一十六萬變為二萬八千二百一十一兆九百九十萬七千四百五十六億。"王植《皇極經世書解》黄畿注:"二萬八千二百一十一兆九百九十萬七千四百五十六億者,乃一百六十七億以下之自乘也。"

二萬八千二百一十一兆九百九十萬七千四百五十六億,分之十二限,每限一十三億九千九百六十八萬之一百六十七億九千六百一十六萬年。以一百六十七億九千六百一十六萬為一而數之,每限為一十三億九千九百六十八萬也[五]。

【注釋】

〔五〕二萬五句:一限之數。282 110 990 745 600 000 000/12 = 23 509 249 228 800 000 000 = 1 399 680 000 × 16 796 160 000。16 796 160 000 = 1 399 680 000 × 12。邵雍《皇極經世書·觀物外篇》:"十六變之數,去其交數,取其用數,得二萬八千二百一十一兆九百九十萬七千四百五十六億,分為十二限,前六限為長,後六限為消,每限得十三億九千九百六十八萬之一百六十七億九千六百一十六萬。"

一百六十七億九千六百一十六萬,分而十之,每一分十六億七千九百六十一萬六千年。

每年進六日,則十二萬九千六百年為十二萬九千六百者六。故曰：十二萬九千六百年進六日，以十二萬九千六百為一日計之，乃六日也[六]。

【注釋】

〔六〕每年數句：謂周天之數 360（30 日 × 12 月）以外有更進之數。6 日/1 年 = 777 600 日/129 600 年。129 600∶1 = 7776 00∶6。

一百六十七億九千六百一十六萬，每年進六日，則為一百六十七億九千六百一十六萬者六也。分而十之，則每一分為十六億七千九百六十一萬六千日者六。合十則六十日也[七]。

【注釋】

〔七〕一百六十七億一段：邵雍《皇極經世書·觀物外篇》："一百六十七億九千六百一十六萬分而為三十，以當一月三十日之數，隨大運之消長而進退六十日矣。"

凡十二限，每限一十三億九千九百六十八萬之一百六十七億九千六百一十六萬年，進六日，得日如其限數者凡六[八]。

【注釋】

〔八〕凡十二限一段：十二限（1 399 680 000 × 12）= 16 796 160 000 年。16 796 160 000 年 × 6 日 = 100 776 960 000 日。

限數分而十之，一億三千九百九十六萬八千年。得日如其數者六。合十而計之，六十日也[九]。

【注釋】

〔九〕限數分而十之一段：1 399 680 000/10 = 139 968 000 年。日數：（139 968 000 年 × 360 日）+（139 968 000 年 × 6 日）。

期數，三百六十六日；歲數，大率三百六十日；曆數，三百五十四日有奇〔一〇〕。

【注釋】

〔一〇〕期數以下數句：期數，一年的天數。歲數，周天之數。周天謂繞天球大圓一周。天文學上以天球大圓三百六十度為周天。曆數，觀測天象以推算年時節候之數。從陰曆一年之數。奇，零數，餘數。《易·繫辭上》："歸奇於扐以象閏。"《正義》："歸殘聚餘分而成閏也。"

子月至巳月，陰陽餘空各六；午月至亥月，陰陽餘空各六〔一一〕。

【注釋】

〔一一〕子月至巳月數句：從子月至巳月即從十一月至四月，午月至亥月即從五月至十月。陰陽指晝夜。

三百六十日，并餘空二十四〔一二〕，配三百八十四爻。體數三百八十四，去乾坤離坎卦二十四爻則三百六十也〔一三〕。三百六十，用數也。三百六十，十之而去其三者，交數也；取其七者，用數也〔一四〕。二百五十二日，用數也。半之得一百二十六日，以進六分也。日有晝夜，以成十有二分也。每十日，進一分，凡四月，進十有二分也。餘六日，以進六鰲，合交數之六日,共進十有二釐也。分則三分日之一也。三其四月則為歲三百六十日,三其十二分則為三十六分也。以三分為日,得日十有二也。三其十二釐則為三十六釐。以十釐為分,得分有三而釐餘六也。

【校記】

［二百五十二日］原作"三百五十二日",據初刊本改。　［用數也］初刊本此下有"之用"二字。

【注釋】

〔一二〕二十四：從子月至亥月,合算陰之餘十二和陽之餘十二之數。

〔一三〕體數三百八十四二句：據《卦氣圖》,乾坤坎離則以四正卦,象二至二分(夏至、冬至、春分、秋分)。故四卦以外,餘六十卦當一年之期,一爻當一日。案此句出自《皇極經世書·觀物外篇》："體數之策三百八十四,去乾、坤、坎、離之策為用數三百六十也。""體有三百八十四而用止于三百六十,何也？以乾、坤、坎、離之不用也。乾、坤、坎、離之不用,何也？乾、坤、坎、離之不用,所以成三百六十之用也。故萬物變易而四者不變也。""四正者,乾、坤、坎、離也。觀其象無反復之變,所以為正也。"

〔一四〕三百六十之而去其三者：$360/10 = 36$。交數：$36/3 = 12$。用數：$36 \times 7 = 252$。此文"去、取"之意疑與"除、乘"同。

大率一歲,三百六十日,進退六日,凡十有二日也。加餘數、交數,合三十六日,進退十八釐,凡三十六釐,以成一日六釐也。閏餘凡十有二日,推餘交數之閏,則凡一日六釐也。

用數之用,二百五十二日。加交數之十二日,為二百六十四日,實用之數也。積十五年,用數之日,足充十年之日數也[一五]。

【注釋】

[一五] 用數之用數句：252(用數之用)×15(年)=3 780。3 780＞10 年之日數。

十年進退六十日,為閏餘也[一六]。積十年餘交數之三十六日,則為三百六十日[一七]。積十年之一日六釐,則凡十日六十釐[一八]。以十釐為分,凡六也。三分為日,得二日,凡十二日[一九],恰充一年之閏數也。

【注釋】

[一六] 十年進退六十日二句：6(1 年之閏日)×10(年)=60 日/10 年。

[一七] 積十年餘交數之三十六日二句：36(1 年之陰陽餘空 24 + 1 年之交數 12)×10(年)=360(日)。

[一八] 積十年之一日六釐二句：1 日 6 釐/1 年=10 日 60 釐/10 年。

[一九] 以十釐為分數句：釐即分之十分之一。60 釐=6 分。以 3 分為 1 日,則 6 分為 2 日。10 日+2 日=12 日(1 年之閏數)。

十二萬九千六百年,推餘交數之日,為歲三百六十日,則得年一萬二千九百六十。以進六日一萬二千九百六十年,得日七萬七千七百六十日,退六日亦如之[二〇]。十二萬九千六百為日,則得一日餘二萬五千九百二十,當十分日之二。凡十二萬九千六百年餘交數之閏,進退十二分也。一日二分也。

【註釋】

〔二〇〕十二萬九千六百年數句：36（1 年之陰陽餘空 24 + 1 年之交數 12）× 360 = 12 960。6 × 12 960 = 77 760。

　　十二萬九千六百，去其三者，交數也；取其七者，用數也。十二萬九千六百，分而為十，則每分一萬二千九百六十，七之得九萬七百二十年，半之得四萬五千三百六十年〔二一〕。以進六日，以四萬五千三百六十為日而得六也。日有晝夜，故進退皆六日，共十二日也。每三千六百年進一日，以四萬三千二百為日而得一，凡四萬三千二百年，進十有二日也。餘二千一百六十年，以進餘分之六，合交數之二千一百六十年，共進十有二分也〔二二〕。九萬七百二十年。乃用數之用二百五十二日之積而得者也。二百五十二日用數而每日衍三百六十之數也。以二百五十二，乘三百六十，則得九萬七百二十之數也〔二三〕。餘二千一百六十年，以進餘分之六者，即餘六日，以進六釐之積而得者也。餘六日，每日衍三百六十之數，則為二千一百六十年也〔二四〕。交數二千一百六十年，亦進六分者，即交數六日，以進六釐之積而得者也。交六日，每日衍三百六十，則亦為二千一百六十年也。六釐之積，亦二千一百六十釐也，三百六十釐為一分則為六分也。三十釐為日，則二千一百六十釐，得日七十二。每日衍三百六十日，則為二萬五千九百二十日也〔二五〕。

【校記】

［進退皆六日］"六"字原本無，據初刊本補。

【注釋】

〔二一〕十二萬九千六百去其三數句：129 600 × （3/10）=38 880（交數）。129 600 × （7/10）= 90 720（用數）。(129 600/10)×7 =90 720。90 720÷2 = 45 360 年。《皇極經世書·觀物外篇》："十二萬九千六百，去其三者，交數也，取其七者，用數也。用數三而成于六，加餘分故有七也。七之得九萬七百二十年，半之得四萬五千三百六十年，以進六日也。"

〔二二〕日有晝夜數句：3 600 年：1 日 = 43 200 年：12 日。45 360 – 43 200 = 2 160 年。餘（6/2 160 年）+ 交數（6/2 160 年）= 12 分/2 160 年。《皇極經世書·觀物外篇》："日有晝夜，數有朒朓，以成十有二日也。每三千六百年進一日，凡四萬三千二百年進十有二日也。餘二千一百六十年進餘分之六，合交數之二千一百六十年，共進十有二分以為閏也。故小運之變，凡六十而成三百六十六日也。"

〔二三〕九萬七百二十年數句：90 720 =252（用數之用）×360。

〔二四〕餘二千一百六十年數句：6（餘6 日）×360 = 2 160。

〔二五〕三十釐數句：30 釐：1 日 = 2 160 釐：72 日。72 ×360 = 25 920。

二千一百六十年，以進餘分之六，六分即二萬五千九百二十日也。

三其四萬三千二百，則為十二萬九千六百年，三其餘交之十二分則為三十六分〔二六〕。

【注釋】

〔二六〕三其數句：43 200 ×3 =129 600 年，12 分 ×3 =36 分。

四萬三千二百年進十二日〔二七〕，三其十二日，為三十六日。以三日為日，共十二日也。三十六分，以三分為分,共十二分也。十二萬九千六百年,進六日退六日為閏,餘分,進六分退六分〔二八〕。故小運之變,以十二三十乘之,至於六十,則進三百六十六日也。其退亦如之。

【注釋】

〔二七〕四萬句:《皇極經世書·觀物外篇》:"每三千六百年進一日,凡四萬三千二百年進十有二日也。"

〔二八〕十二萬九千六百年數句:《皇極經世書·觀物外篇》:"十二萬九千六百,分而為十二,以當一日十二時之數,而進退六日矣。"

用數九萬七百二十年積至於二萬八千二百一十一兆九百九十萬七千四百五十六億,自小運六十,變而得之也〔二九〕。

【注釋】

〔二九〕用數數句:《皇極經世書·觀物外篇》:"十六變之數,去其交數,取其用數,得二萬八千二百一十一兆九百九十萬七千四百五十六億。"

三百六十乘三百六十則為十二萬九千六百年。十二萬九千六百乘十二萬九千六百年則為一百六十七億九千六百一十六萬年。

一百六十七億九千六百一十六萬,乘一百六十七億九千六百一十六萬,則為二萬八千二百一十一兆九百九十萬七千四百五十六億年。

二萬八千二百一十一兆九百九十萬七千四百五十六億,分而為十二限,每限一十三億九千九百六十八萬之一百六十七億九千六百一十六萬年。以一百六十七億九千六百一十六萬為一而數之，每限一十三億九千九百六十八萬也。

一百六十七億九千六百一十六萬，分而為十，則每分十六億七千九百六十一萬六千年。

十二萬九千六百年進六日，以十二萬九千六百為日而數之，得六也。

一百六十七億九千六百一十六萬年，每年進六日，以一百六十七億九千六百一十六萬為日而數之，得六也。分而十之則每分一十六億七千九百六十一萬六千年，進六日。以一十六億七千九百六十一萬六千為日而數之，得六日也。合十分之日則為六十日也。

二萬八千二百一十一兆九百九十萬七千四百五十六億，分而為十二限。

每限一十三億九千九百六十八萬之一百六十七億九千六百一十六萬年，進六日，如其數者，得六也。又分而十之則每分一億三千九百九十六萬八千之一百六十七億九千六百一十六萬。進六日，合十分之日，為六十日也。凡六限進三百六十日，加餘交數之六分，積而數之則進三百六十六日矣。以一十三億九千九百六十八萬之一百六十七億九千六百一十六萬為日而得六分也。分而十之則為六十分，得六日也。六限，三十六日也。自第二十二段"三百六十乘三百六十"以下至此再出，算法時有不同處。

十二萬九千六百年，進六日，以十二萬九千六百日為日，故退十故也。如左數。

一百六十七億九千六百一十六萬，進六十日，以一萬二千六十日為日。一元之日數亦如此，以四千六百六十五萬六千分為日。

　　以三百六十乘十二萬九千六百，而得之三百六十日，則得一百六十七億九千六百一十六萬也[三〇]。以三百六十為一日，得四千之日。

【注釋】

〔三〇〕以三百六十乘十二萬九千六百三句：$360 \times 129\,600 = 46\,656\,000 \times 360 = 16\,796\,160\,000$。

雜　著

六十四卦方圓之圖解〔一〕

内卦三十二之初陰儀〔二〕。

【注釋】

〔一〕六十四卦方圓之圖解：此是解説伏羲六十四卦方位圖的。此圖原無文字語言，卦名亦後人添之。這一圖内方外圓，均含六十四卦卦形，將六十四卦，布作圓圖以象天；又將六十四卦，布作方圖以象地。六十四卦三百八十四爻，其中陽爻一百九十二，陰爻一百九十二。從復至乾三十二卦一百九十二爻中，陽爻之數一百一十二，陰爻之數八十；從姤至坤三十二卦中，陰爻之數一百一十二，陽爻之數八十。邵雍《皇極經世書·觀物外篇》："圖雖無文，吾終日言未嘗離乎是，蓋天地萬物之理盡在其中矣。"王植《皇極經世書解·卷首上》："西山蔡氏曰：'六十四卦圓布者，乾盡午中，坤盡子中，離盡卯中，坎盡酉中。陽生于子中，極于午中；陰生于午中，極于子中。其陽在南，其陰在北。方布者，乾始于西北，坤盡于東南。其陽在北，其陰在南。此二者，陰陽對待之數，圓于外者爲陽，方于中者爲陰；圓者動而爲天，方者静而爲地也。"圖見下頁。

〔二〕内卦三十二之初陰儀：《易》卦的下三爻稱"内卦"，上三爻稱"外卦"。指内卦初爻是陰爻的姤、大過、鼎、恒、巽、井、蠱、升、訟、困、未濟、解、涣、坎、蒙、師、遯、咸、旅、小過、漸、蹇、艮、謙、否、萃、晉、豫、觀、比、剥、坤等三十二卦。

内卦二爻，自姤至師爲少陽，自遯至坤爲太陰〔三〕。

161

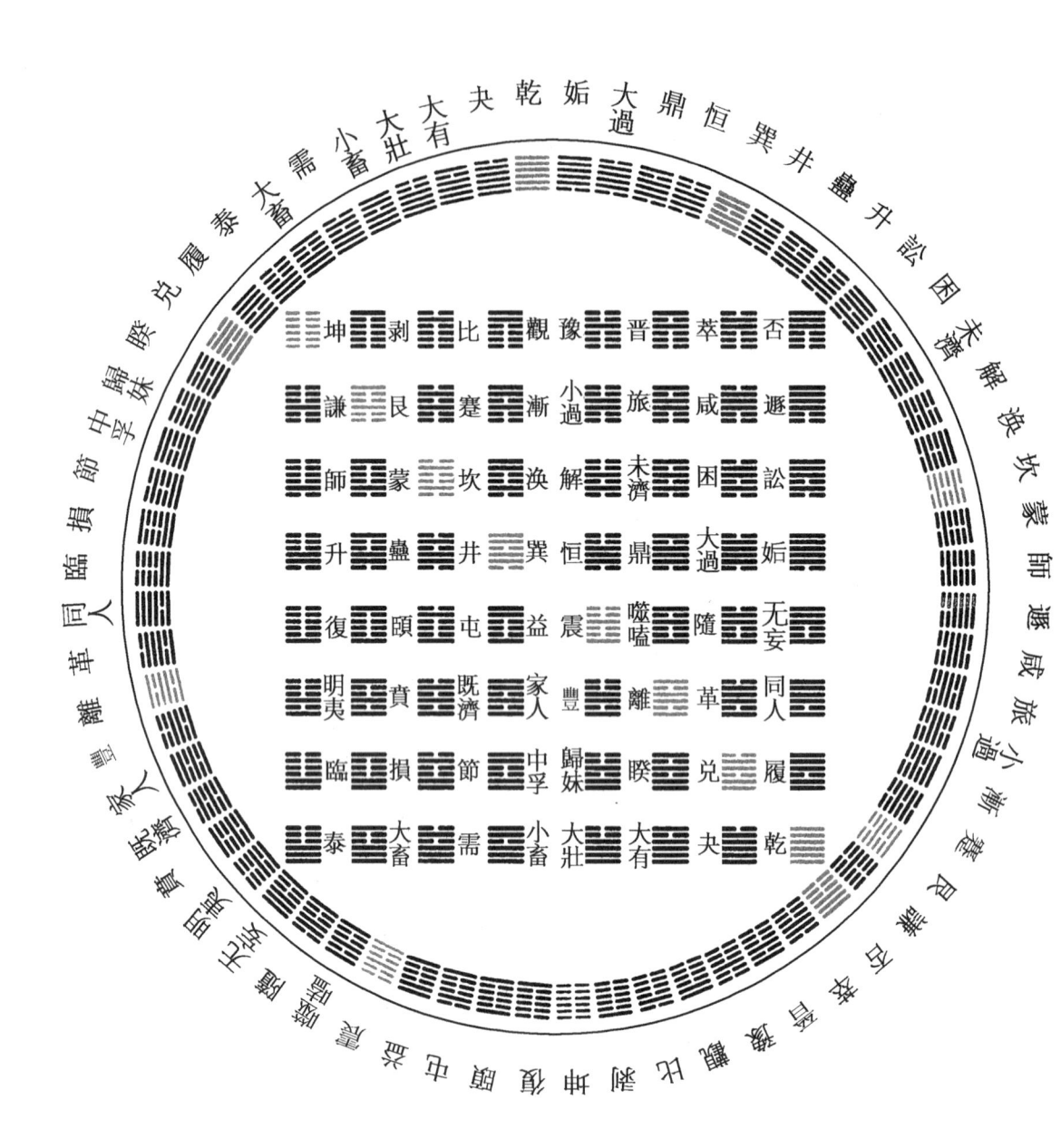

伏羲先天六十四卦方圓圖

【注釋】

〔三〕試將少陽、太陰作表如下：

表　一

少陽	姤、大過、鼎、恒、巽、井、蠱、升、訟、困、未濟、解、渙、坎、蒙、師
太陰	遯、咸、旅、小過、漸、蹇、艮、謙、否、萃、晉、豫、觀、比、剝、坤

內卦三十二之初陽儀〔四〕。

【注釋】

〔四〕內卦三十二之初陽儀：指內卦初爻是陽爻的復、頤、屯、益、震、噬嗑、隨、无妄、明夷、賁、既濟、家人、豐、離、革、同人、臨、損、節、中孚、歸妹、睽、兌、履、泰、大畜、需、小畜、大壯、大有、夬、乾等三十二卦。

內卦二爻，自復至同人為少陰，自臨至乾為太陽〔五〕。

【注釋】

〔五〕試將少陰、太陽作表如下：

表　二

少陰	復、頤、屯、益、震、噬嗑、隨、无妄、明夷、賁、既濟、家人、豐、離、革、同人
太陽	臨、損、節、中孚、歸妹、睽、兌、履、泰、大畜、需、小畜、大壯、大有、夬、乾

天自既濟以上至乾〔六〕，地自蹇以上至姤〔七〕，一百五十二陽〔八〕，一百十二陰〔九〕，為用數之用也。凡四十六卦〔一○〕，生物之卦；餘卦〔一一〕，不能生物。去乾坤離坎而言之，則天自賁以上〔一二〕，地自艮以上〔一三〕，為用數之用二百五十二。天自明夷以下〔一四〕，地自謙以下

十一〔一五〕,乃交數不用之數,不能生物。

【注釋】

〔六〕天自既濟句:指既濟、家人、豐、離、革、同人、臨、損、節、中孚、歸妹、睽、兌、履、泰、大畜、需、小畜、大壯、大有、夬、乾二十二卦。

〔七〕地自蹇句:指蹇、漸、小過、旅、咸、遯、師、蒙、坎、渙、解、未濟、困、訟、升、蠱、井、巽、恒、鼎、大過、姤二十二卦。

〔八〕一百五十二陽:指陰柔之用數。言自既濟以上至乾,自蹇以上至姤,四十四卦二百六十四爻中陽爻之數是一百五十二。

〔九〕一百十二陰:指陽剛之用數。言自既濟以上至乾,自蹇以上至姤,四十四卦二百六十四爻中陰爻之數是一百一十二。

〔一〇〕凡四十六卦:自既濟以上至乾,自蹇以上至姤,四十四卦之上,加賁卦和艮卦之數。

〔一一〕餘卦:言自明夷至復九卦(明夷、无妄、隨、噬嗑、震、益、屯、頤、復)和自謙至坤九卦(謙、否、萃、晉、豫、觀、比、剝、坤)。

〔一二〕天自賁以上:指賁、既濟、家人、豐、離、革、同人、臨、損、節、中孚、歸妹、睽、兌、履、泰、大畜、需、小畜、大壯、大有、夬、乾二十三卦。

〔一三〕地自艮以上:指艮、蹇、漸、小過、旅、咸、遯、師、蒙、坎、渙、解、未濟、困、訟、升、蠱、井、巽、恒、鼎、大過、姤二十三卦。

〔一四〕天自明夷以下:明夷、无妄、隨、噬嗑、震、益、屯、頤、復九卦。

〔一五〕地自謙以下:謙、否、萃、晉、豫、觀、比、剝、坤九卦。

天自既濟以上至乾,地自蹇以上至姤,一百五十二陽,一百十二陰,合二百六十四。加賁、艮之半四陽二陰則二百七十〔一六〕。三百八十四,分為十而七之,得二百七十〔一七〕。以十二月言之,去其交數亥、子、丑三月,而取其用數九月之數,則二百七十也〔一八〕。陰之二十陽,陽之二十陰。合爲四十〔一九〕。

【注釋】

〔一六〕加賁句:賁卦(☲☶)有三陽爻、三陰爻,艮卦(☶)有二陽爻、四陰爻。四陽二陰疑爲賁卦和艮卦之外卦四陰二陽之誤。

〔一七〕三百八十四句:三百八十四即六十四卦之爻數。(384/10)×7=268.8,説二百七十,舉成數而言之耳。

〔一八〕以十二月言之數句:九月指寅、卯、辰、巳、午、未、申、酉、戌月。

〔一九〕陰之二十陽數句:謂初爻爲陰的三十二陰卦中,在太陽(☰)、少陽(☱),加陽爻之小成卦(☴、☲、☶)之數二十:姤卦上下卦(☰)、大過卦下卦(☴)、鼎卦上下卦(☰)、恒卦下卦(☴)、巽卦上下卦(☴)、井卦下卦(☴)、蠱卦下卦(☴)、升卦下卦(☴)、訟卦上卦(☰)、未濟卦上卦(☲)、涣卦上卦(☴)、遯卦上卦(☰)、旅卦上卦(☲)、漸卦上卦(☴)、否卦上卦(☰)、晋卦上卦(☲)、觀卦上卦(☴);初爻爲陽的三十二陽卦中,在太陰(☷)、少陰(☳),加陰爻之小成卦(☳、☵、☶)之數二十:復卦上下卦(☷)、頤卦下卦(☳)、屯卦上下卦(☵)、益卦下卦(☳)、震卦上下卦(☳)、噬嗑卦下卦(☳)、隨卦下卦(☳)、无妄卦下卦(☳)、明夷卦上卦(☷)、既濟卦上卦(☵)、豐卦上卦(☳)、臨卦上卦(☷)、節卦上卦(☵)、歸妹卦上卦(☳)、泰卦上卦(☷)、需卦上卦(☵)、大壯卦上卦(☳)。

六之一〔二〇〕。

【注釋】

〔二〇〕六之一:"一"疑當作"十"。(40×6)/10。

二十四也〔二一〕。

165

【注釋】

〔二一〕二十四：$(40 \times 6)/10 = 24$。

半十二也，合三十六^{〔二二〕}。

【注釋】

〔二二〕半十二句：$24/2 = 12, 24 + 12 = 36$。

乾兌離震^{〔二三〕}。

【注釋】

〔二三〕乾兌句：四象之上，各生一奇一偶而為三劃者，而有八卦之名矣。其位則乾一、兌二、離三、震四、巽五、坎六、艮七、坤八。

陽自噬嗑至既濟^{〔二四〕}，陰自井至未濟^{〔二五〕}，六陽六陰者十二^{〔二六〕}。自睽至需^{〔二七〕}，自蹇至晉^{〔二八〕}，八陽四陰^{〔二九〕}，八陰四陽者各六^{〔三〇〕}。

【注釋】

〔二四〕陽自句：初爻是陽的六卦，即噬嗑、隨、无妄、明夷、賁、既濟。

〔二五〕陰自句：初爻是陰的六卦，即井、蠱、升、訟、困、未濟。

〔二六〕六陽句：總十二卦七十二爻中之陽爻和陰爻之數，各三十六，故稱如此。

〔二七〕自睽句：指睽、兌、履、泰、大畜、需六卦。

〔二八〕自蹇句：指蹇、艮、謙、否、萃、晉六卦。

〔二九〕八陽句：自睽至需，有陽爻二十四，陰爻十二，睽、兌內有八陽四陰，履、泰內有八陽四陰，大畜、需內有八陽四陰。

〔三〇〕八陰句：自蹇至晉，有陰爻二十四，陽爻十二。蹇、艮內有八陰四陽,謙、否内有八陰四陽,萃、晉内有八陰四陽。八陽四陰之單位數和八陰四陽之單位數之合是六。這裏言各六者,似有錯誤。

大有、夬二卦,十陽二陰。比、剥二卦,十陰二陽。各二對〔三一〕。

【校記】
[各二對]下附原校曰:二對之"二",《性理大全》作"三"。當作"二"。

【注釋】
〔三一〕各二對:言大有和比,夬和剥之間,陽爻和陰爻之排列相對。

乾兑離震,陽長之數〔三二〕;坤艮坎巽,陽消之數〔三三〕。乾三十六以下,各卦中之數〔三四〕。

【注釋】
〔三二〕乾兑二句:乾、兑、離、震,各有陽爻六、四、四、二。陽長之序即震、離、兑、乾。
〔三三〕坤艮二句:坤、艮、坎、巽,各有陰爻六、四、四、二。陽消之序即巽、坎、艮、坤。
〔三四〕乾三十六句:乾三十六指下卦是乾的貞乾八卦(從乾卦到泰卦)之三十六陽爻。此外下卦是兑的貞兑八卦(從履卦到臨卦)中陽爻之數二十八,下卦是離的貞離八卦(從同人卦到明夷卦)中陽爻之數二十八,下卦是震的貞震八卦(從无妄卦到復卦)中陽爻之數二十,下卦是巽的貞巽八卦(從姤卦到升卦)中陽爻之數即二十八,下卦是坎卦的貞坎八卦(從訟卦到師卦)中陽爻之數二十,下卦是艮的貞艮八卦(從遯卦到謙卦)中陽爻之數二十,下卦是坤的貞坤八卦（從否卦到坤卦）中陽爻之數十二。《皇極經世書·觀物外篇》："乾三十六，坤十二，離、兑、巽二十八，坎、艮、震二十。"

雜著

卦　變　解[一]

　　用蓍之法[二]，推大衍之數[三]，布其分、掛、揲、扐之序[四]，而究其奇、偶、老、少之變[五]，便得恰成六十四卦[六]。

【注釋】

〔一〕卦變解：此篇解説朱熹《易學啓蒙》中的卦變圖。卦變圖是整理因爻變而引起卦象之變化的圖表。第一圖，以乾爲本卦，如下。但《易學啓蒙》中卦變圖從右向左，而此處從上向下。自姤以下三十一圖，率皆如第一圖。參下頁圖表。

〔二〕蓍：草名。多年生草木植物，一本多莖，中國古代常用它的莖占卜。《易·繫辭上》："是故蓍之德，圓而神；卦之德，方以知。"

〔三〕推大衍之數：大，猶廣；衍，演繹，《釋文》引鄭玄曰："衍，演也。"數，蓍數，在占筮中以蓍草之策代表。《易·繫辭上》："大衍之數五十，其用四十有九。分而爲二以象兩，挂一以象三，揲之以四以象四時，歸奇于扐以象閏；五歲再閏，故再扐而後挂。天數五，地數五，五位相得而各有合。天數二十有五，地數三十，凡天地之數五十有五。此所以成變化而行鬼神也。"

〔四〕分、掛、揲、扐：《易》以五十根蓍策揲筮成卦的方法。揲蓍要將"分二、掛一、揲四、歸奇合扐"的程序，經過三變，才能定一爻；一卦六爻，十八變成卦。分，分開，劃分。《正義》："五十之内去其一，餘有四十九，合同未分，是象太一

		䷪ 夬 坤五爻變			
		䷍ 大有	䷛ 大過		䷡ 大壯 坤四爻變
		䷈ 小畜	䷱ 鼎	䷰ 革	䷹ 兌	䷄ 需
		䷉ 履	䷸ 巽	䷝ 離	䷥ 睽	䷙ 大畜
		䷌ 同人	䷅ 訟	䷤ 家人	䷼ 中孚	
坤六爻變	䷀ 乾 乾爲本卦非順變至坤後同				
	乾一爻變	䷫ 姤	䷠ 遯	䷘ 无妄		
			乾二爻變			

续表

						䷊泰 坤三爻變
	䷞咸		䷟恆		䷶豐	䷵歸妹
䷷旅	䷮困	䷯井	䷐隨	䷾既濟	䷻節	
䷴漸	䷿未濟	䷑蠱	䷔噬嗑	䷕賁	䷨損	
䷋否	䷺渙		䷩益			
乾三爻變						

续　表

					䷗ 復 坤一爻變	䷁ 坤 坤爲本卦逆
				䷒ 臨 坤二爻變	䷆ 師	
			䷭ 升	䷣ 明夷	䷎ 謙	
	䷬ 萃	䷽ 小過	䷧ 解	䷲ 震	䷏ 豫	
	䷢ 晉	䷦ 蹇	䷜ 坎	䷂ 屯	䷇ 比	
䷓ 觀	䷳ 艮	䷃ 蒙	䷚ 頤	䷖ 剝		
乾四爻變				乾五爻變		乾六爻變

也;今以四十九分而為二,以象兩儀也。"掛,劃分,界畫。從所分的兩部分中抽取一策挂于左手小指間。《集解》引孔穎達曰:"就陽儀之中,分挂其一于最小指之間,而配兩儀以象三才。"揲,用手成束地分數蓍策。《正義》:"分揲其蓍,皆以四四為數,以象四時。"《本義》:"揲,間而數之也。"扐,數蓍草卜吉凶,每次將數剩零餘的蓍草夾在手指間為扐。《本義》:"勒于左手中、三之指兩間也。"

〔五〕而究句:依四道揲筮程序,營求少陽、少陰、老陽、老陰。

〔六〕便得句:言一卦六爻之動可變為六十四卦。

　　及占所值一卦,則又不得不推其九六之變而辨其貞、悔,觀其本之然後占其一爻一象〔七〕。此六十四卦之變,所以各具六十四卦,總成四千九十六卦〔八〕。所謂引伸觸長之者也〔九〕。朱子推卦變,列為三十二圖,覆以觀之,則六十四具〔一〇〕。

【注釋】

〔七〕及占所值一卦數句:九六之變,"九"代表陽,"六"代表陰。《易·乾》"初九",《正義》:"七為少陽,八為少陰,質而不變,為爻之本體;九為老陽,六為老陰,文而從變,故為爻之別名。"貞,卜問,占卜。《周禮·春官·天府》:"季冬,陳玉以貞來歲之美惡。"悔,過失,災禍。《易·蠱》:"九三,幹父之蠱,小有悔,無大咎。"占其一爻一象,指說明《易》六十四卦各爻象的文辭和斷卦之辭。《易·乾》:"《象》曰:'大哉乾元!萬物資始,乃統天。'"《正義》:"夫子所作《彖辭》,統論一卦之義,或說其卦之德,或說其卦之義,或說其卦之名……案褚氏、莊氏並云:'彖,斷也,斷定一卦之義,所以名為《彖》也。'"

〔八〕四千九十六卦:蓋以六十四乘六十四也。

〔九〕所謂引伸觸長之者也:案此句出自《易·繫辭上》:"是故

四營而成《易》;十有八變而成卦,八卦而小成。引而伸之,觸類而長之,天下之能事畢矣。" 引伸:推廣演繹。《正義》:"謂引長八卦而伸盡之,謂引之為六十四卦也。"
觸長:意謂掌握一類事物知識或規律,就能據此而增長同類事物知識。《正義》:"謂觸逢事類而增長之。若觸剛之事類,以次增長于剛;若觸柔之事類,以次增長于柔。""天下萬事皆如此例,各以類增長,則天下所能之事,法象皆盡。"

〔一〇〕朱子四句:《易學啓蒙》:"以上三十二圖反復之則為六十四圖。圖以一卦為主而各具六十四卦,凡四千九十六卦。"

每圖之内,一爻變者凡六〔一一〕,二爻變者十五〔一二〕,三爻變者二十〔一三〕,四爻變者十五〔一四〕,五爻變者六〔一五〕,六爻變者一〔一六〕,六皆不變者一〔一七〕。

【注釋】

〔一一〕一爻句:如第一圖,以乾為本卦,一爻變者,姤、同人、履、小畜、大有、夬六卦是也;以坤為本卦,一爻變者,復、師、謙、豫、比、剥六卦是也。

〔一二〕二爻句:如第一圖,以乾為本卦,二爻變者,遯、訟、巽、鼎、大過、无妄、家人、離、革、中孚、睽、兑、大畜、需、大壯十五卦是也;以坤為本卦,二爻變者,臨、明夷、震、屯、頤、升、解、坎、蒙、小過、蹇、艮、萃、晉、觀十五卦是也。

〔一三〕三爻句:如第一圖,以乾為本卦,三爻變者,否、漸、旅、咸、涣、未濟、困、蠱、井、恒、益、噬嗑、隨、賁、既濟、豐、損、節、歸妹、泰二十卦是也;以坤為本卦,三爻變者,泰、歸妹、節、損、豐、既濟、賁、隨、噬嗑、益、恒、井、蠱、困、未濟、涣、咸、旅、漸、否二十卦是也。

〔一四〕四爻句:如第一圖,以乾為本卦,四爻變者,觀、晉、萃、艮、蹇、小過、蒙、坎、解、升、頤、屯、震、明夷、臨十五卦是也;

以坤爲本卦,四爻變者,大壯、需、大畜、兌、睽、中孚、革、離、家人、无妄、大過、鼎、巽、訟、遯十五卦是也。

〔一五〕五爻句:如第一圖,以乾爲本卦,五爻變者,剝、比、豫、謙、師、復六卦是也;以坤爲本卦,五爻變者,夬、大有、小畜、履、同人、姤六卦是也。

〔一六〕六爻句:如第一圖,以乾爲本卦,六爻變者,坤一卦是也;以坤爲本卦,六爻變者,乾一卦是也。

〔一七〕六皆句:如第一圖,以乾爲本卦,六爻皆不變者,乾一卦是也;以坤爲本卦,六爻皆不變者,坤一卦是也。

　　值一爻二爻之變者,在三十二卦之内,則占本卦爻辭[一八];四爻五爻之變者,在三十二卦之後,則占之卦爻辭[一九]。獨三爻之變,通二十卦,前十卦[二〇],在三十二卦之内;後十卦[二一],在三十二卦之後。值三爻之變者,雖占兩卦彖辭,而前十卦,以貞爲主;後十卦,以悔爲主[二二]。詳在變爻例[二三],不用復説。

【注釋】

〔一八〕值一爻二爻之變數句:三十二卦之内,指在乾、姤、同人、履、小畜、大有、夬、遯、訟、巽、鼎、大過、无妄、家人、離、革、中孚、睽、兌、大畜、需、大壯、否、漸、旅、咸、涣、未濟、困、蠱、井、恒等三十二卦之内。占本卦爻辭,言以本卦爻辭占。

〔一九〕在三十二卦之後二句:指在益、噬嗑、隨、賁、既濟、豐、損、節、歸妹、泰、觀、晉、萃、艮、蹇、小過、蒙、坎、解、升、頤、屯、震、明夷、臨、剝、比、豫、謙、師、復、坤等三十二卦之内。占之卦爻辭,言以之卦爻辭占。之卦,《易》卦變之稱。謂一卦變爲另一卦。錢大昕《答問一》:"問:'卦變'之説,漢儒謂之'之卦'。諸家所説各殊,願聞其審。曰:

虞仲翔説《易》，專取'旁通'與'之卦'。旁通者，乾與坤、坎與離、艮與兑、震與巽交相變也。'之卦'則以兩爻交易而得一卦。"

〔二〇〕前十卦：指否、漸、旅、咸、涣、未濟、困、蠱、井、恒。

〔二一〕後十卦：指益、噬嗑、隨、賁、既濟、豐、損、節、歸妹、泰。

〔二二〕值三爻之變數句：言值三爻之變者二十卦中，前十卦以本卦彖辭占，後十卦以之卦彖辭占。以貞爲主、以悔爲主，言前十卦，以貞爲主而占；後十卦，以悔爲主而占。《朱子語類·卷六六》："内卦爲貞，外卦爲悔。"

〔二三〕變爻例：《易學啓蒙》：六爻不變，以本卦卦辭斷；一爻變，以本卦變爻爻辭斷；兩爻變，以本卦兩個爻辭斷，但以上者爲主；三爻變，以本卦與變卦卦辭斷；本卦爲貞（體），變卦爲悔（用）；四爻變，以變卦之兩不變爻爻辭斷，但以下者爲主；五爻變，以變卦之不變爻爻辭斷；六爻變，以變卦之卦辭斷，乾坤兩卦則以用辭斷。

惟布卦變行列三次高低者，皆有條理〔二四〕。如第一圖，乾爲本卦則獨標於列行之上，姤爲一變之首則亦次於上，遯爲二變之首則亦次於上，至於大過則遯之變例一章盡矣〔二五〕。其无妄、中孚、大畜，在二變之中而皆變例一章中之首，故次於中行〔二六〕。否爲三變之首則亦次於上行，至咸而變例一章盡矣。涣爲變例一章之首，故次於中行。蠱亦變例一章之首而獨次於下行者〔二七〕，奇偶分類從之，横看則可見〔二八〕。益、賁、損三次之列亦然。觀、剥爲四、五變之首則亦次於上行。坤之獨置於最下之列行者，從復之變而且爲反卦之本故也。姤爲第二圖，自姤以下三十一圖，率皆如前圖矣。據圖灼然易見。《啓蒙》難看處，不在是矣。

【校記】

〔故次於中行二句〕原闕,據初刊本補。

【注釋】

〔二四〕惟布二句:言有上行、中行、下行。
〔二五〕至於句:言訟、巽、鼎、大過卦,都是遯卦之變例,為一章矣。章指事物發展的階段。
〔二六〕其无妄二句:言无妄是无妄、家人、離、革一章之首,中孚是中孚、睽、兌一章之首,大畜是大畜、需、大壯一章之首。
〔二七〕蠱亦句:言變例一章之首應次於中行而次於下行。
〔二八〕奇偶分類從之二句:奇為天數,偶為地數。《易·繫辭上》:"天一、地二,天三、地四,天五、地六,天七、地八,天九、地十。"《正義》:"此言天地陰陽,自然奇偶之數也。"從乾至坤,看各卦之列則可以觀陽消陰長之象。蠱卦之次於下行,亦有關於此。

朴頤正字詞 并序

朴氏民獻,初字元夫,請改於余。余曰:"元者,天德之首而衆善之總也。非初學所宜自居,不若改之以頤正,則有用力自勉之義。況沿其所訓,必充所期之數而後已,則亦不失為元夫矣。"余故撰字詞以示之,而并及改之之意云。

天地之正,稟全者人。其正伊何?曰義與仁。仁義之源,至善至真,如水未波,如鏡未塵。情一用事,或失其正,其始也幾差,其究也狂聖。彼狂罔念,蠢與物競;惟聖克念,德與天併。聖狂之分,一蹴急敬。子既知有事於博約〔一〕,盍顧於明命〔二〕?宜時遵養〔三〕,敦復初性〔四〕;閑邪存誠〔五〕,正斯内充〔六〕。充之之極,浩然氣雄,收天下善,斂之厥躬。道不遠人〔七〕,聖可學至。洙泗心學〔八〕,濂洛其嗣〔九〕,擴前啓後〔一〇〕,莫盛乎子朱子紹述羣聖〔一一〕,搜極源委〔一二〕,説不虚生,舉經踐履,明揭學的,以示來裔。是可以依歸,日星仰止〔一三〕。吾知子之遠器〔一四〕,期與之擬儗。務潛其學,以求其志。一動一静,惟朱是視。子之業之德,不日新日進,則小人之儒,難乎免矣。子其勉之,毋貽余恥。嘉靖壬寅孟夏下澣。

【校記】

〔題〕初刊本、三刊本均作"頤正字詞"。

【注釋】

〔一〕博約：博文約禮。廣求學問，恪守禮法。約，約束。語本《論語·雍也》："子曰：'君子博學於文，約之以禮，亦可以弗畔矣夫！'"

〔二〕顧諟明命：言敬奉天之明命。《書經·太甲上》："先王顧諟天之明命，以承上下神祇。"

〔三〕遵養：謂順應時勢或環境而積蓄力量。《詩經·周頌·酌》："於鑠王師，遵養時晦。"

〔四〕敦：厚重，篤實。　復初性：反其性情而復其性命之本。《莊子·繕性》："文滅質，博溺心，然後民始惑亂，無以反其性情而復其初。"

〔五〕閑邪存誠：閑，猶言"防止"。謂防止邪惡，保持誠敬篤實。《易·乾》："閑邪存其誠。"

〔六〕正斯內充：以正充其內之謂。

〔七〕道不遠人：《禮記·中庸》："道不遠人，人之為道而遠人，不可以為道。"

〔八〕洙泗：洙水和泗水，代稱孔子。古時二水自今山東省泗水縣北合流而下，至曲阜北，又分為二水，洙水在北，泗水在南。春秋時屬魯國地。孔子在洙泗之間聚徒講學。《禮記·檀弓上》："吾與女事夫子於洙泗之間。"

〔九〕濂洛：北宋理學的兩個學派。"濂"指濂溪周敦頤，"洛"指洛陽程顥、程頤。

〔一〇〕擴前啓後：謂申衍前人所未發而啓導後來的學問。

〔一一〕紹述：承繼前人所為。

〔一二〕源委：事物的始末，先後順序。

〔一三〕日星仰止：仰慕如瞻望日星之謂。止，語助詞。語出《詩經·小雅·車舝》："高山仰止，景行行止。"

〔一四〕遠器：謂有才能、能擔當大事的人。

金士伸字詞[一]

　　吾友進士金君漢傑,以其字有犯年父,請改於余。余以士伸字之,士伸者,士而伸者也。所伸何事? 伸其經綸之志也。士尚友千古[二],以伊傅之事[三]、周召之業[四],為吾之所當伸者而期之[五],則他日凡吾之所伸者,其軼兩漢之士而功名不足收矣[六]。況今明良際會[七],子之抱利器[八],屈且久,鯤躍鵬搏[九],此其秋矣[一〇]。吾知子之伸有日,既屈則伸,理之勢也。勉吾子以當志於古人之所志,作字詞之意也。

【校記】
[題] 初刊本、三刊本均作"士伸字詞"。

【注釋】
〔一〕金士伸:金漢傑。生卒年未詳。字士伸,開城人。1546年文科及第,官至府使。徐敬德門人。此時請先生為其改字,先生遂作此篇。
〔二〕尚友千古:上與古人為友。《孟子·萬章下》:"以友天下之善士為未足,又尚論古之人。頌其詩,讀其書,不知其人,可乎? 是以論其世也。是尚友也。"
〔三〕伊傅:伊尹和傅說的合稱。均為商代賢相。相傳傅說曾築於傅巖之野,武丁訪得,舉之為相。
〔四〕周召:周成王時共同輔政的周公旦和召公奭的并稱。兩人分陝而治，皆有美政。
〔五〕吾：吾子。對對方的敬愛之稱，一般用於男子之間。
〔六〕軼：後車超前車。引申為超越。《漢書·揚雄傳》："軼五帝之遐迹兮，躡三皇之高蹤。"顏師古注："軼亦過也。"
〔七〕明良：謂賢明的君主和忠良的臣子。語本《書經·益稷》："元首明哉，股肱良哉，庶事康哉！"
〔八〕利器：喻傑出的才能。
〔九〕鯤躍鵬搏：鯤鵬跳躍。鯤、鵬，古代傳說中能變化的大魚和大鳥。語本《莊子·逍遥遊》："北冥有魚，其名為鯤；鯤之大，不知其幾千里也。化而為鳥，其名為鵬；鵬之背，不知其幾千里也。怒而飛，其翼若垂天之雲。"
〔一〇〕其：副詞。表示論斷，相當於"乃"。《孟子·盡心上》："人之所不學而能者，其良能也；所不慮而知者，其良知也。" 秋：指某一時期、某一時刻。

序

送沈教授義序[一]

送人以言，相厚之道也。顧余窮而囊無一金，請以"止"之一言獻也。夫天下之萬物庶事，莫不各有其止。天，吾知其止於上；地，吾知其止於下。山川之流峙，鳥獸之飛伏，吾知其各一其止而不亂。其在吾人，尤不能無其止，而止且非一端，當知各於其所而止之。如父子之止於恩，君臣之止於義，皆所性而物之則也。至於飲食衣服之用，視聽言動之施，豈止之無其所也？推以往之，動者之投靜，勞者之抵逸，執熱則就涼，乘困則打睡。夫動勞之不得不止於靜逸，熱困之不得不止於涼與睡，是則不待智者而後知所止也。君子之所貴乎學，以其可以知止也。學而不知止，與無學何異？文藝其亦一學也。當嚴立課程，盡其力量，必充吾所期之數。而其究也，視所攻之藝利鈍、收功與不而一切放下，退聽於無事，則豈非超然知所謂止者哉？事有紀極，不可漫無始卒之序而引之也。

【校記】

[題] 初刊本、三刊本此下有小字注："教授名義，字義之，號大觀

子。"初刊本序下有詩,題為《又贈三絕》,即本書卷一之《送沈教授》。　〔熱困句〕"與"字疑衍。　〔始卒之序〕《大觀齋亂稿》作"始卒之勢"。

【注釋】

〔一〕送沈教授序：此序亦載於《大觀齋亂稿》。

　　大觀子其於攻詩也[二],少而力,老不輟。其所著雅健著實,薄於《風》《騷》[三]。今既脱稿,可謂勤矣。其於仕也,不卑小官,委質聽天[四];白首為郎[五],終無慍色,可謂恭矣。及知開城教[六],無日不視學,授其業,勉其成,使後進小子,豹變蠖伸而鼓舞也[七],可謂勞矣。以余觀之,七十康强,不可謂不壽;官居下大夫之後,不可謂不貴;又以能詩聞也,不可謂無成。既壽且貴,又教餘事,垂於不朽,則向所謂"充吾所期之數"者,似可謂滿足矣。過此以往,吾知先生之不能力也。然則棲身於逍遥之地,遊神於澹泊之所,不其時乎？《易》曰："時止則止,時行則行。"[八]蓋時行而行則行而止也,時止而止則止而止也。既坐止止之域,則詩不必苦吟,仕不必馳鶩,形亦不必抖擻煩動而思[九],烏可憧憧往來而不止乎[一〇]？

【校記】

〔遊神〕原作"遊身",據初刊本改。

【注釋】

〔二〕大觀子：尊稱沈義之語。沈義之號即大觀齋。
〔三〕薄：逼近。　《風》《騷》：《詩經》和《楚辭》的並稱。

〔四〕委質：向君主獻禮，表示獻身。此處意謂為臣忠心事君。聽天：謂聽任事態自然發展變化，不作主觀努力。

〔五〕郎：郎官。指沈義拜吏曹佐郎。朴東亮《寄齋雜記·歷朝舊聞·中宗》："佐郎沈義，字義之，貞之弟也。能文章，拜吏曹佐郎，被賜暇讀書堂之選。"

〔六〕知開城教：沈義歷開城教授，當此時與花潭交遊。

〔七〕豹變：謂如豹文那樣發生顯著的變化。幼豹長大退毛，然後疏朗煥發，其毛光澤有文采。《易·革》："上六，君子豹變，小人革面；征凶，居貞吉。"《正義》："上六居'革'之終，變道已成。君子處之，雖不能同九五革命創制如虎文之彪炳，然亦潤色鴻業，如豹文之蔚縟。" 蠖伸：尺蠖之伸其體。比喻人生遇時，得以舒展抱負。

〔八〕《易》曰句：案下句節引自《易·艮》："《彖》曰：艮，止也。時止則止，時行則行；動靜不失其時，其道光明。艮其止，止其所也。"

〔九〕抖擻：振作，奮發。

〔一〇〕憧憧往來："憧憧"形容心意不定而頻頻往來之狀，往來不絕。案此句引自《易·咸》："憧憧往來，朋從爾思。"

　　孔子既衰矣則不復周夢〔一一〕，知其止止也。邵子之詩曰："不讀書來十二年。"〔一二〕知其止讀也。又曰："閑而不清是一惑，老而不歇是二惑。"〔一三〕是知閑宜止於清，老宜止於休。閑不清，老不休，非惑而何？吾先生既已抵老而投閑，正可坐忘而不走作〔一四〕，把來身心，都止於無思無為之地之時也。所謂無思無為者，異乎瞿曇之寂滅〔一五〕，老聃之虛無，禦寇之潛九觀〔一六〕，莊周之御六氣〔一七〕，伯陽之服鉛汞〔一八〕。彼雖自以為天下之學，莫尚於吾術，而夷考其所為，則率未免滯止於一隅。豈吾儒大中至正，該體用，一動静，顯微無間之道也？凡吾所當止者，在此而不在彼也。

【校記】
［伯陽句］《大觀齋亂稿》句下有"也"字。

【注釋】
〔一〕孔子既衰句：此以孔子歎其衰老而言。《論語·述而》："甚矣吾衰也！久矣吾不復夢見周公。"
〔一二〕邵子之詩句：引自邵雍《擊壤集·小車吟》："自從三度絶韋編，不讀書來十二年。大甕子中消白日，小車兒上看青天。閑為水竹雲山主，静得風花雪月權。俯仰之間俱是樂，任他人道似神仙。"
〔一三〕又曰句：案下詩句引自邵雍《擊壤集·三惑》："老而不歇是一惑，安而不樂是二惑，閑而不清是三惑，三者之惑自戕賊。"
〔一四〕走作：越規，放逸。《朱子語類》卷一二六："言釋氏之徒為學精專，曰：便是某常説，吾儒這邊難得如此，看他下工夫，直是自日至夜，無一念走作別處去。"
〔一五〕瞿曇：釋迦牟尼的姓。一譯喬答摩（Gautama）。亦作佛的代稱。《遼史·禮志六》："悉達太子者，西域净梵王子，姓瞿曇氏，名釋迦牟尼。以其覺性，稱之曰'佛'。"
〔一六〕禦寇：列子之名。戰國前期思想家，是老子和莊子之外的又一位道家思想代表人物。　潛九觀：似指幻術。按，據古代神話傳説，周穆王時，不恤國是，不樂臣妾，肆意遠遊，命駕八駿之乘，驅馳九萬里，西行到昆侖山，觀黄帝之宫，又設宴於瑶池，與西王母作歌相和。事見《列子·周穆王第三》。
〔一七〕御六氣：六氣即自然氣候變化的六種現象。御六氣即是遊變化之塗也。《莊子·逍遥遊》："若夫乘天地之正，而御六氣之辯,以游無窮者,彼且惡乎待哉?"
〔一八〕伯陽句:伯陽,姓魏,名翔,一説名篤。字伯陽。號雲牙子,一説號雲霞子。東漢著名煉丹家。為高門望族之子,世襲簪纓,生性好道,不肯仕宦,閑居養性,時人莫知之。鉛汞,鉛和汞。道家煉丹的兩種原料。蘇軾《東坡全集·真一酒歌并引》:"鉛汞以為藥,策易以候火,不如天造之真也。"

然則如何用功而可止於無思無過之地也?曰:"持敬觀理,其方也。"敬者,主一無適之謂也。接一物則止於所接,應一事則止於所應,無間以他也則心能一,及事過物去而便收斂,湛然當如明鑑之空也。然而顧吾持敬未熟,則方其主一之時,不為泥止者鮮矣,泥止則亦為累爾。必持敬之久而能主靜以御動,外不泥止而內無滯止,然後無思無為者,可幾也。先生有齋,扁以大觀。所謂大觀,恐無大於止止也。先生頗有古人之風,其於處世,毀方而瓦合〔一九〕,不為崖異絶俗之行〔二〇〕。苟能知所謂止止之所與其止止之時而止之,則可與衛武而并驅,亦未晚也〔二一〕。若乃長趨闊步,窺躋於李、杜之壇而覓句之癖猶在,則殆不類於昭氏之鼓琴也哉〔二二〕? 如曰詩可以娛情性,惟在勿喪其志。仕當安於義命,斃而後已云爾,則其亦可也。余方讀《易》,得止字於艮之繇辭〔二三〕。於先生之行,推廣其説,以為贐也〔二四〕。

【校記】
〔情性〕《大觀齋亂稿》作"性情"。

【注釋】

〔一九〕毀方而瓦合：謂非卓然立異，而與眾人相合。《禮記·儒行》："舉賢而容眾，毀方而瓦合，其寬裕有如此者。"鄭玄注："去己之大圭角，下與眾人小合也，必瓦合者，亦君子為道不遠人。"《正義》："瓦合謂瓦器破而相合也，言儒者身雖方正，毀屈己之方正，下同凡眾，如破去圭角，與瓦器相合也。"

〔二〇〕崖異：乖異。謂人性情、言行不合常理。《莊子·天地》："行不崖異之謂寬，有萬不同之謂富。"

〔二一〕苟能知所謂三句：謂雖年老以後能知所止而不能謂之晚也。衛武公（前853—前758），姬姓，衛氏，名和，諡武公。衛國第十一代國君，在位五十五年，能自責，百采眾諫，常與下臣共勉。他九十五歲時，曾作《抑》詩以自儆。詩云："人亦有言，靡哲不愚。投我以桃，報之以李。溫溫恭人，維德之基。"徐幹《中論·虛道》："昔衛武公年過九十，猶夙夜不怠，思聞訓道，命其群臣曰：'無謂我老耄而舍我，必朝夕交戒。'又作《抑》詩以自儆也。"

〔二二〕昭氏之鼓琴：昭氏即昭文，古之善鼓琴者。《莊子·齊物論》："是非之彰也，道之所以虧也。道之所以虧，愛之所以成。果且有成與虧乎哉？果且無成與虧乎哉？有成與虧，故昭氏之鼓琴也；無成與虧，故昭氏之不鼓琴也。"此處將不知止止之所與止止之時，與昭氏鼓琴類比。昭氏鼓琴，有成有虧，故於道有虧。

〔二三〕繇辭：卦兆的占詞。繇，通"籀"。劉勰《文心雕龍·原道》："文王患憂，繇辭炳曜。"

〔二四〕賻：送行時贈送的財物。《孟子·公孫丑下》："予將遠行，行者必以賻，辭曰'饋賻'，予何為不受？"

銘

無絃琴銘

琴而無絃,存體去用。非誠去用,靜其含動。聽之聲上,不若聽之於無聲;樂之形上,不若樂之於無形。樂之於無形,乃得其微〔一〕;聽之於無聲,乃得其妙。外得於有,內會於無。顧得趣乎其中,奚有事於絃上工夫。

【注釋】

〔一〕微:邊際,端倪。《老子·道經卷上》:"故常無,欲以觀其妙;常有,欲以觀其微。"吳澄《道德真經注》曰:"微者,猶言邊際之處,孟子所謂端是也。"

二

不用其絃,用其絃絃。律外宮商〔二〕,吾得其天〔三〕。非樂之以音,樂其音音。非聽之以耳,聽之以心。彼哉子期〔四〕,曷耳吾琴?

【校記】

［二］初刊本、三刊本、四刊本均作"又"。　　［非樂］"非"字原闕,據初刊本補。

【注釋】

〔二〕宫商:五音中的宫音與商音,泛指音律。
〔三〕天:自然之謂。
〔四〕子期:即鍾子期。春秋時楚人,精於音律,與伯牙友善。伯牙鼓琴,志在高山流水,子期聽而知之。子期死,伯牙絶絃破琴而不復鼓。《列子·湯問》:"伯牙善鼓琴,鍾子期善聽。伯牙鼓琴,志在登高山,鍾子期曰:'善哉!峩峩兮若泰山。'志在流水,鍾子期曰:'善哉!洋洋兮若江河。'伯牙所念,鍾子期必得之。"

琴　　銘

鼓爾律〔一〕,樂吾心兮。諧五操〔二〕,毋外淫兮。和以節,天其時兮。和以達,鳳其儀兮〔三〕。

【注釋】
〔一〕鼓:泛指敲击或拍打。
〔二〕五操:疑指五音。或五調。五音,古代五聲音階中的五個音級,即宫、商、角、徵、羽。五調,古樂中平、清、瑟、楚、側五調。據《魏書·樂志》,"五調各以一聲為主,然後錯採衆聲以文飾之,方如錦繡。"
〔三〕鳳其儀兮:表示樂之至者,能使鳳儀。案此句引自《書經·益稷》:"《簫韶》九成,鳳皇來儀……擊石拊石,百獸率舞。"

二

鼓之和,回唐虞兮〔四〕。滌之邪,天與徒兮。操峨洋〔五〕,人孰耳兮?繁而簡,有餘味兮。

【校記】
[二]初刊本、三刊本、四刊本均作"又"。

【注釋】
〔四〕唐虞:唐堯與虞舜的并稱。亦指堯與舜的時代,古人以為太平盛世。《論語·泰伯》:"唐虞之際,於斯爲盛。"
〔五〕操:彈奏。《左傳·成公九年》:"使與之琴,操南音。" 峨洋:峨峨洋洋。本用以形容音樂高亢奔放,後亦用以形容歡樂之態。

花潭先生文集

卷之三

【附録一】

年　　譜

成宗大王二十年己酉(1489)〔一〕弘治二年

二月十七日,先生生于松京禾井里。姒韓氏嘗夢入夫子廟,遂有娠,生先生。

【校記】
〔成宗大王二十年〕四刊本作"皇明孝宗皇帝弘治二年本朝成宗康靖大王二十年"。四刊本用明皇帝年號紀年,而朝鮮王朝紀年以小字記之。下同,不再出校記。　〔禾井里〕四刊本此下有"之第"二字。　〔姒韓氏〕四刊本作"母夫人"。　〔先生〕四刊本此下有"焉"字。

【注釋】
〔一〕年譜紀年條目之後均附公元紀年,此為本書整理者所加。下同,不再一一注明。

二十一年庚戌(1490)

二十二年辛亥(1491)

二十三年壬子(1492)

二十四年癸丑(1493)

二十五年甲寅(1494)

燕山君元年乙卯(1495)
　　先生七歲。聰明英果,剛毅正直,敬信長者之言。

【校記】
［先生七歲］四刊本"歲"字之下有"年甫七八"四字。

二年丙辰(1496)

三年丁巳(1497)

四年戊午(1498)

五年己未(1499)

六年庚申(1500)

七年辛酉(1501)

八年壬戌(1502)
　　先生十四歲。松京有一講書者,先生從而受《尚書》。至"期三百"〔二〕,講書者不肯授,曰:"此舉世鮮曉者。"先生怪之,退而精思十五日,通之。乃知

《書》之可以思得也。

【校記】
〔十四歲〕四刊本"歲"字之下有"讀《尚書》。先生年近志學,始知讀書"十四字。

【注釋】
〔 二 〕期三百:案此句引自《書·堯典》:"帝曰:'咨!汝羲暨和。期三百有六旬有六日,以閏月定四時成歲。"期,一周年。旬,十日為旬。有,又。期三百有六旬有六日,一年三百六十六日。中國古代曆法,以一年為十二介朔望月,大月三十天,小月二十九天,總計三百五十四天,比一年的實際天數,少十一天又四分之一天。三年的累積相當於一個月,所以置閏月以解決。

九年癸亥(1503)

十年甲子(1504)

十一年乙丑(1505)

中宗大王元年丙寅(1506) 正德元年

先生十八歲。讀《大學》,至"致知在格物",慨然嘆曰:"為學而不先格物,讀書安用?"於是,乃盡書天地萬物之名,糊於壁上,日以窮格為事。

【校記】
〔至"致知"句〕四刊本"至"作"讀"。

二年丁卯（1507）

先生十九歲，聘泰安李氏。宣教郎繼從之女〔三〕。年條未詳，姑附于此。

【校記】

［聘］四刊本作"娶夫人"。　　［姑附於此］四刊本作"此條不知的在某年，今姑附此。"

【注釋】

〔三〕宣教郎：朝鮮時代京東班官階，從六品。

三年戊辰（1508）

先生二十歲。嘗曰："吾二十，便欲不貳過。"

【校記】

［嘗曰］四刊本作"先生嘗曰"。

四年己巳（1509）

先生二十一歲。危坐一室，思索太苦，臨食不辨其味，或累日不睡。如是三年，遂至成疾，雖欲不為思索，亦不得也。

【校記】

［危坐一室八句］三刊本作"花潭苦做三年，晝忘食、夜忘寢者，或數日。閉門危坐板上，不施籍鋪，血氣鬱滯，聞聲輒驚。遂遊下三道名山，滿年乃還，自後充健，動静皆安"。四刊本作"遊嶺湖諸山。先生苦做三年，晝忘食、夜忘寢者，或數日。閉門危坐，血氣鬱滯，遂遊諸名山，滿年乃還"。

五年庚午（1510）

六年辛未（1511）

七年壬申（1512）

八年癸酉（1513）

九年甲戌（1514）

十年乙亥（1515）

十一年丙子（1516）

十二年丁丑（1517）

十三年戊寅（1518）

十四年己卯（1519）
　　先生三十一歲。時朝廷設薦舉科，被薦者一百二十人，先生為首。辭不就。

【校記】
［時朝庭設薦舉科四句］四刊本作："被薦于薦舉科。時朝廷設薦舉科，松京以先生薦之。辭不赴。"

十五年庚辰（1520）

十六年辛巳（1521）

十七年壬午（1522）嘉靖元年
　　先生三十四歲。夏遊俗離、智異諸山。有紀行諸詩。

十八年癸未（1523）

十九年甲申（1524）

二十年乙酉（1525）

二十一年丙戌（1526）

二十二年丁亥（1527）

二十三年戊子（1528）

二十四年己丑（1529）

二十五年庚寅（1530）

二十六年辛卯（1531）
　　先生四十三歲。先生雅不喜舉業，至是，以母夫人命赴舉，中生員試。同年〔四〕趙公彦秀〔五〕曰："吾榜有徐某，可謂榮矣。"

【校記】

［先生四十三歲］四刊本此下有"中生員會試"五字。　　［先生雅不喜舉業四句］四刊本有小字："先生稺不喜舉業,至是,以母夫人命赴舉,中司馬。"

【注釋】

〔四〕同年：古代科舉考試同科中式者之互稱。
〔五〕趙公彥秀：趙彥秀(1497—1574),字伯高,號信善堂,謚號貞簡。楊州人。歷刑曹判書,官至參贊。

二十七年壬辰(1532)

二十八年癸巳(1533)

二十九年甲午(1534)

三十年乙未(1535)

三十一年丙申(1536)

三十二年丁酉(1537)

三十三年戊戌(1538)

三十四年己亥(1539)

三十五年庚子(1540)

先生五十二歲。大提學金公安國,薦先生于朝。

三十六年辛丑(1541)

三十七年壬寅(1542)

三十八年癸卯(1543)

三十九年甲辰(1544)

先生五十六歲。除厚陵參奉,不就。

冬,中宗大王昇遐。國制,儒生無服,只白衣冠三年。先生曰:"君父之喪,安可無服?"乃依古禮,服齊衰三月。

先生寢疾久,乃曰:"聖賢之言,已經先儒注釋者,不必更為疊牀之語[六]。其未說破者,欲為之著書,今病亟如是,不可無傳。"乃草《原理氣》、《理氣》、《太虛說》、《鬼神死生論》等四篇。

【校記】

[不就] 四刊本以小字作:"大提學金公安國及館中儒生,相繼薦引,故有是命,辭不起。" [中宗] 四刊本作"恭僖"。 [國制三句] 四刊本以小字置於"服齊衰三月"之下。"依古禮"四刊本作"服齊衰"。 [先生寢疾十句] 四刊本作"著《原理氣》等說",此下有小字"時先生得病,幾至不救。曰:聖賢之言,已經先儒注釋者,不必更為疊牀之語,其未說破者,欲為之著,今病亟如是,不可無傳,乃草《原理氣》、《理氣說》、《太虛說》、《鬼神死生論》等四篇"。

【注釋】

〔六〕疊牀:喻重複。

仁宗大王元年乙巳(1545)

先生五十七歲。時大喪服制，不用衰辟〔七〕之法，卒哭後，又皆玄冠視事。先生以爲不合古制，乃引禮經之説，草疏極論，請加釐正。其略曰："聖人取象於天，觀法於地，制上下衣裳之度，裁衰、適、負版之數，寓哀摧斬絶之容，皆有深意。今皆掃之，只用長布之衣，有同庶人喪服之規。"又曰："卒哭纔過，君臣皆玄冠視事，是不以喪禮自處也。夫何思何慮？從聖人之訓，遵聖王之法，如斯而已矣。初終，素弁絰；成服，斬衰三升、冠六升；既卒哭，成布六升、冠七升，服葛絰，視事則君臣素弁環絰，如此，豈非順乎？"又曰："聖人制五服，自士以上群臣，服斬衰三年，庶人及庶人在官者，應服齊衰三月。而今降齊衰之重而爲弔服白衣，引三月之輕，置之三年之久，皆不揣情文輕重之倫。"末又論山陵事，疏成不果上。

七月，仁宗大王昇遐，服齊衰三月。世傳，仁廟嘗書先生及鄭北窗礦名于屏間〔八〕，將擢置台鼎而不果云〔九〕。

【校記】

［時大喪服制以迄段末］四刊本作"春草疏極論國恤喪制不古之實"，此下有小字："國制卒哭後，君臣皆玄冠視事，先生以爲不合古制。乃引禮經之説，請加釐正，疏成而不果。上人莫曉其意，或言孝陵方在諒闇過哀，將有叵測之禍也。" ［仁宗］四刊本作"榮靖"。 ［將擢置句］四刊本作"欲候異日，擢置台鼎云"。

【注釋】
〔七〕衰辟：衰服和辟領。
〔八〕鄭北窗磏：鄭磏（1505—1549），字士濂、士潔，號北窗、清溪，溫陽人。謚號章惠。於文藝、卜筮、天文、醫技、音樂、算數，無不精通。
〔九〕台鼎：古稱三公為台鼎。國之有三公，如星之有三台，鼎之有三足，故稱如此。

明宗大王元年丙午（1546）〔一〇〕

先生五十八歲。七月七日，易簀于花潭書齋〔一一〕。先生自甲辰（1544）冬，連在床褥，是日病革〔一二〕，令侍者舁出潭上，澡浴而還，食頃乃卒。臨終，有一門生問曰："先生今日意思何如？"先生曰："死生之理，知之已久。意思安矣。"

八月，葬于花潭後岡。

【校記】
［後岡］四刊本此下尚有"丑坐之原。有墓表，題曰'生員徐敬德之墓'"三句。

【注釋】
〔一〇〕明宗大王：李峘（1534—1567），字對陽。朝鮮第十三代王。1545 年至 1567 年在位。
〔一一〕易簀：更換寢席。簀，華美的竹席。《禮記·檀弓上》："曾子寢疾，病，樂正子春坐於牀下，曾元、曾申坐於足，童子隅坐而執燭。童子曰：'華而睆，大夫之簀與？'……曾子曰：'然。斯季孫之賜也，我未之能易也。元，起易簀！'"按古時禮制，簀只用於大夫，曾參未曾為大夫，不當用，所以臨終時要曾元為之更換。後因以稱人病重將死為"易簀"。
〔一二〕病革：病勢危急。語出《禮記·檀弓上》："夫子之病革矣。"鄭玄注:"革,急也。"

二十一年丙寅(1566)

尹月汀根壽奉使如京師[一三]。時陸公光祖為國子學正[一四],問本國有能知孔孟心法、箕子疇數者乎。尹公乃以先生及寒暄、靜菴諸先生對。其論述先生則曰"徐某開城府人。隱居花潭,講明性理之學而數學尤精。恭僖王屢召不至[一五],終於家"云。

【校記】

[尹月汀以迄段末]四刊本作:"天朝陸光朝問本國有能知孔孟心法、箕子疇數者。尹公乃以先生及寒暄、靜菴諸先生對。時尹公奉使如京師,國子學正陸公以此為問。尹公答曰:'徐敬德,開城府人。隱居花潭,講明性理之學而數學尤精。恭僖王屢召不至,終於家'。"

【注釋】

〔一三〕尹月汀根壽:尹根壽(1537—1616),字子固,號月汀,海平人,諡號文貞。尹斗壽之弟,李滉門人。1558年文科及第。歷任大提學、禮曹判書等職。策光國勳,封海平君。有文集《月汀集》。

〔一四〕陸公光祖:陸光祖(1521—1597),字與繩,號五台,別號小峰。嘉靖十七年(1538)舉人,嘉靖二十六年(1547)進士,官北直浚縣知縣,禮部主事,工部右侍郎,吏部尚書,贈太子太保。諡莊簡。著有《莊簡文集》。

〔一五〕恭僖王:朝鮮第十一代王中宗之諡號。1506年至1544年在位。

宣廟初[一六],詔使許公國[一七]、魏公時亮問東方有知孔孟心學者[一八],李文純公滉,以先生及寒暄〔一九〕、一蠹〔二〇〕、静菴、慕齋為對。明年,歐公希稷至〔二一〕,又問有如程朱者,眉巖柳希春〔二二〕,高峰奇大升〔二三〕,議對如前。

【注釋】

〔一六〕宣廟:朝鮮第十四代王宣祖(1552—1608)之廟號。1567年至1608年在位。初名鈞,後改昖,全州人,陵號穆陵。

〔一七〕詔使:皇帝派出的特使。 許公國:許國(1527—1596),字維楨,謚文穆,安徽歙縣人。嘉靖四十四年(1565)進士,歷仕嘉靖、隆慶、萬曆三朝,歷官檢討、國子監祭酒、太常寺卿、詹事、禮吏兩部侍郎、禮部尚書兼東閣大學士入參機務。萬曆十二年(1584)以雲南平夷有功,晉太子太保、武英殿大學士。有文集《許文穆公集》。

〔一八〕魏公時亮:魏時亮(?—1585),字工甫,又字敬吾,南昌人。幼時好學,才華過人。嘉靖進士,歷官中書舍人、兵科給事中、南京大理丞、刑部尚書。曾出使朝鮮。著有《大儒學粹》。

〔一九〕寒暄:金宏弼(1454—1504)之號。字大猷,瑞興人,謚文敬。金宗直門人也。成宗朝舉,學行授職,及戊午史禍作,杖流順天,加罪戊午黨人,甲子士禍作,遂被刑。宣廟朝贈領議政。有《景賢錄》、《寒暄堂集》、《家範》。

〔二〇〕一蠹:鄭汝昌(1450—1504),字伯勖,號一蠹,河東人,謚號文獻。金宗直門人也。1490年文科及第。歷任侍講院説書、安陽縣監等職。戊午史禍作,坐謫鍾城而卒。中廟朝贈右議政。有文集《一蠹集》。

〔二一〕歐公希稷:歐希稷。明代穆宗時新進文臣。以行人司行人,與太監張朝,來朝鮮。《宣朝修正實錄·一年二月一日》:"帝使太監張朝、行人歐希稷,來贈大行謚曰'恭憲',及致祭而還。"

〔二二〕眉巖柳希春:柳希春(1513—1577),字仁仲,號眉菴,善山人,謚號文節。慕齋金安國門人,與金麟厚等交遊。天姿英邁,穎悟絕倫,始受書,一過目輒不忘。1538年文科及第。歷任弘文館副提學、司憲府大司憲等職。

〔二三〕高峰奇大升:奇大升(1527—1572),字明彦,號高峰。幸州人,謚號文獻。1558年文科及第。歷任成均館大司成、司諫院大司諫等職。有文集《高峰集》,續集卷二之《天使許國魏時亮問目條對》記錄了奇大升對明朝使臣許國、魏時亮就朝鮮歷史和學術等提問的回答。

宣祖大王五年壬申(1572) 隆慶六年〔二四〕

九月,筵臣趙廷機〔二五〕,啟曰:"徐敬德學行教人,為世名儒。而明廟朝追贈時〔二六〕,有司只據生時參奉九品而贈佐郎〔二七〕,人情未洽。"上曰:"不論其德行而惟以踐歷之官為高卑,此誠不可。"

【校記】
〔啟曰〕四刊本此上有"請加贈官職"。又,四刊本自"啟曰"至"此誠不可"以小字紀之。　〔人情〕四刊本作"物情"。

【注釋】
〔二四〕隆慶:明穆宗年號,1567年至1572年。
〔二五〕趙廷機:字衡善(1535—1575),豐壤人。
〔二六〕明廟:朝鮮第十三代王明宗之廟號。1545年至1567年在位。
〔二七〕佐郎:朝鮮時代,六曹正六品官職。

六年癸酉(1573) 萬曆元年〔二八〕

五月,知中樞洪暹〔二九〕、知經筵鄭宗榮〔三〇〕、特進官尹鉉〔三一〕、右尹尹根壽啟曰:"徐敬德雖學主於數,然其德義、立言,高出前儒。只贈佐郎,請更贈。"柳希春曰："敬德學術主數,若邵康節、蔡元定之於程朱〔三二〕。故李滉論其不的,然道德踐履則有之。"

【校記】
〔洪暹〕四刊本此下有"等又請加贈"五字,後附小字云:"洪公及知經筵鄭宗榮……(下同)"。　〔鄭宗榮〕四刊本作"鄭公宗榮"。　〔尹鉉〕四刊本作"尹公鉉"。　〔尹根壽〕四刊本作"尹公根壽"。

【注釋】
〔二八〕萬曆:明神宗年號,1573年至1620年。
〔二九〕洪暹:字退之(1504—1585),號忍齋,南陽人,諡號景憲。洪彥弼之子,趙光祖門人,與李滉等交遊。1531年文科及第。丁卯(1567)以禮曹判書為院相。以廉謹稱。宣祖戊辰(1568)拜右相至領議政。有文集《忍齋集》。
〔三〇〕鄭宗榮:字仁吉(1513—1589),號恒齋,草溪人,諡靖憲。有文集《恒齋集》。
〔三一〕尹鉉:字子用(1514—1578),號菊磵,坡平人,諡號忠簡。1537年文科及第。歷任成均館大司成、户曹判書等職。有文集《菊磵集》。
〔三二〕蔡元定:字季通(1135—1198),學者稱西山先生,建寧府建陽縣(今屬福建)人,蔡發之子。南宋著名理學家、律呂學家、堪輿學家,朱熹理學的主要創建者之一,被譽為"朱門領袖"、"閩學干城"。幼從其父學,及長,師事朱熹,熹視為講友。博涉群書,探究義理,一生不涉仕途,不干利祿,潛心著書立説。為學長于天文、地理、樂律、曆數、兵陣之説,精識博聞。著有《律吕新書》、《西山公集》等。

開城留守南應雲〔三三〕、經歷成壽益〔三四〕,即鄭文忠舊宅〔三五〕,立祠祀之,以先生配享。

【校記】

〔開城留守以迄段末〕四刊本作:"神宗皇帝萬曆元年癸酉,配享于崧陽書院。成七峰壽益為開城經歷,即鄭文忠舊宅,立祠祀之,以先生配享焉。"

【注釋】

〔三三〕南應雲:字致遠(1509—1587),號菊窗。歷三司南兵使,官止吏參。瑞蔥臺試藝時,文武俱居魁。善篆籀。

〔三四〕經歷:朝鮮時代從四品官職。　成壽益:成純德(1528—1598)之初名。字德久,號七峰,昌寧人。壬子(1552)生員,己未(1559)文科及第,歷任參判。

〔三五〕鄭文忠:鄭夢周的諡號。

八年乙亥(1575)

五月,朝臣請加贈先生職。上曰:"敬德所著書,多論氣數而不及於修身之事,無乃是數學耶?且其工夫多有可疑處。"副提學李珥啓:"敬德工夫,固非初學所可法,其學出於橫渠。其所著書,若謂之吻合聖賢之旨則臣不知也〔三六〕。但世之所謂學者,只做先儒之説以為言而心中無所得,敬德則深思遠詣,多有自得之妙,實非言語文字之學也。"於是,上許之。命贈大匡輔國崇禄大夫、議政府右議政兼領經筵、監春秋館事。賜謚曰"文康"。"道德博聞"曰"文","淵源流通"曰"康"。

【校記】

〔八年〕原作"七年",據干支、四刊本改。　〔五月〕四刊本此下尚有"命贈大匡輔國崇禄大夫議政府右議政兼領經筵監春秋館事"二十五字。　〔實非三句〕四刊本作:"實非文學言語之學也。上許之,有是命。"

【注釋】

〔三六〕吻合:相符合若兩脣之相合。《莊子·齊物論》:"予嘗為女妄言之,女以妄聽之,奚旁日月,挾宇宙,為其吻合,置其滑涽,以隸相尊。"

十八年乙酉(1585)

立神道碑于墓前。上護軍朴民獻撰〔三七〕,別提韓濩書〔三八〕,同知南應雲篆〔三九〕。

【校記】

[十八年] 原作"十七年",據干支、四刊本改。四刊本以萬曆年度為準而作"十三年"。　　[別提二句] 四刊本作"同知南應雲篆,別提韓濩書"。

【注釋】

〔三七〕上護軍:朝鮮時代,所屬五衛的正三品武官職。
〔三八〕別提:朝鮮時代,所屬户曹、刑曹、校書館等諸部署的正、從六品無禄官。　　韓濩:字景浩(1543—1605)。李德泂《松都記異》:"松都人也。號石峰。筆法遒勁,自成一體。公私碑碣屏簇皆出其手,人皆寶藏之。宣祖大王天縱聖質,又於詩、書、畫皆得其妙,每見筆迹,嘆曰:'間世絕藝也。不料偏邦生此奇才。'中國以善書為名者,亦見韓筆不勝驚嘆,批曰:'渴鯢赴壑。'言其筆勢雄健也。以此華人爭相購得,石峰之名傳於天下。韓濩自言平生着力處,在於徐花潭碑。今見印本,真妙筆也。國朝安平以後書法,以韓濩為第一。為人恭謹,起自寒微,以善書得名。官至郡守而終。"
〔三九〕同知:朝鮮時代所屬經筵廳從二品官職。

三十八年乙巳(1605)

先生殁後。門人朴公民獻、許公曄,裒集詩文,刊行於世。其後亡失於兵燹,至是,殷山縣監洪霶〔四〇〕,復蒐集入梓。

【校記】
〔三十八年〕原作"三十七年",據干支、四刊本改。四刊本作"(萬曆)三十三年乙巳刊文集"。

【注釋】
〔四〇〕洪霶:字景望(1573—1638),號芝溪公,豐山人。著有《芝溪禮説》、《祭先儀式》、《芝溪文集》等。

光海君元年己酉(1609)〔四一〕

先生父母墓在湧巖山下,先生在世時作書齋,往來居息。學者皆從學于此,即所謂花潭也。至是,留守洪公履祥與一鄉多士,即其地,立祠以祀,配以朴思菴淳〔四二〕、許草堂曄、閔習静純〔四三〕,皆先生門人也。

【校記】
〔己酉〕四刊本此下有"建書院于花潭"。　　〔先生父母〕四刊本此句上尚有"潭在府東炭峴。門外十里許,石屏環抱潭水縈廻,自靈通寺,衆壑分流,合為大川而瀉于潭。山多杜鵑花,紅映潭水,潭之得名以此也"九句。又,先生父母以迄段末,四刊本作:"先生父母之墓在此山,故先生在世時,作書齋,往來居息。學者皆從問學于此。至是,留守洪公履祥,與經歷鄭公默及一鄉多士,謀即其地,建書院以祀之,配以朴思菴淳、許草堂曄、閔習静純,皆先生門人也。"

【注釋】

〔四一〕光海君:名琿(1575—1641),朝鮮第十五代王。1608年至1623年在位。
〔四二〕朴思菴淳:朴淳(1523—1589),字和叔,號思菴,忠州人,諡號文忠。與李珥、成渾等交遊。1553年文科及第,歷任大提學、領議政等職。受學於徐敬德先生,得聞性理之説,尤邃於《易》。退溪嘗稱之曰:"與朴某相對,炯如一條清氷,神魂頓爽。"有文集《思菴集》。配享花谷書院。
〔四三〕閔習静純:閔純(1519—1591),字景初,號習静、杏村,驪興人。舉遺逸,官至持平。少從駱峰申公光漢學,後事花潭先生。聞主静之説而味之,名其齋曰"習静"。配享花谷書院。

六年甲寅(1614)

賜額花谷書院〔四四〕。京畿儒生金樟等〔四五〕,上疏請從祀文廟。命收議于大臣,李相恒福獻議以五賢從祀時不爲并舉爲未解〔四六〕,事遂寢。此事年條未詳,姑附于此。

【注釋】

〔四四〕賜額:賜予匾額或題額。
〔四五〕金樟:生平未詳。
〔四六〕李相恒福:李恒福(1556—1618),字子常,號白沙。諡文忠。慶州人。歷大提學。録扈聖平難二勳,封鰲城府院君。選清白吏。有著書《白沙集》、《四禮訓蒙》、《奏疏啓議》。

肅宗大王十九年癸酉(1693)〔四七〕

上駕次松都,遣禮官,賜祭于花谷書院。

【校記】

［賜祭句］四刊本其下尚有小字云："上幸松都,遣禮官致祭。"

【注釋】

〔四七〕肅宗大王：諱焞(1661—1720),朝鮮第十九代王。陵號明陵。1674 年至 1720 年在位。

英宗大王十六年庚申(1740)〔四八〕

上駕次松都,遣禮官,賜祭于花谷書院。

【校記】

［賜祭句］四刊本句下尚有小字云："上幸松都,亦依先朝舊典遣官致祭。"

【注釋】

〔四八〕英宗大王：諱昑(1694—1776),字光叔,朝鮮第二十一代王。陵號元陵。1724 年至 1776 年在位。

神道碑銘 并序

瑟僩朴民獻撰

聖人,百世之師也。然而生不與同時,雖可以興起,而不可以親炙之也〔一〕;足跡未嘗及門,則雖與之同時,君子之教,亦不可得以聞之也。二者皆不得聖人而為師,將不求其道可乎?孟子謂曹交曰:"夫道若大路然,豈難知哉?人病不求耳。子歸而求之,有餘師。"〔二〕所謂有餘師者,指性而言也。蓋一性渾然,萬理畢備,恭敬奉持於未發之前,隨其所發,無不可師。承受順行於感物之際,天下之師道,孰大於是?然自非明睿絕世之資,孰知吾性之真可師哉?先生所生之國,即箕子之國也。然而世之相後既遠,其道皆湮没而無傳矣。先生所受之性,即堯舜之性也。故能因其端緒之見而師之,終得與聞乎吾道者也〔三〕。

【校記】
[題]三刊本、四刊本均作"有明朝鮮國贈大匡輔國崇禄大夫議政府右議政兼領經筵監春秋館事謚文康公花潭徐先生神道碑銘"。　　[瑟僩朴民獻撰]三刊本、四刊本均無此六字。

【注釋】
〔一〕親炙:謂親受教育熏陶。《孟子·盡心下》:"奮乎百世之上,百世之下聞者莫不興起也,非聖人而能若是乎?而況於親炙之者乎?"朱熹集注:"親近而熏炙之也。"

〔二〕孟子謂曹交句：《孟子·告子下》："夫道若大路然，豈難知哉？人病不求耳。子歸而求之，有餘師。"趙岐注："有餘師，師不少也，不必留館學也。"

〔三〕與聞：謂參與其事并且得知内情。《漢書·武帝紀》："與聞國政而無益於民者斥，在上位而不能進賢者退。"

　　先生姓徐氏，諱敬德，字可久，自號復齋，又號花潭，唐城人。曾祖，學生諱得富；祖，進勇校尉副司勇諱順卿〔四〕；考，修義副尉諱好蕃〔五〕；妣，保安韓氏。自祖以上，世居豐德。修義公娶韓氏于松京，因家焉。副司勇公家貧，耕人之田，而分粟甚均，田主信之，不自苞分。正德丙子，松京火，延燒無遠近。名曰"天火"，火及修義公家廠草蓋也。修義公焚香祝天曰："平生不敢為非義。"忽有風起，卷草蓋以去。人謂累世積德所感。

【注釋】

〔四〕進勇校尉：朝鮮時代武散階正六品下階品階名。　副司勇：朝鮮時代五衛從九品官職。

〔五〕修義副尉：朝鮮時代武散階從八品品階名。

　　妣韓氏嘗夢入夫子廟，以弘治己酉二月十七日，生先生于禾井里。自幼聰明英果，剛毅正直，敬信長者之言。立云則立，坐云則坐。年近志學〔六〕，始知讀書。松京有一講書者，先生從而受《尚書》。至期三百，講書者不肯授，曰："此非但吾所不學，舉世鮮曉者。"先生怪之，退而精思十五日，通之，乃知書之可以思得也。年十八，讀《大學》，至致知在格物，慨然嘆曰："為學而不先格物，讀書安用？"於是乃盡書天地萬物之名，糊於壁上。日以窮格為事。究一物既通，然後又究一物，方其未窮也，臨食不辨其味，行路不知所趨。至如溷湢〔七〕，忘其便旋而起〔八〕。或累日不睡，有時闔眼則夢中通其所未窮之理。雖古人三年不窺園〔九〕，冬不爐，夏不扇〔一〇〕，無以過也。

【注釋】

〔六〕志學：指十五歲。語本《論語·為政》："吾十有五而志于學。"
〔七〕溷：廁所。　湢：浴室。
〔八〕便旋：撒尿。
〔九〕不窺園：用董仲舒專心苦學一事。《漢書·董仲舒傳》："董仲舒廣川人也。少治《春秋》，孝景時為博士。下帷講誦，弟子傳以久次相授業，或莫見其面。蓋三年不窺園，其精如此。"
〔一〇〕冬不爐，夏不扇：用邵雍堅苦刻厲一事。《宋史紀事本末》卷二一："邵雍，字堯夫，范陽人。少篤學，堅苦刻厲，冬不爐，夏不扇，臥不就枕席者數年。"

　　時年二十餘，蓋不論晝夜，不問寒暑，危坐一室者三年。稟氣雖剛，思索太過，至於成疾，不能出戶。雖欲不為思索，亦不得也。如是者又三年，病乃稍愈。前後六年，無物不格，惟理之本原，猶隔一膜，至是皆通之，年可二十四五。蓋古人之格致，由《大學》之教；先生之格致，由本性之妙。考之於外，雖似不同，要其所至，汩然同歸〔一一〕，何也？理一故也。先生有以自信，然後乃取四書、六經、《性理大全》等書讀之，與前日所得於格致者，恍然相契。

【校記】

〔由本性〕三刊本作"因本性"。

【注釋】

〔一一〕汹：通"惚"。隱約或遊移而不可捉摸，不清晰。

　　先生曰："吾未嘗理會者，讀書省悟者多矣。其間微詞奧義，先儒所謂'非知道者，孰能識之？'等處，吾向也有不費多工夫而曉解者。"又曰："若不危坐，思慮不一，思慮不一，不能窮格。"又曰："古人云：'思之思之，鬼神其通之。非鬼神通之，心自通耳。'"〔一二〕又曰："就所當然之中，可見所以然之理。"又曰："理之錯綜處，在數上分曉。"〔一三〕又曰："人知外象外數之可知，不知內象內數之難知。"夫物格知至者，知性知天之事也。先生年未三十，物已格矣，知已至矣。又曰："吾五十而後意誠，功程之有序如此。"又曰："吾少也，不得賢師，枉費工夫。學者不可效某工夫。"又曰："賢者雖制行甚高，見處若不灑然，終為可人而已〔一四〕，且不免退步，不可不知也。"又曰："吾二十，便欲不貳過。"

【校記】

〔賢者〕三刊本、四刊本均作"學者"。

【注釋】

〔一二〕古人云：語出《管子·內業》："思之思之，又重思之，思之而不通，鬼神將通之，非鬼神之力也，精誠之極也。"

〔一三〕錯綜：交錯綜合。《易·繫辭上》："參伍以變，錯綜其數。"《本義》："參者，三數之也；伍者，五數之也。既參以變,又伍以變,一先一後,更相考核,以審其多寡之實也。錯者,交而互之,一左一右之謂也;綜者,總而挈之,一低一昂之事也。此亦皆謂揲蓍求卦之事。"

〔一四〕可人:有才德的人。引申為可愛的人,稱心如意的人。《禮記·雜記下》:"其所與遊辟也,可人也。"《正義》:"可人也者,謂其人性行是堪可之人也。"

　　天性至孝,其居憂讀禮〔一五〕,至"始死,皇皇焉如有求而不得;既殯,望望焉如有從而不及;既葬,慨然如不及其返而息",〔一六〕未嘗不三復流涕。恩篤於兄弟,化行於妻妾,子弟有過,只溫諭,不以嚴辭責之。平生惡崖異之行,與鄉人處,終日言笑,不見有異也。家至貧,或連日不炊,而常晏如。接引後學,見其長進〔一七〕,喜形於色。觀其晦跡山林,若無意於世,聞時政闕失,輒發嘆,蓋未嘗忘世也。先生季年,德益盛,粹面盎背〔一八〕,望之而可知有道者也。鄉隣化其德,有爭辨則或不至官府而來咨決焉。

【注釋】

〔一五〕讀禮:古人守喪在家,讀有關喪祭的禮書。語本《禮記·曲禮下》:"居喪未葬,讀喪禮;既葬,讀祭禮。"

〔一六〕始死六句:見於《太平御覽·居喪》:"顏丁善居喪。始死,皇皇焉如有求而弗得;及殯,望望焉如有從而弗及;既葬,慨焉如不及其反而息。"

〔一七〕長進:上進,在學問、技藝、品行等方面有所進步。

〔一八〕粹面盎背:"粹"通"睟",潤澤。謂德性表現於外,而有溫潤之貌、敦厚之態,指有德者的儀態。語本《孟子·盡心上》:"君子所性,仁義禮智根於心,其生色也,睟然見於面,盎於背,施於四體,四體不言而喻。"

正德己卯,設薦舉科,松京以先生名薦之,辭不赴。嘉靖辛卯,以大夫人命到京師,得司馬而歸。甲辰,以故大提學金安國及館中儒生薦,除厚陵參奉,不起。其冬,靖陵賓天[一九],國制,儒士無服,只白衣冠三年。先生曰:"君父之喪,安可無服?乃服齊衰三月。"是年得病,幾致不救。先生曰:"聖賢之言已經先儒注釋者,不必更爲疊床之説。其未説破者,欲爲之著書。今病亟如是,不可無傳。"乃草《原理氣》、《理氣説》、《太虚説》,倚枕而書之,皆在集中。已而病間,乙巳春,草疏,極論喪制之失,疏成而不果上,莫曉其意。或言孝陵方在諒闇過哀[二〇],將有叵測之禍也[二一]。七月,孝陵昇遐,喪制亦如之。

【校記】

[疊床之説] 三刊本作"疊床之語"。　　[莫曉其意] "曉其"原無,據三刊本、四刊本補。

【注釋】

〔一九〕賓天:委婉語。謂帝王之死,亦泛指尊者之死。
〔二〇〕諒闇:居喪時所住的房子。借指居喪。多用於皇帝。《禮記·喪服四制》:"《書》曰:'高宗諒闇,三年不言。'善之也。"鄭玄注:"闇,謂廬也。"
〔二一〕叵測:不可度量,不可推測。

先生自甲辰冬,連在床褥,丙午七月七日昧爽,卒于花潭書齋,享年五十八。臨易簀,有一門生問曰:"先生今日意思何如?"先生曰:"死生之理,知之已久,意思安矣。"松京士庶聞之,來哭者相續於道。以其年八月十二日,葬于花潭之岡先墓之側,從其志也。先生殁後三十年,今上八年也〔二二〕,先是明廟朝,已贈先生六品官,至是,臺諫竝乞贈以高秩,臺諫又乞贈謚。上命議大臣,贈右議政。謚曰"文康",道德博聞曰"文",淵源流通曰"康"。嗟乎!師道之不傳也久矣。有志於道者,雖有良材美質,皆曰:"賢師難得。"終至於醉生夢死者〔二三〕,皆是。先生能自奮發,得於性上,卓然自立,使學者皆知雖無師傅,可以學至。而孟子之言〔二四〕,益驗於千載之後。先生有功於後學大矣。可謂上接箕子之統,下啓道學之傳也。

【注釋】

〔二二〕今上八年:宣祖八年,即1575年。
〔二三〕醉生夢死:像在醉夢中那樣昏昏沉沉度日。形容生活目的不明確,糊裏糊塗。《宋史·道學列傳·程顥》:"自道之不明也,邪誕妖妄之説競起,塗生民之耳目,溺天下於污濁,雖高才明智,膠於見聞,醉生夢死,不自覺也。"
〔二四〕孟子之言:參見序首孟子謂曹交語。

配泰安李氏宣教郎繼從之女,辛酉正月七日卒。亦葬于花潭,同兆異穴。生一男一女。男應麒,掌隸院司議〔二五〕。女適士人柳景湛。側室子二人,應鳳、應龜。應麒生一男四女。男佑申,幼。女長適任鍊,次適李應祐,餘幼。景湛生一男二女。男益,講肄院習讀〔二六〕。女長適忠義衛尹福〔二七〕,次適康好善。應鳳生二男。長春鶴,次雲鶴。

【注釋】

〔二五〕掌隸院：朝鮮時代掌奴隸符籍及決訟之事的官衙。《經國大典一吏典·京官職·掌隸院》："掌隸院，掌奴隸符籍及決訟之事。司議以下并久任……判決事一員，正三品；司議三員，正五品；司評四員，正六品。" 司議：朝鮮時代掌奴隸正五品官職。

〔二六〕講肄院：朝鮮時代講習漢語吏文之院。

〔二七〕忠義衛：朝鮮時代五衛中一之忠佐衛所屬軍隊。《經國大典四兵典·番次都目》：忠義衛，功臣子孫屬焉（妾子孫承重者亦屬）。

銘曰：三聖相承〔二八〕，同出一原。堯以一語，舜益三言〔二九〕。孔門三千，終傳數子。顏事四勿〔三〇〕，曾對一唯〔三一〕。聖賢授受，猶待諄諄〔三二〕。道喪言湮，無傳曷因？嗚呼先生，能自得師。不由人傳，乃自性推。心為神明，理涵其中。吾心不盡，於理未窮。能窮其理，是曰"知性"。為此有道，思作睿聖〔三三〕。先生勇詣，是究是思。厥理躍如〔三四〕，若或相之〔三五〕。物無不格〔三六〕，知然後至。真妄既分，自能誠意。正修以下〔三七〕，道本一致。自始至終，不容有二。先生之學，上無所傳。鄒孟之言〔三八〕，如合符然。二三遺篇，大義炳炳。開示幽賾〔三九〕，後人之幸。象數之窟，尤極精微。天胡嗇壽，俾不發揮？偏荒其地〔四〇〕，叔季其辰〔四一〕。先生之功，有倍古人。歿後褒贈，非所敢期。無與於己，有關於時。碑于花潭，望之有穹〔四二〕。人盍敬之？大東師宗。

【校記】

[不容有二] 原作"不容不二"，據三刊本改。　　[大東師宗] 三

刊本此下尚有"萬曆十三年乙酉五月日立。門人嘉善大夫行龍驤衛上護軍兼五衛將朴民獻撰,同年嘉善大夫同知中樞府事南應雲篆,鄉人活人署別提承訓郎韓濩書"四句;四刊本此下則有"門人嘉善大夫行龍驤衛上護軍兼五衛將朴民獻撰,同年嘉善大夫同知中樞府事南應雲篆,鄉人活人署別提承訓郎韓濩書。萬曆十三年乙酉五月日立"四句。

【注釋】

〔二八〕三聖:指堯、舜、禹。《漢書·董仲舒傳》:"道之大原出於天,天不變,道亦不變。是以禹繼舜,舜繼堯,三聖相受而守一道。"

〔二九〕堯以句:"堯以一語"指"允執厥中","舜益三言"指"人心惟危,道心惟微,惟精惟一,允執厥中"。《中庸章句序》:"蓋自上古聖神繼天立極,而道統之傳有自來矣。其見於經,則'允執厥中'者,堯之所以授舜也;'人心惟危,道心惟微,惟精惟一,允執厥中'者,舜之所以授禹也。堯之一言,至矣,盡矣而舜復益之以三言者,則所以明夫堯之一言,必如是而後可庶幾也。"

〔三〇〕顏事四勿:謂顏淵請事"非禮勿視"等四項。《論語·顏淵》:"顏淵問仁。子曰:'克己復禮為仁。一日克己復禮,天下歸仁焉。為仁由己,而由人乎哉?'顏淵曰:'請問其目。'子曰:'非禮勿視,非禮勿聽,非禮勿言,非禮勿動。'"

〔三一〕曾對一唯:語出《論語·里仁》:"子曰:'參乎!吾道一以貫之。'曾子曰:'唯。'子出,門人問曰:'何謂也?'曾子曰:'夫子之道,忠恕而已矣。'"後因以"一唯"謂應諾迅速,全無疑問。

〔三二〕諄諄:教誨不倦的樣子。《詩經·大雅·抑》:"誨爾諄諄,聽我藐藐。"

〔三三〕思作睿聖:謂花潭能念於善。《書經·多方》:"惟聖罔念作狂,惟狂克念作聖。"

〔三四〕躍如:形容充分顯露。

〔三五〕若或相之：謂花潭的窮理之躍如也，好像有人相助。蘇洵《上田樞密書》中："方其致思于心也，若或起之；得之心而書之紙也，若或相之。"
〔三六〕物無不格：猶無不格物。
〔三七〕正修以下：指《大學》八條目中"正心"、"修身"以下"齊家"、"治國"、"平天下"。
〔三八〕鄒孟：孟子為鄒人，故稱。
〔三九〕幽賾：幽深精微。《周書·儒林列傳》："史臣曰：……至於天官、律曆、陰陽、緯候，流略所載，釋老之典，靡不博綜，窮其幽賾。"
〔四〇〕偏荒：花潭出生於朝鮮之謂。
〔四一〕叔季：没落，末世。
〔四二〕穹：指穹石。大巖石。

遺　　事

　　先生姓徐,諱敬德,字可久,唐城人。母韓氏,嘗夢入文廟而生之。祖司勇順卿,父修義副尉好蕃,世居豐德。修義娶韓氏于松京,因家焉。正德丙子,松京火,延燒無遠近,名曰"天火"。火及修義公家,公焚香祝曰:"平生不敢為非義。"忽有風起,卷草蓋以去,人謂累世積德所感。弘治己酉,先生生于禾井里。年甫七八,聰明剛毅,有絶人之資,不肯為一毫非義。敬信長者之言,立云則立,坐云則坐,終日未嘗移一步。年近志學,始知讀書。松京有一講書者,先生從而受《尚書》。至期三百,講書者不肯授曰:"此非但吾所不學,舉世鮮曉者。"先生怪之,退而精思十五日,通之,乃知書之可以思得也。

　　年十八,讀《大學》,至"致知在格物",慨然歎曰:"為學而不先格物,讀書安用?"於是,盡書天地萬物之名,付於壁上,日以窮格為事。究一物既通,然後又究一物。方其未窮也,臨食不辨其味,累日不睡。有時闔眼則夢中通其所未窮之理。時年二十餘,蓋不論晝夜,不問寒暑,危坐一室者三年。稟氣雖剛,思索太過,至於成疾,不能出戶。雖欲不為思索,不可得也。先生有以自信,然後乃取四書、六經、《性理大全》等書讀之,與前日所得於格致者,怳然相契。

先生天性至孝，其居憂，不食鹽菜[一]，築室於場，三年畢，不忍去，因居以教學者。隣里皆化其德，至有争辨則或不至官府而來咨決焉。所居花潭，其源出於聖居山[二]。清紺渟滀[三]，環以小峰。卜築其中，極其瀟灑。逍遥自得，如出世間人，若無意於世，而時聞朝政闕失，輒憂形於色，慨然發歎，固未嘗忘世也。

【注釋】

〔一〕不食鹽菜：謂不調以鹽菜而食。《禮記·樂記》："大饗之禮，尚玄酒而俎腥魚，大羹不和，有遺味者矣。"鄭玄注："大羹，肉湆，不調以鹽菜。"
〔二〕聖居山：山名。《世宗實録·地理誌·京畿》：聖居山在舊京松嶽東北。
〔三〕渟滀：匯聚貌。

　　少不事科舉，以父母命，時起赴焉，既中司馬，遂止。正德己卯，設薦舉科，松京以先生名薦之，辭不赴。甲辰，以金慕齋及館中儒生薦，除厚陵參奉，不起。其冬，中宗賓天。國制，儒生無服，只白衣冠三年。先生曰："君父之喪，安可無服？"乃服齊衰三月。是年得病，幾致不救。乙巳七月，仁宗昇遐，喪制亦如之。先生自甲辰冬，連在床褥，丙午七月，卒于花潭。年五十八。松京士庶聞之，來哭者相續於道。所著《太虛説》、《原理氣》、《鬼神死生論》，行于世。自號復齋，學者稱為花潭先生。宣祖朝，贈右議政。諡曰"文康"。孫佑申，登武科，官至南道節度使。出《海東名臣録》[四]。下同。

【校記】

［鬼神死生論］原作"死生鬼神論",據文集題目改。

【注釋】

〔四〕《海東名臣録》:朝鮮後期文臣金堉(1580—1658)所編之書。收録自統一新羅時代至朝鮮當代文臣學者之行迹。

李静存齋湛[五],晚好讀《易》,沉潛玩繹。徐花潭遊太學,頽然若一野夫,公獨加深敬。

【注釋】

〔五〕李静存齋湛一段:李湛(1510—1557),字仲久,號静存齋,龍仁人。有文集《静存齋集》。此事亦見《陶谷集·弘文館副提學静存齋李公墓碣銘》:"公嘗號後峰,及居閑味道,以静存扁其齋,自此學者稱為静存先生,故静存之號特聞。晚喜講《易》,沉潛玩繹,得之則書之册,不得則忘寢與食。……花潭少遊太學,頽然若一野夫,人未之奇也,獨公深敬之,察視言行,久而不忘。"

徐敬德,字可久,母韓氏嘗夢入夫子廟生公。自幼聰明英果,年近志學,受《尚書》,至"期三百",其師不肯授曰:"此非但吾所不學,舉世鮮曉者。"公怪之,退而精思十五日,通之,乃知書之可以思得也。天性至孝,居憂讀禮,至"始死,皇皇"等語,未嘗不三復流涕。平生惡崖異之行,與鄉人處,終日言笑,不見其有異也。家至貧,或連日不炊而常晏如。鄉隣化其德,有爭辨則不之官府而來咨決焉。己卯,薦科,辭不赴。辛卯,以母氏之命到京,得司馬而歸。除厚陵參奉,不起。年五十八,卒。贈右議政。諡文康。學者稱為花潭先生。出《己卯名賢録》[六]。

【注釋】

〔六〕《己卯名賢録》:金坮編輯之書。關于花潭的内容,載於此書卷之二《別科被薦》。

花潭講學,專以周、邵為宗[七]。詩亦效法《擊壤》[八]。以金安國引薦授參奉,力辭。集中酬和者,李相國濚、朴相國祐、沈相國彦慶、李留相龜齡、金都事洪、林正字篔、沈教授義、張教授綸、趙上舍玉、沈別提宗元、朴參奉溉[九],而朴民獻頤正、金漢傑士伸、趙昱景陽、金惠孫彦順,以及黄元孫、許太輝等,疑皆從遊講學者者也。出《明詩綜》。

【校記】

[從遊講學者]四刊本少一"者"字。

【注釋】

〔七〕周、邵:指周敦頤和邵雍。
〔八〕《擊壤》:指邵雍《伊川擊壤集》。
〔九〕張教授綸:字經仲,丹山人。 朴參奉溉:朴溉(1511—1586),字大均,號烟波處士,忠州人。明宗朝歷任參奉、高山縣監等職。宣朝朝歷任暗行御使、金堤郡守等職。

先生酷愛山水,嘗遍歷四方,覽盡東海山川以自廣。所居花潭,其源出於聖居山,清紺淳滀,環以小峰。卜築其中,極其瀟灑。逍遥自得,如出世間人。迨其暮年,睟面盎背,左右逢原,觸處皆見可樂。常吟弄風月,有吾與點也之氣象。出《東儒録》[一〇]。

下同。

【注釋】
〔一〇〕《東儒録》：指朴世采所編《東儒師友録》，蒐集自統一新羅時代至朝鮮時代名賢傳記編纂而成。

　　先生學既成，而學者猶未之尊之。晚年，稍稍進其門下，而皆未得卒業。嘗曰："吾學皆苦心極力得之。"又曰："人或以我為治數學，我非由數學而悟，蓋不可不知耳。理之縱橫錯綜，在數字。"又曰："所貴乎容貌辭氣有法度者，所以檢其内也。若專務事外而不知大道，則是不過可人而止，此近來學者之病也。"又曰："釋氏，元不知造化。"又曰："人皆欲長生而不知静中之樂。若吾胸中無事過，一日亦覺無窮，況百年乎。果有長生，已不足貴，況無此理乎。"
　　徐處士敬德，唐城人。卜居松都之花潭。聰明剛毅，有絕人之資。十八，讀《大學》，遂静室危坐，專以格物為事。既久，取經傳讀之，若有冥契。於是，益沉潛涵養，以性理之學自任。尤邃《易經》，摳衣來講者，不絕於門。性至孝，居喪，不食鹽菜。家貧，或連日不炊，非止屢空，而常晏如也。以親命嘗赴司馬試，其後不復赴舉。中廟末年，用大臣薦授厚陵參奉，不起，竟以布衣終。惜哉！出魚叔權《稗官雜記》〔一一〕。

【校記】
［常晏句］三刊本、四刊本此句下均有"平生不作崖異之行，與鄉人語，未嘗見其有異也"三句。《海東野言》同。　　［惜哉］三刊

本、四刊本此句下均有"所著《太虚説》、《原理氣》、《鬼神死生論》等,藏於家。自號復齋,學者稱為花潭先生"四句。《海東野言》同。

【注釋】

〔一一〕魚叔權：生卒年未詳。號也足堂,咸從人。西川魚世謙庶孫。歷任學官。宣祖朝人。著《稗官雜記》。

庚子二月,往松都,遂儌花潭〔一二〕,訪處士徐敬德。數間草屋,搆在林下,其精舍也。余以為必未認姓名,將記之以作紹介事,請筆則謂余速入速入,相與再拜,迎坐于室。即書一絶以示之,吟了,有喜色。某曰："走有志學問〔一三〕,未知向方,願得指南,今將有年。聞公篤學力行,優入高明之域,思欲承顔以開平生之惑,尚未能也。今日得接辭,可償宿計也。"曰："余有此名者,虚也；君求道之志,則實也,敢不竭素蘊？"某問先天、後天、理氣、體用、終始之理。辨析詳明,有如破竹。又問處身立心之要,皆某所未歷到識了處。某欲聞其志,仍問："士生天地間不偶然,致君澤民,分内事也。古君子有以宇宙綱常為己任者,斯豈非得其道不敢獨善而然耶？或有懷寶遯世隱居而不仕者,無乃不可乎？"曰："士之出處非一。或其道可行而時不可也,則抱道而無悶者有之；或民雖可以新而其德未新,則揣分而自處者有之；或明君在上可試所學,而自放山林從吾所好者有之；或其德未盡新而生民失所不可坐視,不得已有為於世者亦有之。"某曰："然則公必居一於此,願聞之。"莞爾良久。乃曰："平生只讀聖賢書,不習時尚舉業,再不利於有司,年至知命,久隔城市。志已在此,無敢望,無敢望。"其容貌高古,衣冠嚴偉,已為山野間老翁,真隱君子也。引余賞花潭,所謂別區佳地也。嘯詠徘徊,揖而退。出洪恥齋仁祐《日錄》〔一四〕。下同。

【校記】

[余以為必未認姓名]"余"下原無"以"字,據《恥齋遺稿・日錄鈔》補。　　[久隔城市]"久"字原闕,據三刊本、四刊本及《恥齋遺稿・日錄鈔》補。

【注釋】

〔一二〕徯:向,往。
〔一三〕走:自稱的謙詞。猶僕也。《文選・司馬遷〈報任少卿書〉》:"太史公牛馬走司馬遷再拜言少卿足下。"
〔一四〕洪恥齋仁祐:洪仁祐(1515—1554),字應吉,號恥齋,南陽人。徐敬德、李滉門人。與盧守慎、許曄等交遊。律身制行,一遵《小學》,講論經義,辨釋精明。有文集《恥齋遺稿》。

八月,再往松京。初六日,早向花潭先生家。家在橐駝橋邊,僅蔽風雨。引坐柳陰,敘寒暄〔一五〕。某欲學河圖、洛書、太極圖,請公勿辭。曰:"可矣。"暫討"中正"二字,適以釋奠事〔一六〕,講明論說,不能悉也。初九日,花潭先生至余舍,遂學河圖、洛書、太極圖及《正蒙》二篇〔一七〕。討盡平生所抱,相與長歎。先生曰:"生長山林,不得與同志者論討,足下去春來問,心甚自負。今又磨切如此,不意足下真我友也。"十二日,謁花潭先生,學《正蒙》。自《天道》至《大心》篇。先生曰:"此張子發洩神妙處,非初學能悟得也。吾所説,皆文字上糟粕。若喫緊地則須精思自得。"余曰:"金相慕齋薦先生,若官之則處之何居?"曰:"揣分量力,雖小官不堪任。幸蒙擢,姑拜命,若不敢當,亦可退也。"

【校記】
〔家在〕"在"字原闕,據《恥齋遺稿‧日錄鈔》補。　　〔柳陰〕三刊本作"柯陰"。　　〔討盡平生〕三刊本作"吐盡平生"。

【注釋】
〔一五〕敍寒暄:謂問候起居寒暖。
〔一六〕釋奠:古代在學校設置酒食以奠祭先聖先師的一種典禮。《禮記‧文王世子》:"凡學,春官釋奠於其先師,秋冬亦如之。凡始立學者,必釋奠於先聖先師。"鄭玄注:"釋奠者,設薦饌酌奠而已。"
〔一七〕《正蒙》:中國北宋哲學家張載的重要哲學著作,凡十八篇。約成書於熙寧九年(1076)。《蒙》原本為《易》之卦名,《象》辭中有"蒙以養正"語。蒙,即蒙昧未明;正,即訂正。意即從童蒙起就應加以培養。

　　辛丑四月,朴希正民獻來訪曰:"徐生員使余作友於足下。"且曰:"去冬,陪徐先生講學《或問》、《大學》。先生曰:'義理見存文字上,都是這古人末梢。緊要也,是在得底。'"

　　甲辰初九日,國善云〔一八〕:"去月君在驪江時,銓曹擬除花潭厚陵參奉,而呈病狀不起,何如?"余曰:"其意必有所自處矣。"善曰:"以古人出處論則亦有不自輕進者,不知花潭人品幾麼地耶。"余曰:"昔在庚子年間,嘗得見之,然無識人之鑑,未詳模捉也。

大槩其學,初不自卑近踐履而做向上地達去,他苦心極思,精力累年,知識開透。故説理精通,尤善於《易》。他氣質沉静而粹美也。"太輝亦云云〔一九〕。

【注釋】

〔一八〕國善:許忠吉(1516—1574),字國善,號南溪,金海人。居京,遊退溪門下。性好山水,與洪耻齋遊金剛。

〔一九〕太輝:許曄(1517—1580)之字。參本集《鬼神死生論》注。

丙午七月十一日,伏聞花潭徐先生訃音。嗚呼慟哉! 一國不幸,哲人云亡,斯文復喪,吾何所依歸? 若愚者,幸於庚子年,兩度往來門下,豈盡遂平生之願乎? 每欲再叨訓誨之列,庶悟迷晦之心,存誠不篤,立志未礭,求道之懷,終至枉擲,泛泛悠悠,以迄于今,依前一般無狀人,罪曷有極耶? 嗚呼已矣! 天之不佑東人至此,痛哭奈何?

壬子八月初九日,有朴上舍淳字和叔者,與豫叔見訪〔二〇〕。此人即受業於花潭先生者也。因與討花潭所著《理氣》等篇,這人所見,非儕輩所及。氣質粹美,論議快活。吾其幾失斯人矣。

【注釋】

〔二〇〕豫叔:朴素立(1514—1582),字豫叔,咸陽人。1555年文科及第。歷任大司憲、知中樞府事等職。

十四日,朴和叔來見,穩討張子《太和》篇。花潭所見得,儘是自此做出來也。

十月初三日,送人希正[二一],取花潭遺稿來敬讀之,益嘆其命世之才、經世之學也。

【注釋】
〔二一〕希正:朴民獻之字。參本集《登高吟攜彦順頤正及黄元孫登金神寺後峰作》注。

答退溪書曰:"花潭,誠吾東豪傑之才,道德淺深,雖未可遽論,然儘是知道人,其可小之?"
《皇極經世數解》者,乃徐處士花潭君所著也。似聞此人不見釋義等書而自窮到此,亦一奇事。第未知果合邵老本數與未也。出李退溪滉文集[二二]。

【校記】
[皇極句]《退溪集》作"所書皇極數解者"。 [似聞句]四刊本此前有"未知算得無差否"七字,《退溪集》此前有"未知此算得無差否"八字。

【注釋】
〔二二〕李退溪滉文集:指《退溪集》。引用内容載於《退溪集·答李仲久》。

張子所論"清虚一大"[二三],此窮源反本,前聖所未發也。花潭又推張子之未盡言者,極言竭論,可謂極高明也。出朴思庵淳文集[二四]。

【注釋】
〔二三〕張子所論句:張子指北宋哲學家張載(1020—1078)。
　　　　清虚一大:程顥批評張載太虚學説時説的話。《正蒙初義·序論》:"橫渠立清虚一大為萬物之源,恐未安。須兼清濁、虚實,乃可言神道體物不遺,不應有方所。"
〔二四〕朴思庵淳文集:指《思庵集》。引用內容載於《思庵集·答李叔獻書》。

花潭遇山水佳處,輒起舞。出許草堂曄《前言往行錄》〔二五〕。下同。

【校記】
[花潭二句]四刊本作:"有一處記盧蘇齋事云。少遊泮中,一夕登明倫堂,忽然起舞。性傳疑其不然,問許草堂,草堂乃舉程子説指手舞足蹈一段,且言之曰:'汝看書看義理,能無鼓動時乎?'性傳云:'此則有之,豈至起舞?'草堂曰:'樂之淺者,只鼓動而已;樂之深者,必至起舞。'仍言花潭見佳山水必舞。近見《蓮坊錄》花潭言行一條云:余與友生,訪先生不遇,先生追至滿月臺,進薏苡粥。先生曰:'吾平生罕食乾飯,此粥乃吾本分。'遂起舞,使我歌之。余其時不知舞之之意,老來方知其意。未知程子此言,果如草堂之論花潭之謂乎。出《退溪集·禹景善問》。"

【注釋】
〔二五〕《前言往行錄》:許曄所著。子許筠撰。

花潭眉宇明快,眼若曙星。每侍坐,必稱閔參判箕景説公〔二六〕。景説公常推尊花潭以為真儒正脈。

【校記】
[花潭五句]三刊本此段下有小字云:"右皆出《前言往行錄》。本錄又曰:'景説公和光同塵,人莫知其涯際,可謂厚德。'又洪耻齋《日錄》云:'往見閔公景説論討平生心事,其氣像温温如玉潤,栗栗如山立。揖退還家,心欣然若有得。'"

【注釋】
〔二六〕閔參判箕景說公：閔箕（1504—1568），字景說，號觀物齋，謚號文景。1539年文科及第。歷任吏曹判書、右議政。著有《石潭野史》、《大學圖》。

乙亥五月，贈故處士徐敬德為議政府右議政。敬德，開城人。天資聰穎特出。少業科舉，參司馬榜，旋棄所業。卜築于花潭，專以窮格為事，或默坐累日。其窮理也，如欲窮"天"之理則書"天"字于壁，既窮之後，更書他字。其精思力究，非人所及。如是累年，於道理上慌然心明。其學不事讀書，專用探索，既得之後，讀書以證之。常曰："我不得師，故用功至深。後人依吾言則用功不至如我之勞矣。"其論理多主橫渠之說，微與程朱不同，而自得之樂，非人所可測也。常充然悅豫，世間得失，是非榮辱，皆不以入其胸次焉。專不事治產，屢空忍飢，人所不堪，而處之晏如也。其門生姜文佑〔二七〕，齎米謁敬德。坐于花潭，日已亭午〔二八〕，敬德論議動人，略無困悴之色。文佑入廚，問其家人，則自昨糧絕不炊云。其所著文集行于世，議論時與聖賢有差異，故李滉以為非儒者正脈云。中廟朝，薦以孝行拜參奉，不就。明廟朝，命贈戶曹佐郎。至是，廷議請加贈，而朴淳〔二九〕、許曄是其門人，故主論甚力。上謂侍臣曰："敬德所著書，予取而觀之，則多論氣數而不及於修身之事，無乃是數學耶？且其工夫多有可疑處。"朴淳曰："敬德常曰'學者用工之方，已經四先生無所不言。只理氣之說有所未盡，故不得不明辨'

云。"淳因言敬德窮理用功之狀。上曰:"此工夫終是可疑。今人譽之則極其盛,毁之則極其惡,皆為失中。"李珥曰:"此工夫,固非學者所當法。敬德之學,出於横渠,其所著書,若謂之吻合聖賢之旨則臣不知也。但世之所謂學者,只依仿聖賢之説以為言,中心多無所得,敬德則深思遠詣,多有自得之妙,非文字言語之學也。"上許贈以議政。許曄每尊敬德,以為可繼箕子之統。聞珥論敬德之學出於横渠,責珥曰:"君言如此,僕所深憂。若曰:'花潭之學,兼邵、張、程、朱。'則可矣。君精專讀書十餘年後,可論花潭地位。"珥曰:"恐珥讀書愈久而愈與公見背馳也。"出李栗谷珥《經筵日記》〔三〇〕。

【校記】

[乙亥五月] 四刊本此前增益有"壬申九月"一段文字:"壬申九月啓曰:'徐敬德有操行,又有學問。'朴淳、許曄,皆其弟子。淳語臣曰:'《儒先録》中,徐敬德可得請於上而參入耶?'臣對曰:'徐某固有學行,但其學數學也,奈何?'淳答曰:'邵康節以數學,得隨程、朱之後;蔡元定以數學,亦附朱、張之間。為人大槩正而以學淑其徒,得參《儒先録》,何妨?'臣答之曰:'我未詳其事實。公可親啓上前而為之。'出柳眉巖希春日記"。　　[恐珥讀書句] 四刊本此下增出兩段文字:"先是曄謂李滉曰:'花潭可比横渠。'滉曰:'花潭所著,何書可比《正蒙》,何書可比《西》、《東銘》?'曄無語。至是誇張益甚,至以為兼邵、張、程、朱之學,可謂不知而妄言矣。出李栗谷珥《經筵日記》,下同。""退溪似遵行聖賢言語者,而不見其有自見處,花潭則有所見,而見其一隅者也。出《栗谷別集》,下同。"

【注釋】

〔二七〕姜文佑:生卒年未詳。1558年文科及第。歷任萬户、校書館校理。字汝翼,晉州人。庶類也。
〔二八〕亭午:正午。蘇軾《東坡全集·上巳出遊隨所見作句》:"三杯卯酒人徑醉,一枕春睡日亭午。"
〔二九〕朴淳:字和叔(1523—1589),號思庵,忠州人,謚號文忠。徐敬德門人,與李珥、成渾等交遊。1553年文科及第。歷任大提學、領議政等職。
〔三〇〕《經筵日記》:見於《栗谷全書·經筵日記·萬曆三年乙亥》。

　　近觀靜菴、退溪、花潭三先生之説,靜菴最高,退溪次之,花潭又次之。就中靜菴、花潭,多自得之味,退溪多依樣之味。花潭則聰明過人而厚重不足,其讀書窮理,不拘文字而多用意思。聰明過人,故見之不難;厚重不足,故得少為足。其於理氣不相離之妙處,瞭然目見,非他人讀書依樣之比。故便為至樂,以為湛一清虛之氣無物不在,自以為得千聖不盡傳之妙,而殊不知向上更有理通氣局一節,繼善成性之理則無物不在,而湛一清虛之氣則多有不在者也。理無變而氣有變。元氣生生不息,往者過,來者續,而已往之氣已無所在,而花潭則以為一氣長存,往者不過,來者不續。此花潭所以有認氣為理之病也。雖然,偏全間,花潭是自得之見也。今之學者,開口便説"理無形而氣有形,理氣決非一物"。此非自言也,傳人之言也。何足以敵花潭之口而服花潭之心哉?出《栗谷別集》〔三一〕。

【校記】
〔服花潭之心哉〕四刊本此下尚有"惟退溪攻破之説,深中其病,可以救後學之誤見也。蓋退溪多依樣之味,故其言拘而謹;花潭多自得之味,故其言樂而放。謹故少失,放故多失,寧為退溪之依樣,不必效花潭之自得也"十一句。

【注釋】

〔三一〕《栗谷別集》:以上之内容載於《栗谷全書卷之十·答成浩原》。

辛未九月,與安習之遊天磨山〔三二〕,宿靈通寺。朝起循溪而下,山迴谷轉,水石清幽。到花潭,有草屋數間,荒園細逕,幾不可辨。步上後麓,拜花潭先生墓。封纔數尺,土階無砌。墓前立小石碑,刻曰"生員徐某之墓"。再拜而作,徘徊瞻眺,懷仰高風,悽然遐慕〔三三〕。值小雨,入草廬,廬非先生舊居也,圮而移葺于後圃者也。隔壁有一婢居守,渾問曰〔三四〕:"先生有子幾人?"對曰:"正室只有一子,妾子又二人。"又曰:"先生之殁,在丙午七月。當病革時,令侍者舁出潭上,澡浴而還,食頃乃卒。"渾問:"何為是澡浴乎?"答曰:"賢者之殁,必須如此,乃正終之義也。"渾與習之相顧咨嗟,以為小婢猶聞此義。流風餘韻,信乎其猶可徵也。

【注釋】

〔三二〕安習之:安民學(1542—1601),字習之,號楓崖,廣州人。朴淳門人,與李珥、成渾等交遊。歷任泰仁縣監、司憲府監察等職。有文集《楓崖集》。

〔三三〕遐慕:對過去人、事的企慕。陸機《陸平原集·述先賦》:"抱朗節以遐慕,振奇跡而峻立。"

〔三四〕渾:即成渾。

雨霽，出潭上。潭皆石磯高插潭邊[三五]，或據溪心，水石清激。小山環抱，秋葉蕭瑟，磯上有石竅二所，人言先生張傘之處，好事者為先生鑿之云。磯上苔深，山空水深。懷先生而不可作，則考德論世之感，於是而不能已焉。先生以高世之才，求道於遺經，玩而樂之，有以自守而無求於外。寒飢之極，至於數日無食，一褐蔽體，人有不堪其憂，而方且頹然處順，涵泳乎道義之腴，睟於面背[三六]，充於門閭，而不願人之膏粱之味。則其深造自得之功，有以積於中而形於外者，可知也。是豈一節之士，聞慕之徒，有所指擬采獲而可得於此哉？若夫造道之醇疵、契悟之淺深，猶當姑置於感古之日可也。皋比撤座[三七]，猶未一世，而舊廬無人，陳迹蕪没，寒山野日，殆不可問，遊人過士，俯仰於荒山之濱，猶足以起頑廉懦立之志。清風卓範，感後世而淑人心也深矣。嗚呼遠哉！昌寧成渾謹書。出成牛溪渾文集[三八]。

【校記】
［鑿之］原作"鑒之"，據《牛溪集》改。　　［山空水深］三刊本、《牛溪集》作"山空水流"。　　［睟於面背］原作"脺於面背"，據三刊本改。　　［懦立之志］三刊本、《牛溪集》作"懶立之志"。

【注釋】
〔三五〕石磯：水邊突出的巨大巖石。
〔三六〕睟於面背：睟面盎背之意。
〔三七〕皋比：虎皮。古人坐虎皮講學，後因以指講席。
〔三八〕成牛溪渾文集：指成渾（1535—1598）文集《牛溪集》。成渾,字浩源,昌寧人,自號默菴。

花潭先生有"學到不疑知快活,免教虛作百年人"之句〔三九〕,不知其學之造詣者,頗訝之。趙龍門昱見有以一詩來示者曰:"此乃花潭之作。"其詞曰:"將身無愧立中天,興入清和境界邊。不是吾心薄卿相,從來素志在林泉。誠明事業恢游刃,玄妙機關少着鞭。主敬功成方對越,滿窗風月自悠然。"〔四〇〕龍門疑其自許太過,遂次其韻曰〔四一〕:"至人心迹本同天,小智區區滯一邊。謾説軒裳為桎梏,誰知城市即林泉? 舟逢急水難回棹,馬在長途合受鞭。誠敬固非容易做,誦君佳句問其然。"因袖詩往見花潭曰:"見可久'然'字韻詩,甚好。且誠明事業已做了,當至於浩浩其天。可久之學,到此地位,豈不可仰?"花潭曰:"元韻固非吾作也。"龍門不示和章而還云。出李清江濟臣《瑣語》〔四二〕。

【校記】

[誦君句] 三刊本此詩下有注文云:"右皆出趙龍門遺稿。《清江別録》云:'趙龍門既次花潭"邊"字韻袖往叩之,則花潭曰:"元韻固非吾作也。"'龍門不示和章而還云。"

【注釋】

〔三九〕學到二句:載於花潭《述懷》詩。
〔四〇〕將身八句:載於花潭《贈葆真庵》詩。
〔四一〕遂次其韻曰:此詩亦載於三刊本、《龍門集·西齋録》,題為《朴秀才誦可久之作玩復詞意真可謂了事者不勝欽服次韻問之》。
〔四二〕李清江句:指出於《清江先生鮸鯖瑣語》。李濟臣(1536—

1583),字夢應,號清江,全義人。趙昱門人。1564年文科及第。歷任司憲府持平、咸鏡北道兵馬節度使等職。有文集《清江集》。

鄭寒岡論國恤復古禮書曰[四三]:"花潭之疏,雖未入啓,而論方喪古制之嚴,實我東方前此所未有,則豈必盡入啓而後援以為証也?衰服之制,取法天地。具衰、適、版衽[四四],寓哀斬摧痛之義,此聖賢用意之勤。而'今皆掃之,只用長布之衣,有同庶人之喪服'云云者,乃花潭疏中惻切之論矣。"[四五]出鄭寒岡述文集[四六]。

【注釋】

〔四三〕鄭寒岡:鄭逑(1543—1620),字道可,號寒岡,清州人,諡號文穆。李滉、曹植門人。歷任刑曹參判、司憲府大司憲等職。

〔四四〕版衽:負版和衽。衽謂衣襟。

〔四五〕花潭疏中惻切之論矣:《擬上仁宗大王論國朝大喪喪制不古之失疏》:"今皆埽之,只用長布之衣,漫無衰、適、負衽之制,有同庶人喪服之規。"

〔四六〕出鄭寒岡述文集:以上的內容載於《寒岡集·答禮曹判書》。

朴思菴淳語柳眉巖希春曰:"《儒先錄》中[四七],徐某可得請於上而參入耶?"對曰:"徐某固有學行,但其學數學也,奈何?"曰:"邵康節以數學得隨周、程之後,蔡元定以數學亦附朱、張之間。為人大槩正而以學淑其徒,得參《儒先錄》何妨?"出《眉巖日記》[四八]。

【注釋】

〔四七〕《儒先録》:即《國朝儒先録》。柳希春奉教撰進記金宏弼、鄭汝昌、趙光祖、李彦迪四先生言行之書。并收其行狀及遺事,彙次凡例,做《伊洛淵源録》。

〔四八〕《眉巖日記》:指《眉巖集·經筵日記》。

趙重峰《辨師誣疏》曰〔四九〕:"惟其士禍甚酷,故識微之士,咸謹於出處。如徐敬德之遯于花潭,金麟厚之絕意名宦〔五〇〕,曹植〔五一〕、李恒之幽棲海隅〔五二〕,莫非乙巳之禍有以激之也〔五三〕。"朴淳,力護善人而終身被斥。徐敬德、林億齡〔五四〕、鄭之雲〔五五〕,皆以傷弓之鳥,見曲木而知避者也〔五六〕。出趙重峰憲文集〔五七〕。

【注釋】

〔四九〕趙重峰《辨師誣疏》:趙憲(1544—1592),字汝式,號重峰,白川人,謚號文烈。李珥、成渾門人。學於土亭,沉潛經史。1567 年文科及第。歷任户曹佐郎、全羅都事等職。《辨師誣疏》,原題即《辨師誣兼論學政疏》,載於《重峰集》。

〔五〇〕金麟厚:字厚之(1510—1560),號河西,蔚山人,謚號文正。金安國門人。1540 年文科及第。歷任弘文館副修撰成均館直講等職。形貌端正,風神秀朗。身外之物,一不經意,惟書籍翰墨是好。著有《河西全集》、《周易觀象篇》、《西銘事天圖》、《百聯抄解》等。

〔五一〕曹植:字建中(1501—1572),號南溟,昌寧人,謚號文貞。與李浚慶、成守琛等交遊。於書無不博通,為文章奇峭有氣力。不就試,不求仕。寒岡稱才氣高邁,特立篤行。明廟朝以尚瑞判官徵入,翼日還山。贈領議政。有文集《南溟集》。

〔五二〕李恒:字恒之(1499—1576),號一齋,星州人,謚號文敬。

朴英門人，與金麟厚、奇大升等交遊。明宗丙寅，舉經明行修之士，以恒為首。乘傳詣京，遂入對，陳為學、致治之方，上嘉納，超授林川郡守，謝病歸。拜掌令，屢召不至。有文集《一齋集》。

〔五三〕乙巳之禍：朝鮮明宗即位之年(1545)，明宗之外叔尹元衡，為了除去先王仁宗之外叔而興起的士禍。關於乙巳之禍的内容，載於李肯翊《練藜室記述·明朝故事本末·乙巳士禍》。

〔五四〕林億齡：字大樹(1496—1568)，號石川，善山人。朴祥門人，與成守琛交遊。1525年文科及第。歷任同副承旨、江原道觀察使等職。乙巳禍作，公出則忠信俱備。其弟百齡陰結權奸，倡禍士林，公貽訓戒之詩以切責，竟棄官南歸。有詩集《石川詩集》。

〔五五〕鄭之雲：字静而(1509—1561)，號秋巒，慶州人。從思齋金正國、慕齋金安國學焉。為金正國心喪三年。晚懲其師幾陷禍網，托於麯糵之間。自少刻意性命之説，著《天命圖説》，以究其蘊。

〔五六〕皆以傷弓之鳥句：比喻人經過禍患，心有餘悸。典出《戰國策·楚策四》："雁從東方來，更羸以虚發而下之。魏王曰：'然則射可至此乎？'更羸曰：'此孽(受傷之鳥)也。'王曰：'先生何以知之？'對曰：'其飛徐而鳴悲。飛徐者，故瘡痛也；鳴悲者，久失群也，故瘡未息而驚心未去也。'"

〔五七〕出趙重峰憲文集：即《重峰集》。

　　花潭徐敬德，守道篤學，為近代儒林之表。近來京中士大夫與本府諸生，通議合力，於花潭上，新建院宇。出洪慕堂履祥《請賜院僕啓》〔五八〕。

【校記】

〔花潭徐敬德〕四刊本此上尚有"洪慕堂請賜院僕啓曰"九字。

【注釋】

〔五八〕洪慕堂履祥：洪履祥（1549—1615），字元禮，號慕堂，豐山人。少受學於閔純，以文學顯。為人端方，溫雅論議，不偏遇朝廷大事，持正不撓。以開城留守卒。以上的內容載於《慕堂集·開城府啓辭》，有題注"壬子留守時"。

　　徐花潭生質近於上知[五九]。起自草萊[六〇]，自知為學。於邵《易》尤邃[六一]，其推出經世之數，無一謬誤，奇哉！使生於中國，薰染大儒函丈之間，則其高明透徹，不啻其所造而已。知羲《易》蹊逕者，我朝一人。出申象村欽文集[六二]。下同。

【注釋】

〔五九〕生質：猶稟賦。
〔六〇〕草萊：布衣，平民。《文選·王融〈三月三日曲水詩序〉》："草萊樂業，守屏稱事。"張銑注："草萊謂山野採樵之人也，守屏謂州牧也。"
〔六一〕邵《易》：指邵雍之治《易》。
〔六二〕申象村欽文集：申欽（1566—1628），字敬叔，號象村，平山人，謚號文貞。1586年文科及第。光海朝，杜門退居春川昭陽江上，仁祖癸亥（1623）召以吏曹判書，典文衡，尋拜右相，至領議政。病卒，世子臨喪，配食仁祖廟。與李廷龜、張維、李植等并稱為朝鮮中期"文章四大家"。以上內容載於《象村稿·漫稿下·晴窗軟談》。

　　我國素無《易》學，雖儒先亦無能啓發關鍵者，所論述只文義之末爾。花潭獨能遠紹康節，直闢門戶，可謂不世之人豪矣。此解是我國諸儒所未發也。指《皇極經世數解》。

　　徐花潭奮起寒微，高節終始。理數之學，追踵康節。静菴以後,無出其右。出李澤堂植文集[六三]。

【注釋】

[六三] 李澤堂植文集:以上的内容載於《澤堂集·追録》。李植(1584—1647),字汝固,號澤堂,德水人,諡號文靖。1610年文科及第。歷任大提學、吏曹判書等職。

曹南冥、徐花潭、李土亭[六四],皆間世名賢。東洲嘗宰報恩[六五],南冥、土亭、花潭皆遠至,為對床連夜語。李相國浚慶聞之曰[六六]:"應有德星見於天矣[六七]。"出宋尤庵時烈文集[六八]。

【注釋】

[六四] 李土亭:李之菡(1517—1578),字馨仲,自號土亭,韓山人,諡號文康。徐敬德門人。歷任抱川縣監、牙山縣監等職。贈吏曹判書。有文集《土亭遺稿》。

[六五] 東洲:成悌元(1506—1559)之自號。字子敬,昌寧人,諡號清憲。少力學,卓犖不羣,草廬饘粥,蕭然有遺世出塵之想。後舉遺逸,出為報恩縣監。有文集《東洲遺稿》。

[六六] 李相國浚慶:李浚慶(1499—1572),字原吉,號東皋,廣州人,諡號忠正。1531年文科及第。歷任領議政、領中樞府事等職。有文集《東皋遺稿》。

[六七] 德星:古以景星、歲星等為德星,認為國有道、有福,或有賢人出現,則德星現。《史記·天官書》:"天精而見景星。景星者,德星也。其狀無常,常出於有道之國。"

[六八] 宋尤庵時烈文集:以上的内容載於《宋子大全·大谷成先生墓碣銘》中。宋時烈,字英甫,號尤庵,恩津人,諡號文正。金長生、金集門人。歷任右議政、左議政等職。

花潭家甚貧,兒時,父母使於春後采蔬田間,每日必遲歸,蔬亦不盈筐。父母怪而問其故,對曰:"當采蔬時,有鳥飛飛,今日去地一寸,明日去地二寸,又明日去地三寸,漸次向上而飛。某觀此鳥所為,竊思其理而不能得。是以每致遲歸,蔬亦不盈筐也。"蓋其鳥,俗名"從從鳥"云。當春之時,地氣上升,輒隨其氣所至高下而飛焉。花潭窮理之功原於此,奇哉!出朴南溪世采文集〔六九〕。下同。

【注釋】

〔六九〕朴南溪世采文集:以上之內容載於《南溪集·記少時所聞》中。 朴南溪世采:朴世采(1631—1695),字和叔,號玄石、南溪,潘南人,諡號文純。申欽之外孫,金尚憲門人。歷任司憲府大司憲、吏曹判書等職。

晦齋、退溪,進儀於朝;花潭、聽松,退修於野,以致聖道復明於世〔七〇〕。

【注釋】

〔七〇〕晦齋退溪一段:以上之內容載於《南溪集·重刊慕齋先生集序》《慕齋集·重刊慕齋先生集序》中。聽松,成守琛(1493—1564)之號,字仲玉,昌寧人,諡號文貞。舉遺逸職,終不就。有文集《聽松集》。

成均館薦徐敬德。齋薦之法,載於學令,而成宗二年,命本館別薦賢士,自是薦法益重。文獻公鄭汝昌、文正公趙光祖、文康公徐敬德,館薦中最著。出《文獻備考》〔七一〕。

【注釋】

〔七一〕《文獻備考》：即《東國文獻備考》。朝鮮英祖四十六年（1770），洪鳳漢依王命所編。依中國《文獻通考》之例，象緯、輿地、禮、樂、兵、刑、田賦、財用、户口、市糴、選舉、學校、職官等，分以收録。

花潭先生文集

卷之四

【附録二】

花谷書院賜祭文 癸酉

山河釀精,挺生人豪[一]。聰悟夙成,志行甚高。茂叔胸襟[二],堯夫精神[三]。功存格致,學究天人。恩篤弟兄,德化鄉隣。屢辭徵辟[四],自甘沉淪[五]。經綸莫施,樑木遽摧。先朝襃贈,用托鹽梅[六]。建宇扁額,後學攸式。花潭風月,宛然遺躅。輦過今日[七],興感予衷。緬懷高風[八],恨不與同。兹遣禮官,敢薦泂酌[九]。靈如不昧,庶幾歆格[一〇]!

【校記】
[題]四刊本作"賜祭文 崇禎癸酉"。

【注釋】
〔一〕挺:生長,長出。《後漢書·楊賜傳》:"華嶽所挺,九德純備。"李賢注:"挺,生也。"
〔二〕茂叔:周敦頤(1017—1073),字茂叔,號濂溪,道州營道縣(今湖南道縣)人,北宋哲學家,被視為理學的創始人之一。著有《太極圖說》和《周子全書》。
〔三〕堯夫:即邵雍。
〔四〕徵辟:謂徵召未仕的士人為官。《後漢書·儒林列傳·蔡玄》:"學通五經,門徒常千人,其著錄者萬六千人,徵辟并

〔五〕沉淪：處於未仕而清貧的境況。
〔六〕鹽梅：鹽和梅子。鹽味鹹，梅味酸，均為調味所需，亦喻指國家所需的賢才。《書經·說命下》："若作和羹，爾惟鹽梅。"《孔傳》："鹽鹹梅醋，羹須鹹醋以和之。"
〔七〕輦：指人君所乘的車。《通典·禮二十六》："夏氏末代制輦……秦以輦為人君之乘。"
〔八〕緬懷：遙想，追念。陶潛《陶淵明集·扇上畫贊》："緬懷千載，託契孤遊。"
〔九〕泂酌：指供祭祀用的薄酒。柳宗元《柳河東集·為韋京兆祭太常崔少卿文》："敬陳泂酌，以告明靈。"
〔一〇〕歆格：祭祀神靈或祖先時的敬神套語，謂祭祀時神靈享用祭品的香氣而來。歆，饗，嗅聞。《詩·大雅·生民》："其香始升，上帝居歆。"格，感通，感動。《書·說命下》："佑我烈祖，格於皇天。"

二 庚申

眷彼花潭，哲人攸基。猗嗟哲人，德高道微。清淑之質，蓋得天賦。窮格之學，不待師授。玩心高明，察理鳶天〔一〕。十翼妙銓〔一二〕，我東一人。志則高尚，才實經綸。不就旌招〔一三〕，甘心隱淪〔一四〕。採釣充飢，吟詠暢神。珠藏玉蘊，含章未宣〔一五〕。高風惟邈，緒餘猶傳。逮至于今，為式為矜。翼翼書堂〔一六〕，揭虔妥靈〔一七〕。追惟德懿，草木含馨。遹斯亭高，如見儀容。粵惟文忠〔一八〕，學術醇美。若許與閔〔一九〕，允篤操履〔二〇〕。德隣不孤〔二一〕，合腏彌光〔二二〕。遺風縱遠，盛美愈長。茲當輦過，緬懷伊人。誠深式閭〔二三〕,念切象賢〔二四〕。聊舉醴薦〔二五〕,以表予誠。通感有理,尚歆予觴!

【校記】
〔題二〕四刊本作"賜祭文 崇禎再庚申"。

【注釋】
〔一一〕鳶天:這是比喻君子的道理昭著于天上。語出《詩經·大雅·旱麓》:"鳶飛戾天,魚躍于淵。"《正義》:"其上則鳶鴟得飛至於天以遊翔,其下則魚皆跳躍於淵中而喜樂,是道被飛潛孽物得所,化之明察故也。"後以"鳶飛魚躍"謂萬物各得其所,任性而動,自得其樂。

〔一二〕十翼妙銓:十翼,《易》的《上彖》、《下彖》、《上象》、《下象》、《上系》、《下系》、《文言》、《説卦》、《序卦》、《雜卦》十篇,相傳為孔子所作。銓,指古代史書中説解、評議一類的文字。鄭樵《通志總序》:"後之史家,或謂之論,或謂之序,或謂之銓,或謂之評。"

〔一三〕旌招:以旌招之。謂徵召賢士。語本《孟子·萬章下》:"敢問招虞人何以?"曰:"以皮冠。庶人以旃,士以旂,大夫以旌。"

〔一四〕隱淪:隱没身體,不使人見。《後漢書·方術列傳下·解奴辜》:"皆能隱淪,出入不由門户。"

〔一五〕含章:包含美質。章,美。《易·坤》:"六三,含章可貞。"

〔一六〕翼翼:莊嚴雄偉貌。《詩經·大雅·緜》:"縮板以載,作廟翼翼。"

〔一七〕妥靈:安置亡靈。

〔一八〕文忠:鄭夢周(1337—1392)之謚號。

〔一九〕許與閔:指花潭門人許曄和閔純。

〔二〇〕操履:操守。

〔二一〕德隣不孤:有德之人相聚為伴之謂。《論語·里仁》:"德不孤,必有隣。"
〔二二〕合腏:謂合享也。
〔二三〕式閭:車過里門,人立車中,俯憑車軾,表示敬意。式,通"軾"。《書經·武成》:"釋箕子囚,封比干墓,式商容閭。"《正義》:"式者,車上之橫木,男子立乘,有所敬,則俯而憑式,遂以式為敬名。"後以"式閭"為敬賢之詞。
〔二四〕象賢:謂能效法先人的賢德。《書經·微子之命》:"殷王元子! 惟稽古崇德象賢。"蔡沈《書集傳》:"崇德謂先聖王之有德者,則尊崇而奉祀之也。象賢謂其後嗣子孫有象先賢而奉其祀也。"
〔二五〕醴薦:以醴酒祭獻之謂。

崧陽書院賜祭文略〔一〕

亦有四賢〔二〕,俎豆同祭。道德名節,前後匹儷。並念風猷〔三〕,曠感興涕〔四〕。

【注釋】

〔一〕崧陽書院:文忠公鄭夢周享祀之所。初稱為文忠堂,後萬曆乙亥(1575)賜額斯院。徐敬德、金尚憲、金堉、趙翼、禹玄寶等配享矣。
〔二〕四賢:指1668年以後配享之金尚憲、金堉、趙翼、禹玄寶。
〔三〕風猷:指人的風采品格。
〔四〕曠感:久遠之後有感懷之謂。

花谷書院春秋享祝文 崧陽書院享祝同

發揚聖蘊,垂教無窮。式虔享祀,永世是崇。

【校記】
[題]四刊本作"花谷書院釋菜祝文",小注同。

修文集時告文

沂川尹孝先[一]

青丘文教[二],肇自箕疇[三]。千數百年,邈無好修。逮于麗季[四],粤有圃隱。尋程、朱緒,述孔、孟訓。堂堂聖朝,靜菴復作。人知秉彝[五],士有立脚。惟我先生,神崧之英。欲致其知,自明而誠。數通天地,學紹圃、靜[六]。葛巾身老,花巖迹屏。達施雖嗇,令聞則永。猥將孤露[七],夙慕清芬[八]。師先生徒,誦先生文。中途多難,文喪人亡。更從嗣子[九],獲覩遺藏。一部二通[一〇],精義妙道。萬卷奚多[一一],千金匪寶。謹撰小跋,聊表鄙忱。今兹虔告,尚其昭格。冥冥有佑,永永無斁[一二]。

【校記】
[題]三刊本作"跋花潭集釋菜文",載於《花潭先生集跋》之後;四

刊本作"祭文"。

【注釋】

〔一〕尹孝先：字詠初(1563—1619)，號沂川，南原人。
〔二〕青丘：朝鮮之異稱。金富軾《三國史記·新羅文武王本紀》："公，太祖中牟王，積德北山，立功南海，威風振於青丘，仁教被於玄菟。"
〔三〕箕疇：指《書經·洪範》之"九疇"。相傳"九疇"為箕子所述，故名如此。
〔四〕麗季：高麗末年。
〔五〕秉彝：即人之常理。秉，稟賦。彝，常理。《詩經·大雅·烝民》："民之秉彝，好是懿德。"
〔六〕圃、静：圃隱和静菴。
〔七〕孤露：孤單無所蔭庇之人。此為告文作者自稱之詞。
〔八〕清芬：清香。喻花潭高潔之德行。
〔九〕嗣子：指花潭之子龍潭公徐應麒。
〔一〇〕通：量詞。用於文章、文件、書信。《花潭集》内花潭所作兩卷之謂。
〔一一〕萬卷句：萬卷不足為多，千金不足為寶，謂花潭著述雖不多而堪稱精華。
〔一二〕無斁：敗壞，毁壞。《詩·大雅·雲漢》："后稷不克，上帝不臨。耗斁下土，寧丁我躬！"

花谷書院祠宇重建上樑文

潛谷金堉〔一〕

居是邦，敬其賢者，既尊百世之師，因故廟易而新之,何難?一朝之改,非為觀美,寔出欽崇。先生達識通微〔二〕,英姿蓋世。天根月窟〔三〕,手探足躡之堯夫;魚躍鳶飛,格物致知之朱子。常尋孔、顏之樂處,妙合程、朱之緒言。歸而求之有餘,三百六旬之自悟〔四〕;小者學而及大,二十五年而皆通。蔚為儒真,鳴於東國。謂天降之大任,奈民澤之難蒙?

【注釋】

〔一〕金堉:字伯厚(1580—1658),號潛谷、晦静堂,清風人,謚號文貞。成渾門人。1624年文科及第。歷任中樞府領事、司憲府大司憲、領議政等職。有文集《潛谷遺稿》,本文亦收入其中。題作《花谷書院重創上樑文》,有題注"辛卯四月晦日"。
〔二〕通微:謂通曉隱微的道理。
〔三〕天根:自然之稟賦、根性。　月窟:傳說月之歸宿處。邵雍《伊川擊壤集·秋懷》:"脱衣掛扶桑,引手探月窟。"
〔四〕三百六旬句:自悟"期三百"之謂。

　　名登薦書〔五〕,不屑就於科目〔六〕。職辭寵擢〔七〕,堅所守乎初心。忠君孝親,禮尤謹於喪服〔八〕;達理知命,意猶安於死生。惟門弟景仰乎高山〔九〕,想杖屨陪遊之舊地〔一〇〕。靈臺二樂則仁者智者〔一一〕,花谷一區兮水哉山哉!立祠宇以妥靈,肅焉如在;開講堂而肄業,盛矣若初。不幸兵燹之餘〔一二〕,乃致崩頹之甚。赤白漫漶〔一三〕,難逃事神之未誠;樑棟欹傾,詎免尊師之欠敬?其誰曰"何必改作?"〔一四〕所惜者不承權輿〔一五〕。日吉辰良,已協龜筮之卜〔一六〕;時和歲稔〔一七〕,亦云人役惟閒。豈士子之獨趨?并民庶而咸集。得大木則喜,方審面勢高堅;為巨室而成,佇見眼前突兀。茲當隆棟之舉,用贊兒郎之抛〔一八〕。

【注釋】

〔五〕薦書:指大提學金安國及館中儒生薦先生而言。
〔六〕不屑句:謂花潭不热心於科舉。《花潭集·年譜》:"少不事科舉,以父母命,時起赴焉,既中司馬遂止。"
〔七〕職辭寵擢:謂花潭除厚陵參奉而不起。
〔八〕禮尤句:謂國王昇遐之時服齊衰三月。《花潭集·遺事》:"論方喪古制之嚴。中宗賓天,國制,儒生無服,只白衣冠三年。先生曰:'君父之喪,安可無服?'乃服齊衰三月。"
〔九〕高山:高峻的山。比喻崇高的德行。《詩·小雅·車舝》:"高山仰止,景行行止。"
〔一〇〕杖屨:手杖與鞋子。對老者、尊者的敬稱。
〔一一〕靈臺:心。
〔一二〕兵燹:因戰亂造成的焚燒、破壞等災害。
〔一三〕赤白漫漶:墙面塗漆模糊不可辨別。
〔一四〕其誰曰句:"何必改作"見於《論語·先進》:"魯人為長府。閔子騫曰:'仍舊貫,如之何?何必改作?'"這裏取反問形式,以表示肯定無人反對重立祠宇。
〔一五〕權輿:始初。《詩經·秦風·權輿》:"今也每食無餘。於嗟乎!不承權輿。"
〔一六〕已協句:已協定吉日之謂。 龜筮:占卦。古時占卜用龜,筮用蓍,視其象與數以定吉凶。《書經·大禹謨》:"鬼神其依,龜筮協從。"
〔一七〕歲稔:年成豐熟。
〔一八〕兒郎:青年,小伙子。

　　抛樑東〔一九〕。遥瞻三角在天東。高山仰止垂千祀,《易》已東焉吾道東〔二〇〕。

【注釋】

〔一九〕拋樑：舊時營造房室上梁時,總匠師登高時,以食物等,從梁上向四面上下拋擲,以驅煞、鎮鬼,而誦上梁文。此時,總匠師呼"兒郎"而開始撒丟食物等。圍觀者,尤其是村童少兒,轟然而搶,熱鬧非常。樓鑰《跋姜氏上梁文稿》："所謂兒郎偉者,猶言兒郎懑,蓋呼而告之,此關中方言也。"

〔二〇〕《易》已句：《古今事文類聚·人道部·師》："田何授《易》於丁寬,學成,寬東歸,何謂門人曰：'《易》已東矣。'"此處引此故事以贊花潭之治《易》之功。

　　拋樑西。簇立奇峰松嶽西〔二一〕。君子惜陰當努力,長繩難繫夕陽西〔二二〕。

【注釋】

〔二一〕松嶽：開城所在山名。
〔二二〕長繩句：謂留住時光而不能也。語本《古詩紀·傅玄〈九曲歌〉》："歲莫景邁群光絕,安得長繩繫白日？"

　　拋樑南。百花潭在院之南。天光雲影水鏡裏,巖作奇屏還繞南。
　　拋樑北。先生真宅豐碑北〔二三〕。依然亞丈不違顏〔二四〕,嗟爾諸生如拱北〔二五〕。

【注釋】

〔二三〕真宅：人死後的真正歸宿,指墳墓。《列子·天瑞》："鬼,歸也,歸其真宅。"　豐：大,高大。《易·序卦》："豐者,大也。"
〔二四〕不違顏：在近而不在遠之謂。語本《左傳·僖公九年》："天威不違顏咫尺。"

〔二五〕拱北：拱衛北極星。語本《論語·為政》："為政以德,譬如北辰居其所,而衆星共(拱)之。"此處因以喻諸生表敬意於花潭。

抛樑上。明明玉帝臨于上。嚴恭慎莫貳其心,天不甚高頭以上。

抛樑下。清溪流出青山下。斯須入海濁如涇,君子由來惡居下〔二六〕。

【注釋】

〔二六〕清溪流出三句：此處以清溪、青山比喻花潭之高潔人品。涇,涇水。渭河的支流,在陝西省中部。古人謂涇濁渭清(實為涇清渭濁)。

伏願上樑之後,禮儀益明,道學愈盛。春秋俎豆,勿替享祠之儀；冬夏詩書,更勉絃誦之習〔二七〕。緇帷絳帳〔二八〕,橫組帶而飄飄〔二九〕；北海西河〔三〇〕,擁青衿之濟濟〔三一〕。升堂入室〔三二〕,無非德行之賢；甲第高門〔三三〕,總是廊廟之器〔三四〕。來佐聖朝新化,以成熙代文治〔三五〕。

【注釋】

〔二七〕絃誦：泛指授業、誦讀之事。古代授《詩》、學《詩》,配絃樂而歌者為絃歌,無樂而朗讀者為誦,合稱"絃誦"。《禮記·文王世子》："春誦夏絃。"鄭玄注："誦謂歌樂也,絃謂以絲播詩。"

〔二八〕緇帷：指講習之所。《莊子·漁父》："孔子游乎緇帷之林,休坐乎杏壇之上。" 絳帳：指紅色帳帷。後漢馬融常坐高堂,施絳紗帳,前授生徒,後列女樂。見《後漢書》卷六十上《馬融傳》。後因用作對師長、講席之敬稱。
〔二九〕組帶：絲織系帶。古代官員的習用服飾。
〔三〇〕北海句：謂教育諸生之師。北海，郡名。漢末孔融任北海相，立學校，表顯儒術，薦舉賢良鄭玄、彭璆、邴原等。因頗有政聲，人稱孔北海，亦稱北海。西河，河名。古稱黃河南北流向的部分為西河。"西河"為孔子弟子子夏的代稱。《禮記·檀弓上》："（子夏）退而老於西河之上。"他晚年時，到魏國西河一帶教學，開創"西河學派"，培育出經國治世的良材。
〔三一〕青衿：古代衣服的交領。《詩經·鄭風·子衿》："青青子衿，悠悠我心。"毛傳："青衿，青領也。學子之所服。" 濟濟：眾多貌。《詩經·大雅·旱麓》："瞻彼旱麓，榛楛濟濟。"毛傳："濟濟，眾多也。"
〔三二〕升堂句：《論語·先進》："由也升堂矣，未入於室也。"升堂、入室，喻學習所達到的境界漸至深入，此處指那些學有所成的士子。
〔三三〕甲第高門：指豪門貴族。
〔三四〕廊廟：指朝廷。《後漢書·申屠剛傳》："廊廟之計，既不豫定，動軍發眾，又不深料。"李賢注："廊，殿下屋也；廟，太廟也。國事必先謀於廊廟之所也。"
〔三五〕熙代：昭代，盛世。

崧陽書院祠宇重建上樑文略〔一〕

白軒李景奭〔二〕

復有徐先生之繼起，寧無魯君子之取斯〔三〕？滿目雲山,都是堯夫之樂;有形天地,無非明道之通^[四]。斯固内聖而外王,早能手探而足躡。實乃萬古四海之罕出,夫何一鄉兩賢之疊生?

【注釋】

〔一〕題:此文之全文,載於李景奭《白軒集·崇陽書院上梁文》。全文如下:"山河不改,共切景仰之誠;風雨攸除,宜葺瞻依之宇。地形仍舊,廟貌重新。惟我圃隱鄭先生,奎璧其精,天人之學。闡孔孟之微旨,絶而復傳;誦曾思之遺篇,超然獨詣。横豎俱當於理,知行兩盡其方。措諸事業之間,忠孝為本;凜乎夷險之際,蠻貊可行。寔惟北斗泰山之尊,展也東方道學之祖。戰戰兢兢洞洞屬屬之志,養至大而至剛;君君臣臣父父子子之倫,明有親而有義。秋霜烈日,映千載之高名;霽月光風,餘一區之故宅。復有徐先生之繼起,寧無魯君子之取斯?滿目雲山,都是堯夫之樂;有形天地,無非明道之通。斯固内聖而外王,早能手探而足躡。實乃萬古四海之罕出,夫何一鄉兩賢之疊生?栗里遺墟,猶帶晉家之甲子;廬洞廢址,即紆宋室之寵綏。始有而輪焉、奂焉,並尊而高矣、美矣。誰知兵火後再建,奄作苔蘚中盡頹?白叟興嗟,青衿抱恨。豈但吾黨小子之力相與周旋?抑亦是邦大夫之賢為之經紀。時維九月,日既吉而辰良;和者千人,役未久而功就。風斤雪斧,幾費都料之工;柏板松楹,略做重簷之制。揭鷟翔之賜額,有隕自天;講彝倫而潛心,未墜於地。一畝之宫復見,望之儼然;數仞之墻猶存,如有卓爾。橋傳善竹,灑今日之清風;嶽挺堅松,宛當年之勁節。更瞻花潭之勝,怳聞沂水之歌。天聖十峰,分明衛道之勢;滄浪一曲,髣髴觀瀾之時。于以闢仁義荆榛之荒途,蓋將培宇宙棟梁之元氣。聊用贊偉,敢爾獻謡。抛梁東。日月千年照我東。三韓免却為長夜,摠是先生道學功。抛梁西。高山爽氣透簷西。試向卷中看仔細,聖門尋處未應迷。拋梁南。一點明星鎮在南。應知永使斯文壽,月窟天根靜裏探。拋梁北。蒼翠千重橫繞北。雷雨何曾受動搖,也同吾道扶人極。拋梁上。想得春風滿座上。天光雲影古今同,且泝淵源莫放浪。拋梁下。懦立頑廉百代下。屋漏須思上帝臨,朝朝靜掃神明舍。伏願上梁之後,道脈彌長,儒風益盛。春秋俎豆,不替享祀之儀;冬夏詩書,無怠絃誦之習。水有洛龜之出,山聞岐鳳之鳴。明著衣裳,藹吉士之接武;薰陶德性,異俗子之為文。鬱鬱乎龍盤虎踞之舊都,潑潑然鳶飛魚躍之樂土。永為四書六經之府,堅植三綱五常之根。"

〔二〕李景奭:字尚輔(1595—1671),號白軒,全州人,諡號文忠。趙纘韓門人,與崔鳴吉、張維等交遊。1623年文科及第。歷任大提學、領議政等職。

〔三〕復有二句:言既有花潭先生之繼出,不可以不傳他的學說也。　魯君子:即左丘明,記孔子之傳者也。《春秋左傳序》:"《太史公十二諸侯年表序》云:'自孔子論史記,次《春秋》,七十子之徒,口授其傳。魯君子左丘明懼弟子各有妄其意,失其真,故具論其語,成《左氏春秋》。"

〔四〕明道:程顥的號。

從祀文廟議〔一〕

白沙李恒福〔二〕

臣嘗聞徐敬德以聰明超邁之資,生絕學荒莽之地,學務窮格,知由思得,斯可謂一蹴而造道者,亦一時豪傑之士也。同鄉多士聞風而言者,亦必以是也。

只恨臣少懶失學,其於尚友評古之見[三],皆所昧昧。故凡於此等論議,皆不敢妄立己見,一切欲尋逐前人之説,以為標的。先王初年[四],士習大變,宏儒咸集,皆非臣滅裂之比,而就於國朝諸儒之中,表出四臣[五],請祀文廟者,言非草草[六],意非偶然。近世儒臣之論,以敬德多自得之味,乃得與李滉并稱。其於推尊,可謂極矣,而至於湛一清虛之論則以為全出於一氣長存之説,有認氣為理之病。豈不以初頭思索太過,其於格致之功,與《大學》及先儒之説不同而然歟?此等奧義,臣以末學,耳雖得聞而心未及有得也。今何敢妄有所云云?惟是當初論定從祀之列,一時之士如彼其宏博,而不知以何所見取此而遺彼歟。臣所未解者,政在此等處,今亦不敢妄為之定論。官雖大小,見有高下,儒林大議,非循資致貴者所敢獨決[七]。今以此疏,廣詢博訪以定,則庶無所欠。伏惟上裁。

【注釋】

〔一〕從祀文廟議:此議為光海君以開城府儒疏從祀徐敬德事,下禮曹群議時,李恒福所啓之内容。此議亦載於《白沙集·無題·徐敬德從祀文廟議》《光海君日記·二年十月三十日》,文字偶有小異。

〔二〕李恒福:字子常(1556—1618),號白沙,慶州人,諡號文忠。與李德馨、申欽等交遊。1580年文科及第。歷任左議政、領議政等職。有文集《白沙集》。

〔三〕尚友:上與古人為友。《孟子·萬章下》:"以友天下之善士為未足,又尚論古之人。頌其詩,讀其書,不知其人,可乎?是以論其世也,是尚友也。"

〔四〕先王：指朝鮮第十四代王宣祖（1552—1608）。初名鈞，改名昖，諡號昭敬。1567年至1608年在位。

〔五〕四臣：指金宏弼、鄭汝昌、趙光祖、李彥迪。鄭汝昌《一蠹集·褒贈祀典》載："穆宗莊皇帝隆慶二年，宣祖大王元年戊辰（1568），館學儒生趙憲等，疏請金宏弼、鄭汝昌、趙光祖、李彥迪從祀文廟，累月陳請。自是之後，每年陳疏。或新榜入泮之後，率新生員陳疏，逐榜籲懇，以為常規。"

〔六〕草草：草率，苟簡。

〔七〕循資：逐資級晉升之謂。

訪花潭徐處士[一]

洪仁祐

舊聞花潭君子居,欲談高趣數年餘。細雨東風松户寂,主人心事問何如?

【校記】

[洪仁祐]三刊本作"洪恥齋";四刊本作"恥齋洪仁祐"。

【注釋】

〔一〕訪花潭徐處士:此詩載於《恥齋遺稿》。

次韻寄可久[一]

趙昱

百花潭上坐垂綸[二],據有林泉亦未貧。披閲圖書心似鏡,品題風月筆如神[三]。袖中閑却陶甄手[四],物外超然快活身。問舍求田吾欲去[五],勝遊追逐可無人[六]?

【校記】

[趙昱]三刊本作"趙龍門下同";四刊本作"龍門趙昱"。

【注釋】

〔一〕次韻寄可久：此詩載於《龍門集·西齋錄·再用元韻寄可久》。

〔二〕垂綸：垂釣。

〔三〕品題：觀賞，玩賞。

〔四〕袖中句：謂藏教化之能力而不欲參與世事也。陶甄，比喻陶冶，教化。

〔五〕問舍句：謂不欲專營家產之事。

〔六〕勝遊句：反問句，謂必有同遊勝景之人。

寄贈可久

前 人

每欲裁書寄草堂，臨風回首意空長。一時美譽無多取，千古沉迷合更張[一]。物外安心忘適適[二]，人間騰口笑涼涼[三]。却憐飄泊身如客，問道何從返故鄉？

【校記】

[題] 三刊本此下有"用駱峰先生堂字韻"八字；《龍門集》此下有"用駱峰先生堂字韻二首"十字。

【注釋】

〔一〕沉迷：深深地迷惑、迷戀。丘遲《與陳伯之書》："沉迷猖獗，以至於此。"

〔二〕適適：驚恐失色貌。《莊子·秋水》："於是埳井之鼃聞之，適適然驚,規規然自失也。"
〔三〕騰口:張口放言。白居易《代書詩一百韻寄微之》:"騰口因成痏,吹毛遂得疵。" 涼涼:寂寞冷落貌。《孟子·盡心下》:"行何為踽踽涼涼?"朱熹集注:"踽踽,獨行不進之貌。涼涼,薄也,不見親厚於人也。"

二

　　收取閑身卧草堂,四時流轉興偏長[四]。春深花徑霞光爛,秋入楓巖錦帳張。雪夜丹爐常自暖,炎天水石却生涼。静觀物化忘言處,誰與分歸道德鄉?

【注釋】
〔四〕偏:副詞,表程度。最,很,特別。《莊子·庚桑楚》:"老聃之役有庚桑楚者,偏得老聃之道,以此居畏壘之山。"

三

　　曾携布被宿閑堂,目擊知君道味長[五]。園囿似聞多曠廢,溪山應恨少鋪張[六]。久嫌塵濁薰心熱[七],却憶松風滿意涼。仍想潭邊花欲發,更於何處訪仙鄉?

【校記】
[園囿]三刊本作"園圃"。

【注釋】
〔五〕道味：超凡出世的情志。
〔六〕鋪張：鋪排陳設。
〔七〕薰心：謂尘世污濁薰灼其心。《易·艮》："艮其限,列其夤,厲薰心。"

四

知君學到無疑處,又近宣尼耳順年〔八〕。禮樂固應歸制作,聲名久已屬流傳。自慚摘埴難追步〔九〕,敢望披雲更見天。道妙從來非少得,才如顔子費鑽研〔一〇〕。

【校記】
［四］三刊本作"贈可久";《龍門集》作"奉贈可久"。

【注釋】
〔八〕宣尼：漢平帝元始元年追謚孔子為"褒成宣尼公",後因稱孔子為"宣尼"。《漢書·平帝紀》："元始元年春正月……孔子後孔均為褒成侯,奉其祀。追謚孔子曰'褒成宣尼公'。"
〔九〕摘埴："摘"應為"擿"。埴,泛指泥土,土地。盲人以杖叩地而摸索道路。揚雄《揚子法言·修身》："擿埴索塗,冥行而已矣。"李軌注："埴,土也。盲人以杖擿地而求道,雖用白日,無異夜行。"
〔一〇〕鑽研：深入研究。

書徐處士《花潭集》後

李　滉

末世天無改,吾東聖欲居。魯風猶可變[一],箕訓詎終虛[二]？前輩文華勝,今人術業疏[三]。有誰能自奮,躬道向經書？

【注釋】
〔一〕魯風：孔子之遺風。
〔二〕箕訓：箕子八條之教。《後漢書·東夷列傳》："昔箕子違衰殷之運,避地朝鮮。始其國俗未有聞也,及施八條之約,使人知禁。"參《花潭先生文集重刊序》注〔一三〕。
〔三〕術業：學術技藝,學業。

二

嘆息花潭老,于今永我疏[四]。抗身依聖哲[五],觀物樂鳶魚[六]。不藉彈冠手[七],寧拋帶月鋤[八]。當年如得見,勝讀十年書。

【注釋】
〔四〕疏：指離間,使疏遠。
〔五〕抗身：立身,置身。
〔六〕鳶魚：參見《重刊花潭先生文集序》注〔三〇〕。

〔七〕彈冠：彈去冠上的灰塵。指為官。
〔八〕寧拋句：不拘礙於謀生之業。帶月鋤，謂除草以後，披著月光回家。陶潛《歸園田居》詩之三："晨興理荒穢，帶月荷鋤歸。"

三

獨厲頹波泳聖涯〔九〕，林居如得鬼誰何？數窺億世猶看掌〔一〇〕，學泝千年欲擅家〔一一〕。似董潛猶下帷讀〔一二〕，如曾狂不倚門歌〔一三〕。吾生又未斯人見，自恐平生虛擲過〔一四〕。

【校記】
［數窺］窺，下附原校曰：一作"窮"。

【注釋】
〔九〕厲：振奮。《管子·七法》："兵弱而士不厲，則戰不勝而守不固。" 頹波：比喻頹墮的風尚。 泳聖涯：涵咏領會聖賢的學術文章。《新唐書·文藝傳》："大曆、貞元間，美才輩出，擩嚌道真，涵泳聖涯。"
〔一〇〕數：此指象數。 猶看掌：如同看自己的掌紋一樣清晰容易。
〔一一〕擅家：獨特出群。
〔一二〕似董句：參卷一《天機》詩"三年下董幃"注。
〔一三〕曾：指曾點。《禮記·檀弓下》："及其喪也，曾點倚其門而歌。"
〔一四〕虛擲：白白地丟棄、扔掉，此處指虛度光陰。

徐處士花潭舊居〔一〕

徐老今為鶴背身〔二〕,藏修遺迹總成塵〔三〕。何人為尋花潭院,心緒相傳更幾人?

【校記】
〔成塵〕《退溪集》作"成陳"。　　〔為尋〕《文峰集》作"為築"。

【注釋】
〔一〕徐處士花潭舊居:此即李滉《退溪集》所載《韓士炯胤明往天磨山讀書留一帖求拙跡偶書所感寄贈》詩中之一首。《文峰集·閑中筆録》録此詩,并附花潭之生平,如下:"花潭徐先生,名敬德,字景興。松京人。少時,豪俠不羈,以氣節自負。年十八,始折節讀書,初讀《大學》,至'致知在格物',忽悟曰:'為學當如是。'遂屏去册子,獨坐書室,書物名於壁,逐一理會。如理會'天'字了,方理會'地'字;理會'地'字了,方理會'人'字。如此用功,毫分縷析,晝夜不懈。如是凡三年,始取程朱書質之,多有所合。於是益自奮勵,探究玩索,以正其所見之差。然因思索太過,遂得心疾。又置不思索者數年,疾已則用功如初。又精數學,嘗默籌皇極數,及得邵子之説,無不吻合。晚年所見高明。朴希正嘗問先生入道次第,先生歷舉平生以告之。且曰:'學者工夫,下學上達,循循有序,不可躐等。某之用功,與聖賢所指不同,別是一段工夫,不可學也。'又語學者曰:'某行不及知,自覺所見無愧於先儒,但行處疏漏耳。然近覺此心湛然常存,未嘗走作,若加我數年,庶幾有進耳。'初，先生有遊覽四方之志，遂徒步以行，凡四方名山大川，無不歷覽，周年而後返。自是屏棄舉業，築室於花潭之上，以講論經籍、探究義理為事。好彈琴，音調清絶。家甚貧，晨夕不繼，冠服不備，而處之泰然，不以為意。人有周餽者，必度於義而辭受之。搢紳之遊松京者，無不造其廬，先生以野服見之，皆嗟歎而去。從學者常數十人，先生隨其資而教之，諄諄不倦。所稱許者，朴民獻、許曄、朴淳而已，後三人皆有顯名。中廟賓天，先生自以庶民，服齊衰三月而除。時朝議朝野皆行三年之喪，先生為疏請遵禮制，既而不果上。初仁廟在東宮，聞其名，素重其人，至是有大用之意，未果而仁廟薨。是月，先生亦卒。先生殁後，有為邪議者，謂先生餙行盗名，蓋先生素與尹元老善，故有是論。元老乃先生少時友也。余嘗聞先生之學於退溪先生。先生曰：'觀其議論，論氣則精到無餘，而於理則未甚透徹。主氣太過，或認氣為理。然吾東方前此未有論著至此者，發明理氣，始有此人耳。但言語之際，自負大過，恐其所得未深也。'先生嘗著《鬼神死生論》，貽朴希正、許太輝諸人曰：'此論雖辭拙，然見到千聖不盡傳之地頭爾。勿令中失，可傳之後學，遍諸華夷遠邇，使知東方有學者出，附諸性理卷末一紙，可矣。'退溪深不滿於此言，以為有誇大之病。然甚重其人，有人往松都讀書，辭先生，先生與之詩云：'徐老今為鶴背身，藏修遺跡總成塵。何人為築花潭院，心緒相傳有幾人？'其拳拳如此。"

〔二〕徐老句：花潭已經去世之謂。鶴背，鶴的脊背，傳說為修道成仙者騎坐處。

〔三〕藏修：指專心學習之蹟。《禮記·學記》："君子之於學也，藏焉，修焉，息焉，遊焉。"鄭玄注："藏謂懷抱之。修，習也。"

吟示諸君〔一〕

金麟厚

珍重花潭語,淵源千載儒。謄來深有警,免落一邊枯〔二〕。

【校記】
[金麟厚]四刊本作"河西金麟厚"。

【注釋】
〔一〕吟示諸君:此詩載《河西集》。詩下并有《其二》云:"周孔傳千古,經綸屬宋儒。男兒事業在,草木肯同枯?"
〔二〕枯:偏僻,荒涼。

遊花潭贈徐時遇〔一〕 應麒,先生子。

李 珥

至人觀化後〔二〕,有客雨中遊〔三〕。道在巖阿潤,雲生野逕幽。石苔隨意綠,山澗盡情流。逢君問先跡〔四〕,更喜典刑留。

【校記】
[先生子]《栗谷集》此上有"花潭"二字。其下有"是日雨"三字。

[李珥]《栗谷集》此上有"栗谷"二字。

【注釋】
〔 一 〕遊花潭贈徐時遇：此詩載於《栗谷集》卷之五。
〔 二 〕至人：指稱花潭。　觀化：死亡的婉辭。
〔 三 〕客：李珥自稱之詞。
〔 四 〕君：指稱徐應麒。

過花潭有感

尹斗壽〔一〕

　　春去花無在，沙崩潭又湮〔二〕。佳名定何物，世事果誰真？舊戶履空散〔三〕，前阡草自新。徘徊不能去，山雨墊綸巾〔四〕。

【校記】
[尹斗壽]四刊本此上有"梧陰"二字。

【注釋】
〔 一 〕尹斗壽：字子仰(1533—1601)，號梧陰，海平人，謚號文靖。1558年文科及第。歷任左議政、領議政等職。有文集《梧陰遺稿》。
〔 二 〕沙崩：沙岸崩塌。
〔 三 〕履：謂經歷某種景況。
〔 四 〕墊：下垂。曹操《兵書接要》："三軍將行，其旗墊然若雨，是謂天露。"

送崔汝以天健出守松都〔一〕

尹根壽〔二〕

潭面花開礀谷香,哲人曾此日相羊〔三〕。荒墳寂寞精靈在,秋菊寒泉試薦觴。

【校記】

[尹根壽]《月汀集》此上有"月汀"二字。

【注釋】

〔一〕送崔汝以出守松都:此詩載於《月汀集》,詩凡六首,此為第四首。
〔二〕尹根壽:字子固(1537—1616),號月汀,海平人。諡號文貞。尹斗壽之弟,李滉門人。1558年文科及第。歷任大提學、禮曹判書等職。有文集《月汀集》。
〔三〕相羊:亦作"相佯"、"相徉"。徘徊,盤桓。《楚辭·離騷經》:"折若木以拂日兮,聊逍遥以相羊。"洪興祖《補注》:"相羊,猶徘徊也。"

拜先生墓下有感

洪履祥〔一〕

平生夢想始來參,山似圍屏水似藍。欲識當年真樂地,一天寒月照空潭。

【校記】
[題]《慕堂集》作"花潭謁廟有感"。　　[寒月]《慕堂集》作"明月"。

【注釋】
〔一〕洪履祥:字元禮(1549—1615),號慕堂,豐山人,謚號文敬。閔純門人。1579年文科及第。與許筬、禹伏龍等交遊。歷任大司成、開城留守等官職。著有《慕堂集》。

花　　潭

崔　岦〔一〕

先生昔傍名山居,不見先生尋故墟。合有神仙共宴息,何曾厲鬼煩驅除〔二〕?後天學了弄丸處〔三〕,經世書成觀物餘。山靈倘亦記此事,豈令客子空躑躅?

【校記】
[題]《簡易集》作"次藥老花潭韻"。　　[崔岦]四刊本作"簡易崔岦"。　　[躑躅]《簡易集》作"躊躇"。

【注釋】
〔一〕崔岦:字立之(1539—1612),號簡易,通川人。1561年文科及第。歷任全州府尹、承文院提調等職。著有《簡易集》。
〔二〕厲鬼:惡鬼。

〔三〕弄丸：探究易理之謂。邵雍《伊川擊壤集·自作真贊》："借爾面貌，假爾形骸。弄丸余暇，閒往閒來。"自注曰："丸謂太極。"

又〔一〕

柳　根〔二〕

何處無春色，花潭不可忘。千紅與萬紫，長得帶芬芳。

【注釋】

〔一〕又：此詩載《慕堂集·附録·松都四壯元契會圖序》，序乃萬曆甲寅（1614）秋八月五日所作。序內有詩四首，此首之題即《花潭尋芳》。
〔二〕柳根：字晦夫（1549—1627），號西坰，晉州人，謚號文靖。黃廷彧門人。1572年文科及第。歷任大提學、右贊成等職。著有《西坰集》。

又〔一〕

辛應時〔二〕

五冠山下花潭上，簞食平生樂我貧。斯道有傳先有覺,清時不幸逸為民。故都當日斂高士[三],黃壤何年閟德人[四]。報道幽明褒獎遍,佇看朽骨聖恩淪[五]。

【校記】
[斂高士]《白麓遺稿》作"欽高士"。

【注釋】
〔一〕又:此詩載於《白麓遺稿》,題作《花潭有感丁卯正月湖堂朔啓自上特命追贈户曹佐郎》。
〔二〕辛應時:字君望(1532—1585),號白麓,寧越人,諡號文莊。有文集《白麓遺稿》。
〔三〕故都:指開城。開城即高麗國之都邑。
〔四〕黃壤:猶黃泉。
〔五〕報道幽明二句:指朝鮮宣祖八年(1575),上命議大臣,贈右議政,諡曰"文康"之事。

又[一]

車天輅[二]

白石巖扉長碧苔,山川依舊鳥飛回。門前樹老先生柳,籬下花殘處士梅。何處神仙乘鶴去?至今松月照人來。洞心猶有清潭水,想見冰壺一片開[三]。

【校記】
[洞心猶有]《五山集》作"炯心惟有"。

【注釋】

〔一〕又：此詩載於《五山集》，題作《花潭松月》。

〔二〕車天輅：字復元（1556—1615），號五山，延安人。徐敬德門人。1577年文科及第。歷任通津縣監、奉常寺正等職。著有《五山集》。

〔三〕冰壺：盛冰的玉壺。常用以比喻品德清白廉潔。語本《文選·鮑照〈白頭吟〉》："直如朱絲繩，清如玉壺冰。"李周翰注："玉壺冰，取其絜净也。"

又

李翊相〔一〕

仙山踏盡到溪潯〔二〕，祠屋嵬然境自深〔三〕。勝景坐看雲起巘，繁華留待錦粧林。光陰已遠雖難及，軌躅猶存此可尋〔四〕。拜罷夕陽移几席，恍聞沂水詠歸吟〔五〕。

【注釋】

〔一〕李翊相：字弼卿（1625—1691），號梅磵，謚號文僖。延安人。1660年文科及第。歷任大司成吏曹判書等職。著有《梅磵集》，然未收此詩。

〔二〕潯：水邊。

〔三〕祠屋：指花谷書院。

〔四〕軌躅：指舊軌故跡。

〔五〕沂水詠歸：語出於《論語·先進》："莫春者，春服既成，冠者五六人，童子六七人，浴乎沂，風乎舞雩，詠而歸。"後遂以"詠歸"作爲很多人聚合一起吟詩作賦之典。

又

南龍翼〔一〕

巍然祠宇壓溪潯,再拜庭前敬慕深。手足月天真是邵〔二〕,妻兒梅鶴豈徒林〔三〕?看山可想仁人樂〔四〕,講道偏宜暇日尋〔五〕。理氣聲音神鬼説〔六〕,聊從多士一長吟。

【注釋】

〔一〕南龍翼:字雲卿(1628—1692),號壺谷,宜寧人,謚號文憲。1648年文科及第。歷任大提學、吏曹判書等職。著有《壺谷集》,然未收此詩。
〔二〕手足:比喻整體的分支。謂關係密切,不可分割。《孟子·離婁下》:"君之視臣如手足,則臣視君如腹心。"
邵:指邵雍。
〔三〕妻兒句:以花潭之清高隱居比於林逋。林,指宋代高士林逋(976—1028)。逋嘗隱居西湖孤山,种植梅花,飼養仙鶴,終生不娶,人謂"梅妻鶴子"。
〔四〕看山句:想象花潭樂山之時的興趣。《論語·雍也》:"子曰:'知者樂水,仁者樂山。知者動,仁者静。知者樂,仁者壽。'"
〔五〕偏宜:最宜,特別合適。
〔六〕理氣句:指花潭所作之《理氣説》、《聲音解》、《鬼神死生説》。

又

金光煜〔一〕

頭白分司幸得參〔二〕,至今溪水尚挼藍〔三〕。臨流卜築君知否? 要把靈臺洗此潭。

【注釋】

〔一〕金光煜:字晦而(1580—1656),號竹所,安東人,謚號文貞。1606年文科及第。歷任開城留守、兵曹參判、户曹參判等職。著有《竹所集》,然未收此詩。
〔二〕頭白句:此詩是金光煜為開城留守時,訪花谷書院所作。這時,他已七十三歲(1652),故稱"頭白"。分司,中央官員在陪都任職者。
〔三〕挼藍:浸揉藍草作染料,詩詞中用以借指湛藍色。白居易《春池上戲贈李郎中》詩:"直似挼藍新汁色,與君南宅染羅裙。"

又〔一〕

洪處亮〔二〕

花落花潭潭水潯,講堂寥寂洞門深。川源一帶多喬木,香火千年有士林。僚友與遊真可樂,將軍無事亦相尋。老夫於此偏乘興,日暮忘歸坐獨吟。

【校記】

〔川源〕原闕,據《北汀遺稿》補。

【注釋】

〔 一 〕題:此詩載於《北汀遺稿》,題作《以花潭即事録示同行僚友是日長湍倅携酒來會》。
〔 二 〕洪處亮:字子晦(1607—1683),號北汀,南陽人,謚號貞靖。1367年文科及第。歷任開城留守、大司憲等職。有文集《北汀遺稿》。

二

士昔藏修地,人今想典刑。廟焉千載饗,堂以九秋成。泉響聽環佩,山光對錦屏。諸君爭侑酒〔三〕,老守此傾情〔四〕。

【注釋】

〔 三 〕侑酒:勸酒,為飲酒者助興。
〔 四 〕老守:洪處亮自稱之辭。朝鮮顯宗九年(1668)十二月二十一日,洪處亮為開城留守。

又

申 銋〔一〕

夙慕花潭勝,今成竹杖遊。高山猶自仰,逝水不曾留。石壁層層畫,林丘曲曲幽。斜陽橫鐵笛〔二〕,寥亮萬峰秋〔三〕。

【注釋】

〔一〕申鈨：字華仲(1639—1725),號寒竹,平山人,謚號忠景。歷任開城留守、大司憲等職。贈領議政。

〔二〕鐵笛：鐵製的笛管。往之為隱者、高士所喜愛,笛音高亢響亮。朱熹《武夷精舍雜詠·鐵笛亭序》:"武夷山中之隱者劉君善吹鐵笛,有穿雲裂石之聲。"

〔三〕寥亮：清越響亮。後多作"嘹亮"。

又

金昌協〔一〕

清溪發源深,百折度山阿。綠淨遂成潭,白石旁瑳瑳〔二〕。上有蒼石臺〔三〕,狀几若陳羅。聞昔徐夫子,於此舞婆娑〔四〕。冥觀洞元化〔五〕,真樂不奈何〔六〕。風霆弄一丸〔七〕,金石發浩歌〔八〕。甑塵雖日積〔九〕,靈府自天和〔一〇〕。遂令東韓士,尚標西洛窩〔一一〕。眷言歌考槃〔一二〕,永懷碩人薖〔一三〕。煙林弄好鳥,雲壁蔓春蘿。點瑟雖未鼓,冠童且互哦〔一四〕。所愧未聞道,再來髪已皤。仰止寄何處,五冠高嵯峨〔一五〕。

【校記】

[又]四刊本、《農巖集》作"花潭"。　[金昌協]四刊本此上有

"農巖"二字。　　［弄好鳥］《農巖集》作"哢好鳥"。

【注釋】

〔 一 〕金昌協：字仲和(1651—1708)，號農巖，安東人，謚號文簡。宋時烈、李端相門人。1682年文科及第，歷任大提學、禮曹判書等職。著有《農巖集》。

〔 二 〕瑳瑳：鮮明潔白貌。

〔 三 〕蒼石臺：臺名。

〔 四 〕婆娑：舞貌。《詩經·陳風·東門之枌》："子仲之子，婆娑其下。"

〔 五 〕冥觀：玄妙的體察。韓愈《荐士》詩："冥觀洞古今，象外逐幽好。"　元化：造化，天地。

〔 六 〕不奈何：不作難，不難為。

〔 七 〕弄一丸：弄丸。探究易理之謂，參前崔岦作《花潭》詩注〔三〕。

〔 八 〕浩歌：浩，大也。放聲高歌，大聲歌唱。《楚辭·九歌·大司命》："望美人兮未來，臨風怳兮浩歌。"

〔 九 〕甑塵：甑中生塵，比喻生活清貧。

〔一〇〕靈府：精神之宅，指心。《莊子·德充符》："仲尼曰：'死生、存亡、窮達、貧富、賢与不肖、毀譽、飢渴、寒暑，是事之變，命之行也；日夜相代乎前，而知不能規乎其始者也。故不足以滑和，不可入于靈府。'"

〔一一〕洛窩：指洛學。北宋程顥、程頤為洛陽人，故程子理學又稱洛學。

〔一二〕睠言：亦作"睊言"，回顧貌。言，詞尾。《詩·小雅·大東》："睠言顧之，潸焉出涕。"

〔一三〕碩人薖：指賢人所居之處。薖，窠的假借字。《詩經·衛風·考槃》："考槃在阿，碩人之薖。獨寐寤歌，永矢弗過。"

〔一四〕點瑟二句：因曾點善鼓瑟，故稱"點瑟"。鼓，敲擊或彈奏(樂器)。《論語·先進》："子曰……'點，爾如？'鼓瑟希，鏗爾，舍瑟而作……"

〔一五〕五冠：山名。　嵯峨：山勢高峻貌。

又

金昌翕〔一〕

東方實鹵莽〔二〕，一有英邁士。玄通自髫齡，妙契義邵旨〔三〕。周遊六六宮〔四〕，斂以一榻跪。資深始居安，忘飢即林水。天磨有餘麓〔五〕，窈窕小山峙。金潭匯澄碧，野色限於此。兹為考槃所，浩然以樂死。黌院舊窩仍〔六〕，有過輒仰止。霜天肅余衿〔七〕，石瘦老楓紫〔八〕。臨川想寒瓢〔九〕，蔭丘撫幽履〔一〇〕。墳高白雲上，碑古綠蘿裏。低徊未云已〔一一〕，小磯累臨跂〔一二〕。清虛澹無朕，瀯泠會眼耳〔一三〕。存期逝斯亭，有客亦千里。靜數潭中魚，寧知我非子〔一四〕？先生其緬矣〔一五〕，餘玩則斯理。

【校記】

［又］四刊本、《三淵集》均作"謁花潭書院"。　　［金昌翕］四刊本此上有"三淵"二字。

【注釋】

〔一〕金昌翕：字子益（1653—1722），號三淵，安東人，謚號文康。金昌協之弟。李端相、趙聖期門人。歷任司憲府持平等職。著有《三淵集》。

〔二〕鹵莽：粗疏，魯莽。鹵，通"魯"。

〔三〕羲邵：伏羲和邵雍,代指《易》理。
〔四〕周遊句：指周旋於天理流行之間。六六宫,三十六宫,指天地萬物之間。邵雍《伊川擊壤集·觀物吟》："天根月窟閒來往,三十六宫都是春。"
〔五〕天磨：山名。
〔六〕黌院：黌宇。古時學校的校舍。《後漢書·儒林列傳序》："順帝感翟酺之言,乃更修黌宇,凡所造構二百四十房,千八百五十室。"
〔七〕肅：整理,整飭。
〔八〕瘦：形容削直、突兀。柳宗元《柳河東集·游黄溪記》："地皆一狀,樹益壯,石益瘦,水鳴皆鏘然。"
〔九〕寒瓢：指家境貧寒,生活清苦的花潭。
〔一〇〕幽屐：猶韜光。隱藏行跡。
〔一一〕低徊：徘徊,流連。　云已：猶言完了,休止。
〔一二〕磯：水邊石灘或突出的巖石。　跂：舉踵也。
〔一三〕濚：水迴旋貌。　泠：象聲詞。亦形容聲音清越。
〔一四〕静數二句：表示縱情自然,物我一體。語出於《莊子·秋水》："莊子與惠子游於濠梁之上,莊子曰：'儵魚出遊從容,是魚樂也。'惠子曰：'子非魚,安知魚之樂？'莊子曰：'子非我,安知我不知魚之樂？'"
〔一五〕緬：久遠,遥遠。

又

俞　瑒〔一〕

我心元與是川同,百折千迴逝即通。激以溯之寧向北,順其流也日趨東。滔滔赴海何曾舍,混混原泉自不窮。潭老典刑今可想,皎如秋月上遥空〔二〕。

【注釋】

〔一〕俞瑒:字伯圭(1614—1692),號秋潭。昌原人。1650年文科及第。歷任忠清道觀察使、開城留守、廣州牧使等職。著有《秋潭集》,然未收此詩。

〔二〕遥空:遥遠的天空。

又

吴光運〔一〕

春山佳興古今同,風佩泠泠響不窮〔二〕。小子來修魚鳥契〔三〕,先生曾住水晶宫〔四〕。無風渟静元含動,得月虚明豈是空。滾滾天機他自去〔五〕,一聲希瑟白雲中〔六〕。

【注釋】

〔一〕吴光運:字永伯(1689—1745),號藥山,同福人,謚號忠章。1719年文科及第。歷任禮曹參判、開城留守等職。贈吏曹判書、大提學。著有《藥山漫稿》,然未收此詩。

〔二〕泠泠:形容聲音清越、悠揚。

〔三〕魚鳥:魚和鳥。常泛指隱逸之景物。

〔四〕水晶宫:傳説中的月宫,用來比喻高人隱士的居所。

〔五〕滾滾:水奔流不絶貌。用以形容連續不斷。

〔六〕希:稀疏。《論語·先進》:"鼓瑟希,鏗爾,舍瑟而作。"

希,通"稀"。

又

吳遂采[一]

一曲青山道氣籠,公餘小隊入林中[二]。酷憐潭色千尋碧,那染城塵十丈紅。觀物遺墟人已去,浴沂高興我誰同[三]？百年故宅桃花老,吾欲移家一徑通。

【注釋】

〔一〕吳遂采：字士受(1692—1759),號棣泉,海州人。1735年文科及第。歷任開城留守,大司憲等職。著有《松都志續志》。
〔二〕公餘：公務之餘暇。
〔三〕浴沂：謂在沂水沐浴,後多喻一種怡然處世的高尚情操。語出《論語·先進》："浴乎沂,風乎舞雩,詠而歸。"

又

李宜哲[一]

妙契真同明誠子[二],法門恐似康節翁[三]。綠陰啼鳥飛上下,想見先生玩物功。

【注釋】

〔一〕李宜哲:字原明(1703—1778),號文菴,龍仁人。1748年文科及第。歷任禮曹判書弘文館大提學。著有《文菴集》。
〔二〕明誠子:指張載。横渠歿後,門人以"明誠中子"謚之。
〔三〕康節翁:指邵雍。

又

尹得觀〔一〕

靈芝洞口暫翩躚〔二〕,花谷院深但鎖煙〔三〕。後學來今觀水石,先生於此玩魚鳶〔四〕。淵明未有雲仍聞〔五〕,康節還無道統傳。几杖莫攀遺迹遠,滿庭黄葉一悽然。

【注釋】

〔一〕尹得觀:字士賓(1710—?),海平人。魚有鳳之門人。
〔二〕靈芝洞:洞名。　翩躚:飄逸飛舞貌。
〔三〕鎖煙:謂爲雲霧所掩蔽。
〔四〕魚鳶:魚躍鳶飛。
〔五〕淵明:陶淵明(365—427),字元亮,號五柳先生,謚號靖節先生。入劉宋後改名潛。東晉末期南朝宋初期詩人、文學家、辭賦家、散文家。　雲仍:亦作"雲礽",比喻後繼者。譚嗣同《仁學》三一:"顧(顧炎武)出於程(程顥、程頤)、朱(朱熹),程、朱則荀(荀卿)學之雲礽也。"

又

元仁孫[一]

　　山如舊識迓平臯[二],忽得豐碑起斂袍[三]。弟子三人香火位[四],圖書一院月星高。雲虛想見空中閣,春去誰收妙理醪?岐路徘徊聞道晚,長松之下澗流毛。

【注釋】

〔一〕元仁孫:字子静(1721—1774),原州人,謚號文敏。1753年文科及第。歷任吏曹判書、右議政。
〔二〕平臯:水邊平展之地。
〔三〕豐碑:高大的石碑。
〔四〕弟子三人:指配享花谷書院的閔純、朴淳、許曄。

又

洪名漢[一]

　　地靈人傑與之參,水似明珠山簇藍。静坐釣臺天籟響[二],先生胸海想潭潭[三]。

【注釋】
〔一〕洪名漢：字君平（1724—1774），豐山人。1754年文科及第。歷任刑曹判書、開城留守等職。
〔二〕天籟：自然界的聲響，如風聲、鳥聲、流水聲等。《莊子·齊物論》："女聞人籟而未聞地籟，女聞地籟而未聞天籟夫！"
〔三〕胸海：比喻深廣如海之胸懷。 潭潭：深廣貌。

二

先生此地昔藏修，亭古潭空度幾秋？成毀有時瞻院宇，琴書罔缺緬風流[四]。肯堂思繼先人躅[五]，塗䰠非關暇日遊[六]。山色水聲添百感，斜陽欲去且遲留。

【注釋】
〔四〕琴書：琴和書籍。多為文人雅士清高生涯常伴之物。
　　　緬：緬懷。
〔五〕肯堂：參見本集《敬德宮次沈教授韻》注〔二〕。
〔六〕塗䰠句：塗以漆丹以修飾之目的，非關暇日遊戲之謂。䰠，赤石脂之類，古人以為上等的紅顏料。《書經·梓材》："若作梓材，既勤樸斲，惟其塗丹䰠。"

又

尹　塾[一]

清川滾滾發源深[二]，日夜東流度古今。惟有逝斯亭上月,尚如明鏡照潭心。

【注釋】
〔一〕尹塾:參見本集《花潭先生文集重刊序》注〔五三〕。
〔二〕滾滾:水湧流貌。

二

花欄苔石晚徘徊,水逝雲空舊釣臺。剛恨當時枕下瀨,不成霖雨商巖來〔三〕。

【注釋】
〔三〕剛恨二句:深憾花潭不能濟世澤民。霖雨,甘雨,時雨。喻澤民之詞。《書經·説命上》:"若濟巨川,用汝作舟楫;若歲大旱,用汝作霖雨。"商巖,指殷高宗時傅説隱居于傅巖。

三

幽花芳草映溪樓,盡日空山水急流。曾是先生棲隱地,至今吾道在滄洲〔四〕。

【注釋】
〔四〕滄洲:濱水的地方。古時常用以稱隱士的居處。

又

成德朝〔一〕

不係師承獨自覺,紛紛餘子敢爭名? 堯夫天月閑來往〔二〕,子厚清虛有發明〔三〕。從古英雄皆浪跡〔四〕,至今儒哲仰芳聲。刓碑讀罷韶光晏〔五〕,逐氣飛禽驗道精〔六〕。

【注釋】

〔一〕成德朝:字道伯(1716—?),昌寧人。1768年文科及第。歷任獻納、漢城府判尹。
〔二〕堯夫句:案此句引自邵雍《伊川擊壤集·觀物吟》:"乾遇巽時觀月窟,地逢雷處看天根。天根月窟閑來往,三十六宮都是春。"
〔三〕子厚:張載的字。案此句引自《張子全書·附錄》:"橫渠教人,本只是謂世學膠固,故説一箇'清虛一大'。"
〔四〕浪跡:到處漫遊,行蹤不定。蘇軾《東坡全集·老人行》:"老人舊日曾年少,浪迹常如不繫舟。"
〔五〕刓:磨損,殘缺。　韶光:泛指光陰。　晏:晚,遲。
〔六〕逐氣句:意謂花潭兒時觀鳥飛而窮其理。參本集所附《遺事》。

門　人　錄

閔純[一],字景初,號杏村,驪興人。舉遺逸,官至持平。少從駱峰申公光漢學,後事先生。聞主靜之說而味之,名其齋曰習靜。配享花谷書院。

【注釋】
〔一〕閔純:1519年至1591年在世。

朴淳,字和叔,號思庵,忠州人。文科,官至領議政。諡文忠。受學於先生,得聞性理之說,尤邃於《易》。退溪嘗稱之曰:"與朴某相對,炯如一條清水,神魂頓爽。"有文集[二]。配享花谷書院。

【注釋】
〔二〕文集:指所著《思庵集》。

許曄,字太輝,號草堂,陽川人。文科,官至慶尚道觀察使。初從鎮川李公畬受《易》[三],後事先生于花潭。先生疾革,口占《原理氣》等四篇以遺之。有文集[四]、《前言往行錄》。配享花谷書院。

【注釋】
〔三〕李公畬:李畬(1503—1544),字有秋,號松厓,韓山人。金安國門人。1531年文科及第。歷任正言、持平等職。
〔四〕文集:指所著《草堂集》。

朴民獻,字元夫,先生為改頤正。號瑟僩,咸陽人。文科,官至咸鏡道觀察使。師事先生,深有所得。撰先生神道碑銘。有文集[五]。李正齋顯益曰[六]:"花潭門人,習靜、土亭、守庵、鍾城[七]、瑟僩、恥齋、草堂、蘇齋[八]、思菴,即其高弟,而草堂、蘇齋、思庵,又以文鳴者。其作神道碑文也,屬筆於瑟僩,瑟僩之見重於其同門如此。頃見花潭書院,配以諸弟,獨不及瑟僩,蓋以橫獄受謗故也[九]。然《石潭日記》錄其事醜羞之甚,而守庵作行狀,極稱其冤。栗谷、守庵,皆非為虛語者,未知果如何也。"

【注釋】

〔五〕文集:指所著《瑟僩齋集》。

〔六〕李正齋顯益:李顯益(1678—1716),字仲謙,號正菴。全州人。歷任工曹佐郎、鎮安縣監等職。著有《正菴集》。

〔七〕鍾城:李球(?—1573)之君號即鍾城令。字叔玉,號蓮坊,全州人。徐敬德門人。

〔八〕蘇齋:盧守慎(1515—1590),字寡悔,號蘇齋。光州人。諡號文懿,後改諡文簡。李延慶門人。1543年文科及第。歷任大提學、領議政等職。著有《蘇齋集》。

〔九〕橫獄:指朴民獻為江原監司,處決獄事時,有不合於義理之事。

李之菡,字馨仲,自號土亭,韓山人。舉卓行,官至縣監。妙歲,受《易》於先生。僑寓隣舍,主人婦乘夜欲亂之,公據理呵責。先生聞之,稱謝不已曰:"公敬德之師,非敬德之友也,而況受業耶!"

【校記】

[而況句]四刊本此下尚有"祀保寧烏谷祠"六字。

洪仁祐[一〇]，字應吉，號恥齋，唐城人。生員，律身制行，一遵《小學》，講論經義，辨釋精明。先生嘗云："多閱志學之人，可與進步者，惟洪某一人。"有文集。

【校記】
［有文集］四刊本此下有"祀沂川祠"四字。

【注釋】
〔一〇〕洪仁祐：1515年至1554年在世。

朴枝華，字君實，號守菴，旌善人。嘗為吏文學官[一一]，旋棄之。有學行，以禮律身，博極群書，所見精確。有遺集《四禮集說》。先生有答論禮諸書。

【注釋】
〔一一〕吏文學官：朝鮮時代所屬承文院官員。以蔭差，負責擔當製述外交文書。《續大全一·吏典·京官職·承文院》：吏文學官三員，并以蔭差，仕滿四十五朔，遷轉。

鍾城令球[一二]，字叔玉，號蓮坊。受業於嚴用恭[一三]、儒士尹鼎[一四]，竟卒業於先生。勉焉孜孜，死而後已。

【注釋】
〔一二〕鍾城令球：李球（？—1573），全州人。
〔一三〕嚴用恭：字叔康，寧越人。
〔一四〕尹鼎：字鼎淑（1490—1536），坡平人。

南彥經[一五]，字時甫，號東岡，宜寧人。舉經明行修,官至府尹。李澤堂植云:"公爲全州府尹時,朴參判民獻以一律送之曰:'同事花潭今幾年,烏頭安得力猶全。'〔一六〕其結句曰:'別後應須各努力,門弟編中姓字傳。'觀此則當入潭門無疑矣。"

【注釋】

〔一五〕南彦經:字時甫(1528—1594),號東岡,宜寧人。歷任全州府尹、工曹參議。

〔一六〕烏頭:長著黑髮的頭。借指年少。

崔櫟〔一七〕,字大樹,完山人。常愛《近思録》、《性理大全》。初受業於先生。有詩曰:"終宵對月非耽景,盡日投竿不在魚。"先生歎曰:"此真道體之吟也。"

【注釋】

〔一七〕崔櫟:1522年至1550年在世。

金惠孫,字彦順,慶州人。官至郡守。早事先生,礪志學業,晚年尤喜讀《易》。

馬羲慶〔一八〕,字仲積,號竹溪,木川人。生員。師事先生,潛心經學,尤好《周易》、《性理大全》等書。栗谷在東銓〔一九〕,舉孝廉,除參奉,謝恩即歸,不仕。

【校記】

[不仕]四刊本此下尚有"師事先生潛心經學"八字。

【注釋】

〔一八〕馬羲慶:1525年至1589年在世。

〔一九〕東銓:吏曹之別稱。

申溰〔二〇〕,字文源,高靈人。文簡公光漢之子。中司馬。或勸之仕,不應,受《易》於先生。

【注釋】
〔二〇〕申溰:生卒年未詳。

朴黎獻〔二一〕,字希明,民獻之弟。官止司饔院直長。自少俊偉,才氣不凡。年未志學,謁花潭先生,從遊於門下之士,能知趨向。性疏蕩,不事舉子之業。

【注釋】
〔二一〕朴黎獻:1530年至1581年在世。咸陽人。朴孝生之父。

車軾〔二二〕,字敬叔,號頤齋,延安人。文科,官至郡守。受學於先生,貫穿經史。又能美詞翰,絕異倫類。

【校記】
〔官至郡守〕四刊本此下尚有"十歲誦詩書"五字。

【注釋】
〔二二〕車軾:1517年至1575年在世。

李均、黃元孫,皆庶人也。從遊先生之門,有士行。先生有《謝二生贈衣》詩。

【校記】
〔先生有《謝二生贈衣》詩〕四刊本此下有小字云:"《清江集》云:'松京市人得侍花潭,遂棄其業而慕之甚篤。'"

金漢傑〔二三〕,字士伸,開城人。文科,官至府使。先生為作字詞〔二四〕。

【注釋】
〔二三〕金漢傑:生卒年未詳。
〔二四〕字詞:指《金士伸字詞》。

崔自陽〔二五〕,通川人。進士。子簡易岦,往花潭,次五山韻曰:"先人曾有受,小子久無聞。易上尋餘論,其如一管斑。"自注曰:"先君遊先生門"〔二六〕。

【校記】
[先君遊]《簡易集》此下有"玟"字。

【注釋】
〔二五〕崔自陽:生卒年未詳。
〔二六〕"次五"句:此詩載於《簡易集·松都録》。原題即《花潭次五山韻》。

鄭芝衍〔二七〕,字衍之,號南峰,東萊人。文科,官至右議政。行狀云:"弱冠受業於履素齋〔二八〕,或遊於徐花潭、成笑仙之門〔二九〕。"

【注釋】
〔二七〕鄭芝衍:1525年至1583年在世。
〔二八〕履素齋:李仲虎(1512—1583),字風后,號履素齋,謚號文敬,全州人。著有《性理明鑑》。
〔二九〕成笑仙:成悌元(1506—1559),字子敬,號笑仙,昌寧人。有文集《東洲遺稿》。

尹聘壽[三〇]，字天老，海平人。嘗遊先生之門，為士類所推重。

【校記】
[為士類所推重]四刊本此下有小字云："尹白篷宗之曰：'朴教官枝華、崔進士自陽、從祖承仕公諱聘壽，學于徐花潭先生。堂叔松巒公，與教官講學多所契，嘗稱簡易深於易範之學，蓋有所自云。'"

【注釋】
[三〇]尹聘壽：生卒年未詳。

姜文佑[三一]，字汝翼，晉州人。文科，校理，乃庶類也。嘗謁先生于潭上。

【注釋】
[三一]姜文佑：生卒年未詳。

李仲虎，字風后，號履素齋，孝寧大君之後[三二]。以師道自任，摳衣受業者日數百人。先生嘗與論禮數日，歎曰："不可及也。"

【校記】
[孝寧句]四刊本作"己卯士禍後"。

【注釋】
[三二]孝寧大君：李補（1396—1486），字善叔，謚號靖孝。太宗之第二子。

金謹恭[三三]，字敬叔，號惕庵。開門授徒，祖述花潭。此見《澤堂別集》,而朴南溪云:"李、金兩公,非花潭門弟。"未知是否。

【注釋】

〔三三〕金謹恭:1526 年至 1568 年在世。

張可順^{〔三四〕},字子順,號思齋,結城人。嘗遊先生之門,力學求道,踐履篤實。六經諸子,靡不博洽,而於《周易》尤喜研索。所著書曰《人事尋緒目》。《東儒錄》,公及閔文景公箕、禹處士南陽^{〔三五〕},在從游之列。

【注釋】

〔三四〕張可順:1493 年至 1549 年在世。
〔三五〕禹南陽:生卒年未詳。字夢賚,平澤人。

花潭先生文集跋

　　嗚呼！先生姓徐氏，諱敬德，字可久。卜居五冠山中，有潭曰"花潭"，有巖曰"花巖"，而用潭、巖爲號，以是學者稱花潭先生。復齋又其自號也。其先唐城人。考諱好蕃，妣韓氏。韓氏嘗夢入夫子廟而有身，以弘治己酉二月十有七日，降先生于松都禾井里第。從夙齡入林，徵不起。己卯賢良之舉，俊傑彙征而亦不肯就[一]。一中上舍之科，遵母志也。恭僖、榮靖兩朝之喪[二]，皆依制持齊衰三月服。嘉靖丙午七月七日昧爽，卒于潭舍，享年五十有八。厥後，贈以議政府右議政。謚以道德博聞之文，淵源流通之康，曰"文康"。

　　嗚呼！榮靖，我東大聖之主也。先生以大賢之資，其生適丁榮靖之朝。榮靖嘗虛台鼎之位而庶幾夢卜之求[三]。榮靖即位一年而賓天於乙巳，先生年未耳順而觀化於乙巳之明年。天之生大賢也，若有爲大聖，而大聖大賢，竟不能各遂其志。乃如是冥漠於一時[四]，誠未可測者天意也。嗚呼！先生之學，一於誠，主於敬。且以格致爲先，有一字不窮，更思他義不得。知之之至，力行其所知之志，嚴立課程，進進無已。及其有成則用夏丕變[五]，快造所期。陽剛立於内，粹容著於外；中和立其本，詩書飭其躬；不以貧餓動其心，不以威利撓其志。一生林下，俯仰今古。凡天下艱深之書，一閱輒曉，而卓爾之識，殆無等倫。尤邃於羲文《大易》、《皇極經世》等書，而前知之妙，千載罕聞。嗚呼！先生之自許則曰："見到千聖不盡傳之地頭。"東人復有言曰:"先生學不下橫渠,數不讓康節。"奇哉! 高麗氏五百年立都之鵠嶺〔六〕,又能毓精孕秀而降如此名世之人豪也。盛矣! 海外鄒夷之邦,生如此續不傳之大儒也〔七〕。雖然,叔季之世,吾道大剥〔八〕,不學其學,不嚌其胾〔九〕,孰有真知先生之貴者哉?

嗚呼! 小子足及於習齋閔氏之門〔一〇〕,閔是受業于先生者也。粗聞閔氏之所得於先生之緒論,則先生寔我祖師。其景慕先生之道德文章,彌有切於他人者矣。兵火之餘,書籍散亡,竊以不獲見先生著述為痛恨。間求遺稿於嗣子龍潭公,則出示一册,詩與文,乃其門下朴公頤正、許公太輝所裒集。而龍潭之早孤也,亦多有遺失不收者云,可勝惜哉! 悼既往之不追,圖服膺於來日,遂請同志閔公惟清而傳寫之〔一一〕,愛誦而敬藏之,以為斯文之大寶焉。

嗚呼! 昔者亡友柳汝健言〔一二〕:花潭先生一部兩卷書,勝如他儒數十卷書。誠哉斯言也! 此兩卷書,實非小儒所可窺覷其微奥,而學者終身用之,有不能盡者焉爾。

萬曆辛丑季夏戊寅,後學沂川尹孝先謹識于後。

【校記】

[同志閔公] 三刊本作"同志閔君"。　　[後學句] 三刊本此下附曰:"《跋花潭集釋菜文》:青丘文教,肇自箕疇。千數百年,邈無好修。逮于麗季,奥有圃隱。尋程朱緒,述孔孟訓。堂堂聖朝,静菴復作。人知秉彝,士有立脚。惟我先生,神崧之英。欲致其知,自明而誠。數通天地,學紹圖静。葛巾身老,花巖迹屏。達施雖嗇,令聞則永。猥將孤露,夙慕清芬。師先生徒,誦先生文。中途多難,文喪人望。更從嗣子,獲覩遺藏。一部二通,精義妙道。萬卷奚多? 千金匪寶。謹撰小跋,聊表鄙忱。今兹虔告,尚其昭格。冥冥有佑,永永無斁。"

【注釋】

〔一〕彙征:同質彙取以進,引申指進用賢者。《易·泰》:"初九,拔茅茹,以其彙;征吉。"《正義》:"彙,類也,以類相從……征,行也。"

〔二〕恭僖:朝鮮第十一代王中宗。　榮靖:朝鮮第十二代王仁宗。

〔三〕夢卜:古代有殷高宗因夢見傅説,周文王占卜得吕尚的傳説,後因以"夢卜"比喻帝王求得良相。

〔四〕冥漠:謂死亡。杜甫《九日》詩之三:"歡娛兩冥漠,西北有孤雲。"仇兆鰲注:"冥漠,謂蘇、鄭俱亡。"

〔五〕用夏丕變:謂以諸夏文化影響中原以外的其他民族。丕,大。變,化。《孟子·滕文公上》:"吾聞用夏變夷者,未聞變於夷者也。"

〔六〕鵠嶺:開城松嶽之異稱。李睟光《芝峰類説·山》:"松嶽初名扶蘇,或稱鵠嶺,或稱神嵩,以栽松故名松嶽。"

〔七〕續不傳:繼續已經斷絶之緒之謂。

〔八〕剥:衰微。

〔九〕不嚌其胾:嚌,淺嘗,微嘗。後亦謂吃;引申為玩味。胾,切成大塊的肉。韓愈《送高閑上人序》:"夫外慕徙業者,皆不造其堂,不嚌其胾者也。"

〔一〇〕習齋閔氏:即習静閔純。

〔一一〕閔公惟清:字希夷(1575—?),驪興人。

〔一二〕柳汝健:生平未詳。

花潭先生文集重刊跋

嗚呼！先生以道德文章晦迹於林泉之下，其所著述若《原理氣》,理氣、太虚等説[一]，及《皇極經世數解》,發前聖所未發之旨，推演象數之妙，闡明奧義，開示幽賾[二]，大有功於後學，誠不可以泯没而無傳也。在昔文集刊行于世，雖以小子之晚生孤陋，不得親炙於當時，而亦知吾東方生此大賢也。不幸兵燹之餘，書籍散亡，竊以不得復見是集為痛恨，遍求於士友間，得此遺稿。捐公廪募聚工匠若干手，登之梓以壽其傳。若論其先生心學之正、窮格之極致，則非鯫生末學所可得以窺其涯涘也[三]。

時皇明萬曆紀元之三十三年乙巳暮秋，朝散大夫行殷山縣監洪㵒謹識于後。

【注釋】

〔一〕理氣、太虚等説：見花潭先生所著《理氣説》和《太虚説》。
〔二〕幽賾：幽深精微。
〔三〕鯫生：猶小生。多作自稱的謙詞。

花潭先生文集跋

　　花潭徐先生,資禀英睿,學究天人,寔我東之邵堯夫也。第其著述不多,只有文集一册行于世,惟此零星文字,非可以盡知先生者。而又其編次無倫脊,板本甚漫漶〔一〕,不成規模,尤可惜也。用謙竊不自揆〔二〕,改整編次,手抄一本,以為覽玩諷味之資。且擬早晚或得事力,則將剞劂而布于世焉〔三〕。嗚呼!世儒多病先生之學偏於象數一邊,不以醇儒待之,而不知先生不由師承,探賾道微,有非循常依樣者所可及。世儒固陋,其安能窺闖先生之閫奥也〔四〕?

　　歲乙卯,用謙西遊舊都,至于花潭之上,挹高風而拜遺祠。蓋徘徊躑躅,久而不能去。今於斯役,重為之追憶興感也。

　　上之二十八年壬申陽至前二日,〔五〕後學安東金用謙盥手謹書〔六〕。

【注釋】

〔一〕漫漶:模糊不可辨別。
〔二〕用謙:金用謙(1702—1789),字濟大,號嘐嘐齋,安東人。歷任同知敦寧府事、工曹判書。　揆:揣度,推測。不自揆,猶不自量,自謙之詞。
〔三〕剞劂:雕板,刻印。
〔四〕閫奥:深邃的内室。比喻學問或事理的精微深奥所在。《三國志·魏志·管寧傳》:"娛心黄老,游志六藝,升堂入室,究其閫奧。"
〔五〕陽至:冬至。
〔六〕盥手:洗手。古人常以手潔表示敬重。

花潭先生文集重刊跋

　　我箕子《洪範》一書,敍天人之道,揭示作聖之法,而要其歸,在一"思"字。由前而堯授舜曰"執中",在後則孔詔顏曰"克己"〔一〕,皆關"思"字上用工夫,表裏箕《範》。至於朱子《大學問》,箋注經傳,功存繼開,究其所以致此,則亦只是原於思。想其山夜思索,杜鵑聲苦,其求道之始,用心之力,何如也？若孔子所言"終夜以思,不如學"〔二〕,是為思而不學者言。孔子既曰:"學而不思則罔。"〔三〕孟子曰:"君子深造之以道,欲其自得之也。"〔四〕"自得之也"者,心得之謂也。心之官思,思則得於道,不思則不得於道。所謂"主敬",亦以思之主一而名言。不有思焉則敬安所用哉？此箕《範》之本旨也。我東學者,推静、退二先生為首〔五〕,花潭徐先生生於其間。三先生理氣說之互有得失,有栗谷文成公之論,而其所自得則歸之先生與静菴,蓋亦推許之意在其中也〔六〕。吾祖月汀公嘗朝天〔七〕,天朝學士有問傳箕子疇數、孔孟心法者,則以静菴諸賢與先生為對而曰:"徐某講明性理之學而數學尤精。"此蓋當時講定於退溪者。而退溪他日傾嚮先生甚,其著於吟詠者可見,則世儒之或以先生之學偏於數而少之,是不知也。數者,理也。學焉而不知理則烏足謂學？孔夫子繫《易》之辭,是數也。設夫子無刪《詩》述《禮》之事,而只《易·繫》見傳,則其可以學數而少夫子耶？先生早時,精思"期三百",一望自通曉,遂知《書》之可以思得。壁書天地萬物之名,思之忘寢食,以至貫徹。朱子嘗説：“學者先識得字義，然後因從此尋箇義理。”觀於先生，信然。今集中《原理氣》等説，皆先生思得之言也。其上孝陵擬疏，論喪制不古之失，要復三代之禮者，辭旨懇惻，令人感歎。先生之學，亦何嘗偏於數也？如使先生致用於當世，則其嘉言至論之上陳於黈纊〔八〕，裨益於世教者必不小，而庶幾斯民蒙其福矣。惜乎！其未也。先生遺集，舊有板本在書院，今皆刓缺。舊都多士圖所以重刊〔九〕，進士韓命相幹其事〔一○〕。韓君致多士之意，謂余平日知尊慕先生，屬以題跋。既辭不得，則輒書是説，附之卷末，俾知先生之學即箕子之學，而學者求所以為先生者而學焉，則庶其有得於作聖之門路云爾。龍集上章攝提格〔一一〕七月朔日乙巳，海平尹得觀謹書。

【注釋】

〔一〕 孔詔顏句：參見《花潭先生文集重刊序》"四勿"注。

〔二〕 終夜二句：案此句引自《論語·衛靈公》："子曰：'吾嘗終日不食，終夜不寢以思，無益，不如學也。'"

〔三〕 學而句：案此句引自《論語·為政》："子曰：學而不思則罔，思而不學則殆。"

〔四〕 君子二句：案此二句引自《孟子·離婁下》。

〔五〕 靜、退二先生：指靜菴趙光祖（1482—1519）和退溪李滉（1501—1570）。

〔六〕 推許：推重贊許。《南齊書·王儉列傳》："少有宰相之志，物議咸相推許。"

〔七〕 月汀公：尹根壽（1537—1616）。

〔八〕 黈纊：黃綿所製的小球，懸於冠冕之上，垂兩耳旁，以示不欲妄聽是非，亦借指帝王。《淮南子·主術訓》："古之王者冕而前旒，所以蔽明也；黈纊塞耳，所以掩聰。"高誘注："不欲其妄聞也。"

〔九〕舊都:高麗國都開城。
〔一〇〕韓命相:字君爕(1651—?),號保晚堂,清州人。1690年文科及第。歷任東萊府使。
〔一一〕龍集:猶言歲次。龍,歲星。集,次於。　上章:歲陰名。古代歲星紀年法中的十二辰之一。相當於干支紀年法中的"庚"年。《爾雅·釋天》:"太歲在甲曰閼逢……在庚曰'上章'。"　攝提格:相當於干支紀年法中的"寅"年。《爾雅·釋天》:"太歲在寅曰'攝提格'。"

花潭先生文集重刊跋

　　文集之刊,所以壽其傳。刊之而不精不詳,則其傳不壽,與不刊奚異哉?松京舊有《花潭集》板本,而編次失序,字行欠精,加以歲久黭昧[一]。又有遺失而未及盡載者,豈非斯文之所可恨者耶?余來佐府,慨然思有以新其刻矣。會金生聲始得嘐嘐齋金公用謙氏所編一本來示[二]。余受而讀之,則序次得正,凡例儘好,真可謂先獲我心矣[三]。遂與府之多士,謀以付剞劂。更取後賢尚論之語,添載《遺事》中,又別為《年譜》及《門人錄》以附之,合為三編,其亦庶乎致精詳而壽其傳者歟?工告訖,進士韓命相、馬之光,要余識其顛末。余辭不獲,略敍如右。若先生之盛德邃學,有非晚生所可窺測,今不敢僭論云。

　　上之四十六年庚寅(1770)閏月下澣,後學平康蔡緯夏謹識[四]。

【注釋】

〔一〕黭昧:深黑色。

〔二〕金聲始:生平未詳。

〔三〕先獲我心:比喻別人先說出了自己心裏想說的話。語出《孟子·告子上》:"心之所同然者何也?謂理也,義也。聖人先得我心之所同然耳,故理義之悅我心,猶芻豢之悅我口。"

〔四〕蔡緯夏:字仲綸(1720—?),平康人。1750年文科及第。歷任吏曹佐郎、兵曹參判等職。